KB070245

한국아동 · 청소년상담학회 연구총서 11

원서 **4**판

다중지능과 교육

현장 교사를 위한 다중지능 활용법

Multiple Intelligences in the Classroom, 4th Edition
by Thomas Armstrong

This work was supported by the Ministry of Education of the Republic of Korea and the
National Research Foundation of Korea (NRF-2020S1A3A2A02103411)

한국아동 · 청소년상담학회 연구총서 11

원서 **4판**

다중지능과 교육

현장 교사를 위한 다중지능 활용법

Thomas Armstrong 저 │ 김동일 역

MULTIPLE
INTELLIGENCES IN
THE CLASSROOM
4th Edition

학지사

역자 서문

　교육학에서 새롭게 조명된 다중지능의 개념은 기존 지능(검사)의 개념과 한계를 이해하는 것부터 출발합니다. 지능의 개념과 검사는 알프레드 비네(Alfred Binet)가 처음 소개한 것으로, 1904년 프랑스 파리의 교육부서에서 일선 학교의 학습장애 위험 아동을 가려내어 지원하는 방법을 모색하기 위한 위원회를 구성하면서 정립·개발되었습니다. 비네의 지능검사는 주로 언어 기억, 언어 추리, 수 추리, 논리적 절차의 평가에 초점을 두고 개발되었으며, 이후 인간의 지적 능력을 측정하는 대표적인 검사로 오랫동안 사용되어 왔습니다. 그러나 제한된 방법으로 능력을 평가하고 지능 점수 자체에 중점을 두기 때문에 인간의 인지 능력이 발달하고 변화하는 과정에는 상대적으로 관심을 기울이지 못한 면이 있었습니다. 아울러 사람이 가진 지적 능력을 편파적으로 본다는 이유 때문에 지속적인 비판을 받아 왔고, 한 가지 능력으로만 사람을 판단할 수도 있다는 위험성을 끊임없이 지적받아 왔습니다. 결국 이로 인해 사람에게는 각기 독립적인 지적 능력이 있다는 '다중지능' 개념의 필요성이 대두되었습니다.

　기존 지능 개념의 한계를 해결하기 위한 노력으로 하워드 가드너(Howard Gardner)는 다중지능(multiple intelligences)이라는 개념을 제시하였습니다. 다중지능은 문화적으로 가치 있다고 간주되는 산물을 창조하거나 문제를 해결하는 데 유용하게 쓰일 수 있는 신체적·심리적 잠재능력으로 정의할 수 있습니다. 다중지능의 특징은 다양한 상황과 맥락에서 나타나는 인간의 능력을 지능의 개념에 포함하였다는 점에 있습니다. 다중지능과 관련하여 두 가지 중요한 개념인 문제와 산물을 살펴보면, '문제'란 학습 문제부터 일상적인 문제까지를 포함한 넓은 개념임을 알 수 있고, '산물'이란 학습자인 아동이 각 분야에서 만들어 내는 구체적인 결과물로 작곡, 무용, 과학이론, 연주, 문학작품, 건축, 사업, 운동 등을 포함하는 개념임을 알 수 있습니다.

다중지능의 개념은 아동의 가능성과 잠재력을 좀 더 넓게 확장하는 데 공헌하였습니다. 저는 이 책의 저자인 토머스 암스트롱(Thomas Armstrong)이 다중지능 개념을 활용하여 학습장애 아동의 다양한 능력을 연구한 박사학위 논문을 오래전에 접한 후 교육 현장에서의 다중지능의 필요성을 절감하였습니다. 특히 부진한 학업 수행으로 학습에 문제를 지닌 아동을 따뜻한 시선으로 바라보면서 그들을 특정 영역의 재능을 지닌 학습자라고 지칭한 교육적 아이디어는 지금도 새롭습니다.

지난 30년의 연구를 기반으로 하워드 가드너가 새로이 개정하여 출간한 『Frames of Mind: The Theory of Mind』를 『하워드 가드너 심리학 총서1: 인간 잠재성 프로젝트-지능편, 지능이란 무엇인가』(김동일 역, 2019, 사회평론)라는 번역서로 소개하게 된 다중지능과의 학문적 인연을 소중하게 여깁니다. 특히 이 책을 출간하기까지 매우 많은 분의 도움이 있었습니다. 사제의 연으로 같이 공부해 온 서울대학교 임진형 연구원, 정성 어린 손길로 책을 만들어 주신 학지사 김진환 사장님과 임직원 여러분께 진심으로 고마운 마음을 전합니다. 더불어 계속해서 지지해 주고 귀한 의견을 나누어 주신 현장 교사와 상담사들께 깊은 감사를 드립니다.

2022년 관악산 연구실에서
오름 김동일

powered by WITH Lab.(Widening InTellectual Horizon):
Education and Counseling for Children-Adolescents with Diverse Needs

저자 서문

    30년 전에, 한 친구가 저에게 하워드 가드너의 저서『마음의 틀: 다중지능 이론(Frames of Mind: The Theory of Mind)』(1983)을 빌려주었습니다. 저는 몇 달간 그 책을 갖고 있다가, 읽지 않고 그 친구에게 다시 돌려주었습니다. 그 다음 해에 샌프란시스코에 있는 캘리포니아 통합연구소(California Institute for Integral Studies)에서 인지심리학 강의를 들을 때, 담당 교수가 가드너의 다중지능 이론이 가지는 실용성을 증명하기 위해 '마음의 틀'에 있는 시각적 사고활동 몇 가지를 활용하였습니다. 그때 저는 빠져들고 말았습니다. 저는 즉시 제 박사학위 논문 주제를 다중지능 이론을 이론적 틀로 사용하여 학습장애 학생들의 강점을 평가하는 것으로 잡고 연구하기 시작했습니다 (Armstrong, 1987a). 1987년에는『자기 방식대로(In Their Own Way)』라는 다중지능 이론에 대한 제 첫 저서를 발간하였고, 교사들에게 다양한 방식으로 학습하는 학생들을 이해하고 돕기 위해 다중지능 이론을 활용하는 방법에 대한 워크숍을 진행하기 시작했습니다. 30년의 세월 동안 수백 번의 워크숍을 진행한 지금, 다중지능 이론은 예전보다 더 신선한 관점들을 얻게 되었습니다.

    저는 이 책의 초판을 1994년에 출판하였습니다. 당시 ASCD 출판사의 대표였던 론 브랜트(Ron Brandt)는 이 책이 많은 교사에게 읽힐 것이라 기대했습니다. 저는 조금 망설였지만 그의 말에 동의했고, ASCD에서 멤버십 혜택으로 전 세계의 교육자에게 10만 부가 넘는 책을 보냈습니다. 1990~2000년대에 저는 전 세계를 정신없이 돌며 다중지능 이론이 가장 각광받는 교육학 이론 중 하나라는 것을 알게 되었습니다. 그 여정이 가끔은 저를 기진맥진하게도 만들었지만 수많은 교육자에게 이 놀라운 모델을 전할 수 있어 기뻤습니다.

이 글을 쓰는 2017년 현재, 이 책은 총 40만 부 이상 발행되었습니다. 이번 4판에서는 신입 교사, 중견 교사, 행정가 그리고 대학의 교육학 교수들에게 더 가치 있는 자료를 만들기 위해 몇 가지 중요한 변화를 시도하였습니다. 첫째, 특수교육에 관해 서술된 11장을 전면 수정하였습니다. 빠르게 확대되고 있는 분야인 신경다양성(neurodiversity)의 관점에서 제가 지난 10년간 해 왔던 일들을 추가하였습니다. 둘째, 두 개의 장을 추가하였습니다. 12장에는 교실에서의 개인화(personalization)와 심층 학습(deeper learning)에 관한 최근의 동향을 담았습니다. 그리고 13장에서는 소프트웨어, 태블릿, 스마트폰 앱, 웹사이트, 소셜미디어 채널, 가상 현실 도구의 형태로 교육자들이 접근할 수 있는 새로운 학습 기술에 대하여 설명하였습니다. 셋째, 공통 핵심 성취 표준(Common Core State Standards), 차세대 과학 표준(Next Generation Science Standards), 국가예술표준(National Art Standards) 등에 기반하여 부록 A에 수록된 지도안을 전면 개편하였습니다. 넷째, 여덟 가지 다중지능의 이름을 더 사용자에게 친숙한 용어로 변경하였습니다(예: 'bodily-kinesthetic intelligence'를 'body smart'로). 끝으로, 다중지능 이론과 연계하여 매우 중요한 개념인 캐롤 드웩(Carol Dweck, 2007)의 '성장 마인드셋' 개념에 대한 정보를 추가하였습니다.

지금은 문화적 · 교육적으로 어려운 시기입니다. 거의 30년 동안 교육에는 경직된 설명, 천편일률적인 표준화, 과학의 탈을 쓴 수량화가 팽배해졌고, 이는 다중지능 이론에 내재된 다양성과 질적 가치를 위협하고 있습니다. 이와 더불어 우리의 공교육은 수익을 선호하는 학교들로 나아가면서, 학생들은 돈보다 뒷전에 놓이게 되었습니다. 따라서 지금은 그 어느 때보다도 학생의 다양성을 인식하는 교육 철학이 필요합니다. 미국 교육은 차별화 및 개별화 학습, 즉 학생들의 목소리를 듣고 학생들이 교육과정에 깊이 참여할 수 있도록 하는 접근이 가장 필요합니다. 저는 다중지능 이론이 우리의 문화를 위협하는 교육적 편협성을 타파하며 다시 일어설 때라고 믿습니다. 『다중지능과 교육: 현장 교사를 위한 다중지능 활용법(Multiple Intelligence in the Classroom, 4th ed.)』을 통해 올바른 방향으로 나아가는, 작지만 위대한 발걸음을 내딛기를 원합니다.

2017년 8월 7일
캘리포니아 소노마 카운티에서
토머스 암스트롱

차례

역자 서문 ▶ 5
저자 서문 ▶ 7

chapter 01 **다중지능 이론의 기초** ——————— 17

여덟 가지 지능 ▶ 18
다중지능 이론의 이론적 토대 ▶ 21
다중지능 이론의 핵심 ▶ 31
다른 지능의 존재 ▶ 33
다중지능 이론 간의 관계 ▶ 33

chapter 02 **다중지능 이론과 발달** ——————— 37

다중지능 확인하기 ▶ 38
다중지능 자원 이용하기 ▶ 43
다중지능 개발하기 ▶ 44
지능의 활성자와 비활성자 ▶ 45

chapter 03 **학생의 지능을 설명하기** ——————— 49

학생의 다중지능 평가하기 ▶ 51

chapter 04 학생에게 다중지능 가르치기 ———————— 63

다중지능에 대한 5분 소개 ▸ 64
다중지능 이론 지도 활동 ▸ 69

chapter 05 다중지능 이론과 교육과정 개발 ———————— 79

다중양식 교수의 역사적 배경 ▸ 80
다중지능 교사 ▸ 81
다중지능 이론 교수의 주요 자료와 방법 ▸ 83
다중지능 강의 계획 만드는 방법 ▸ 88
다중지능과 간학문적 교수 ▸ 92

chapter 06 다중지능 이론과 교수 전략 ———————— 97

언어 지능 교수 전략 ▸ 98
논리-수학 지능 교수 전략 ▸ 102
공간 지능 교수 전략 ▸ 106
신체-운동 지능 교수 전략 ▸ 110
음악 지능 교수 전략 ▸ 113
대인관계 지능 교수 전략 ▸ 116
자기성찰 지능 교수 전략 ▸ 120
자연탐구 지능 교수 전략 ▸ 124

chapter 07 다중지능 이론과 학급 환경 ———————— 129

다중지능과 학습의 생태적 요소 ▸ 129
다중지능 활동 센터 ▸ 133

chapter **08** **다중지능 이론과 학급 관리** ———————— **143**

학생의 주의 집중시키기 ▸ 143
전이 준비하기 ▸ 145
학급 규칙 이야기하기 ▸ 146
모둠 조직하기 ▸ 148
개별 행동 다루기 ▸ 149
관점 넓히기 ▸ 152

chapter **09** **다중지능 학교** ———————————— **155**

다중지능 학교와 전통적인 학교 ▸ 155
다중지능 학교의 구성 요소 ▸ 158
다중지능 학교 모델: 새로운 도시 학교 ▸ 161
미래의 다중지능 학교 ▸ 163

chapter **10** **다중지능 이론과 평가** ———————— **165**

평가 경험의 다양성 ▸ 168
다중지능 평가 프로젝트 ▸ 170
여덟 가지 방법의 평가 ▸ 172
평가 상황 ▸ 177
다중지능 포트폴리오 ▸ 180

chapter **11** **다중지능, 신경다양성과 특수교육** ———— **187**

신경다양성: 특수교육의 미래인가 ▸ 188
긍정적인 틈새 건설과 다중지능 이론 ▸ 191

chapter **12** **다중지능 이론, 개인화, 심층 학습** ———— 203

다중지능의 개인화 학습에 대한 공헌 ▸ 205
심층 학습이 얼마나 가능할 것인가 ▸ 209

chapter **13** **다중지능 이론과 새로운 학습 기술** ———— 215

공간 지능 학습자에 대한 교육 ▸ 216
신체-운동 지능 연습하기 ▸ 217
컴퓨터 기반 기술과 대인관계 잠재력 ▸ 218
디지털 음악 세계의 탐구 ▸ 219
기술을 통해 자기성찰 지능 개발하기 ▸ 220
최첨단 자연탐구 지능 앱 ▸ 221

chapter **14** **다중지능 이론과 실존 지능** ———— 225

과학과 미지에의 탐구 ▸ 229
수학의 마법 ▸ 230
역사에서 종교적 사고의 역할 ▸ 230
실존적 주제를 다룬 문학 ▸ 231
지리에서의 종교적 영향력 ▸ 232
예술과 실존적 자각의 탐구 ▸ 232

chapter **15** **다중지능 이론의 주요 비판과 응답** ———— 235

비판 1: 다중지능 이론은 경험적 기반이 취약하다 ▸ 236
비판 2: 교실에서 다중지능 사용의 효과성 지지 연구의 기반이
      약하다 ▸ 239

비판 3: 다중지능 이론은 모든 학생이 스스로 똑똑하다고 믿게
하기 위해 교육과정을 지나치게 단순화한다 ▸ 243

chapter **16** 전 세계의 다중지능 이론 ———————— 247

정책 입안 수준에서의 다중지능 이론 ▸ 248
학문으로서의 다중지능 이론 ▸ 249
개별 학교 수준에서의 다중지능 이론 ▸ 249
지역사회 수준에서의 다중지능 이론 ▸ 250
다중지능 이론의 다른 문화에의 적용 ▸ 252

| 부록 |

부록 A: 표준(Standard)기반 다중지능 수업 지도안 ▸ 257
부록 B: 다중지능 이론과 교육적 적용에 대한 관련 도서 ▸ 265

참고문헌 ▸ 271

chapter

01 다중지능 이론의 기초

> 다양한 종류의 지능과 그 조합 형태를 인식하고 개발하는 것은 매우 중요한 일이다. 사람들은 각자 다른 지능의 조합을 가지고 있기 때문에 우리 모두는 서로 매우 다르다. 이를 알고 있다면 우리가 세상의 많은 문제에 잘 대처할 가능성이 조금이나마 커진다.
>
> -하워드 가드너(Howard Gardner)-

　1904년 파리 교육청은 프랑스의 심리학자인 알프레드 비네(Alfred Binet)와 그 동료들에게 초등학생을 대상으로 학업에 실패할 '위험'이 있어 특수한 교육적 접근을 필요로 하는지 판단하기 위한 방법을 고안해 달라고 부탁하였다. 그리고 그들의 노력으로 최초의 지능검사가 탄생하였다. 몇 년 후 미국에 수입된 지능검사와 함께 객관적으로 측정하여 하나의 숫자 또는 'IQ' 점수로 표현할 수 있는 '지능'이라는 개념이 널리 퍼지기 시작하였다.

　최초의 지능검사가 개발되고 80여 년이 흐른 뒤, 하워드 가드너(Howard Gardner)라는 하버드 대학교의 심리학자가 이 오래된 신념에 도전장을 내밀었다. 그는 우리 문화에서 지능을 너무 좁게 정의하고 있다며,『마음의 틀(Frames of Mind)』(Gardner, 1993a)이라는 책에서 적어도 일곱 가지 기본 지능이 존재한다고 주장하였다. 최근에는 여덟 번째 지능을 추가하였고, 아홉 번째 지능의 가능성을 논하고 있다(Gardner, 1999). 가드너는 다중지능 이론(theory of multiple intelligences: MI theory)에서 IQ 점수의 한계를 넘어 개인이 가진 잠재력의 범위를 넓히고자 하였다. 그는 자연스러운 학습 환경에서 벗어나 해 본 적도 없고 앞으로도 절대 할 일이 없을 것 같은 단 한 번의 과제만으로 지능을 결정하는 방법의 타당성에 진지한 의문을 제기하였다. 즉, 오히려 지능은 ① 실제로 문제를 해결하는 능력, ② 맥락 중심의 자연스러운 상황에서 결과물을 만들어 내는 능력에 더욱 가까울 것이라고 주장하였다.

🗣 여덟 가지 지능

보다 광범위하고 실제적인 관점으로 지능을 바라보기 시작하면서, 지능의 개념은 점차 그 신비로움을 잃고 다양한 방법으로 사람들의 삶에 작용하는 것을 목격하게 되었다. 가드너는 사람들이 가지고 있는 다채로운 능력을 표현할 수단으로 다음에서 소개하는 여덟 가지의 포괄적인 범주 또는 '지능'을 제안하였다.

- 언어 지능: 말하기(예: 스토리텔러, 연설가, 정치인)나 쓰기(예: 시인, 극작가, 편집자, 기자)에서 단어를 효율적으로 사용할 수 있는 능력이다. 이 지능에는 구문론(언어의 구조), 음운론(언어의 소리), 의미론(언어의 의미) 그리고 실용적 차원(언어의 실제 사용) 등을 잘 다룰 수 있는 능력이 포함된다. 실제 사용이라 함은 수사법(언어를 사용하여 타인이 일련의 행동을 취하도록 하는 것), 암기법(언어를 사용하여 정보를 기억하는 것), 설명(언어를 사용하여 정보를 주는 것), 메타언어(언어를 사용하여 언어 자체에 대해 이야기하는 것) 등을 말한다.
- 논리-수학 지능: 숫자를 효율적으로 사용(예: 수학자, 회계사, 통계 전문가)하고 잘 추론(예: 과학자, 컴퓨터 프로그래머, 논리학자)할 수 있는 능력으로, 이 지능은 논리적 규칙이나 관계, 진술이나 명제(조건문, 인과관계), 함수 및 관련 개념에 대한 민감성을 포함한다. 논리-수학 지능을 발현

할 때 사용되는 처리 과정의 종류로는 조직화, 분류, 추론, 일반화, 계산, 가설 검증 등이 있다.

- 공간 지능: 시공간적 세계를 정확하게 인지(예: 사냥꾼, 정찰병, 여행 가이드)하고 그 인식에 기반을 두고 변화를 가미(예: 실내 장식가, 건축가, 예술가, 발명가)할 수 있는 능력이다. 이 지능은 색깔, 선, 모양, 형태, 공간 및 이들 요소 사이의 관계에 대한 민감성과 관련되어 있다. 또한 시각화하고, 시각적 또는 공간적 아이디어를 도식으로 표현하며, 공간적 상황 안에서 자신의 위치를 파악하는 능력을 포함한다.

- 신체-운동 지능: 자신의 신체로 생각이나 느낌을 표현하는 기술(예: 측량사, 지도 제작자)과 손으로 무언가를 만들거나 변형시킬 수 있는 재능(예: 명장, 조각가, 정비사, 외과의사)을 말한다. 이 지능은 조정력(coordination), 균형, 손재주, 힘, 유연성, 속도 및 고유수용성(proprioceptive) 감각과 촉각 능력(tactile and haptic capacities) 등 구체적인 신체 기술을 포함한다.

- 음악 지능: 음악적 형식을 인지(예: 음악애호가)하고 표현(예: 연주자)하며, 변형(예: 작곡가)하거나 평가(예: 음악평론가)하는 능력이다. 이 지능은 리듬, 음의 높낮이 또는 선율, 곡의 음색에 대한 민감성을 반영한다. 개인은 수식적으로 또는 '하향식(top-down)'으로 음악을 이해하거나(전반적·직관적으로), 형식적으로 또는 '상향식(bottom-up)'으로 이해할 수 있으며(분석적·기술적으로), 두 방식 모두를 사용할 수도 있다.

- 대인관계 지능: 다른 사람의 분위기나 의도, 동기, 느낌 등을 지각하고 구별할 수 있는 능력이다. 표정, 목소리, 몸짓에 대한 민감성, 대인관계에서 나타날 수 있는 다양한 신호를 분별하는 능력, 그러한 신호에 현실적으로 대응하는 능력(예: 한 무리의 사람들이 특정 행동을 취하도록 영향력을 행사함으로써) 등이 해당한다.

- 자기성찰 지능: 자기 지식(self-knowledge)과 그에 따라 적응적으로 행동하는 능력이다. 즉, 자기 자신(강점과 약점)에 대한 정확한 상을 가지고, 자기 내면의 감정, 의도, 동기, 기질, 욕망 등을 인식하며, 높은 자기 훈

련(self-discipline), 자기 이해, 자아존중감을 보이는 것을 말한다.

• 자연탐구 지능: 자신을 둘러싼 환경의 수많은 동식물 종을 알아보고 분류할 수 있는 능력이다. 다른 자연현상(예: 구름 형성, 산)에 대한 민감성과 도시 환경에서 성장한 경우에는 자동차나 운동화, 스마트폰 같은 무생물을 식별할 수 있는 능력을 포함한다.

가드너의 용어들은 학문적 맥락 안에서 유용하다. 하지만 이 책은 다중지능 이론의 실제적 적용에 초점을 두고 있기에, 다음과 같이 각 지능의 핵심적 특성을 반영하는, 더 분명하고 직접적인 용어로 변경하여 사용하였다.[1)]

- 언어 지능(linguistic intelligence) ➡ word smart
- 논리–수학 지능(logical–mathematical intelligence) ➡ number/logic smart
- 공간 지능(spatial intelligence) ➡ picture smart
- 신체–운동 지능(bodily–kinesthetic intelligence) ➡ body smart
- 음악 지능(musical intelligence) ➡ music smart
- 대인관계 지능(interpersonal intelligence) ➡ people smart
- 자기성찰 지능(intrapersonal intelligence) ➡ self smart
- 자연탐구 지능(naturalist intelligence) ➡ nature smart

이러한 용어들을 사용함으로써 학생들, 가족들 그리고 지역사회가 다중지능이론에 더 접근하기 쉬워질 것이라 믿는다. 이러한 용어들은 또한 교사들이 교실에서 이론을 실천적으로 적용하는 데에도 도움을 줄 것이다.

---

1) 역자 주: 그러나 이 책에서는 직접적 용어를 그대로 번역하지 않고, 이전 판과의 일관성과 학술적 용어 사용의 범용성을 위하여 다중지능의 가드너 명명을 유지하였다.

🗣️다중지능 이론의 이론적 토대

  많은 사람이 앞서 소개한 여덟 가지 범주들을 보며 왜 가드너가 재능이나 소질이라는 말 대신 지능이라는 용어를 고집하는지 궁금해한다. 가드너는 사람들이 "그는 그렇게 똑똑하지는(intelligent) 않은데 굉장한 음악적 소질이 있어."와 같은 말에 익숙하다는 것을 깨달았고, 각 범주를 표현할 때 지능이라는 단어를 사용하는 것이 어떠한 의미를 지니는지 잘 알고 있었다. 그는 한 인터뷰에서 다음과 같이 말했다. "저는 일부러 약간 도발하려는 마음이 있습니다. 만약 제가 일곱 가지 능력(competencies)이 있다고 이야기한다면 사람들은 하품을 하며 "그래, 그래."라고 말하겠죠. 그렇지만 그것을 '지능(intelligences)'이라고 부르는 순간, 우리는 하나의 지능을 너무 숭배하는 경향이 있지만 사실은 다수의 지능이 있다는 것을 알 수 있으며, 그중 몇몇은 '지능'일 것이라고는 전혀 상상도 안 해 봤던 것을 말하고 있음을 알 수 있습니다."(Weinreich-Haste, 1985, p. 48에서 재인용) 가드너는 자신의 주장을 뒷받침할 탄탄한 이론적 토대를 세우기 위해 단순한 재능이나 기술, 소질이 아닌 어엿한 지능으로 인정하려 할 때 충족해야 하는 다음의 여덟 가지 기본 준거를 설정했다.

  1. 뇌손상으로 인한 독특성(potential isolation)
  2. 서번트(savant), 영재 및 기타 예외적인 사람들의 존재
  3. 독특한 발달 이력과 '최상위 수준(end-state)' 전문가의 존재
  4. 진화 역사와 진화적 타당성
  5. 심리검사를 통한 검증
  6. 심리학 실험을 통한 검증
  7. 확인 가능한 핵심 운영(체계)
  8. 기호(언어)를 사용하여 상징 체계를 구축할 수 있는 가능성

뇌손상으로 인한 독특성

가드너는 보스턴 재향군인 관리국(Boston Veterans Administration)에서 사고나 질병으로 뇌의 특정 영역에 손상을 입은 사람들을 관찰한 적이 있다. 그는 몇 가지 사례에서 뇌병변이 하나의 지능에만 선택적으로 손상을 가하고, 다른 지능들에는 영향을 미치지 않음을 발견했다. 예를 들어, 브로카 영역(좌뇌 전두엽)에 병변이 발생한 사람은 언어 지능에 상당한 수준의 손상을 입어 말하기, 읽기, 쓰기에 큰 어려움을 겪게 되지만, 여전히 노래나 수학, 춤, 감정에 대한 반응, 다른 사람들과의 관계에는 아무런 문제없이 살아갈 수 있다. 우반구의 측두엽에 병변이 있는 사람은 음악적 능력에, 전두엽에 병변이 있는 사람은 주로 개인적 지능(personal intelligence), 즉 자기이해 지능과 대인관계 지능에 손상을 입을 수 있다.

가드너는 비교적 자동화된 여덟 가지 뇌 체계의 존재를 주장하였다. 이는 1970년대에 유명했던 '우뇌/좌뇌' 학습 모델보다 더 정교한 최신 버전이다. 〈표 1-1〉의 5행은 각 지능에 주로 영향을 미치는 뇌 구조를 확인할 수 있다.

표 1-1 다중지능 이론

지능	언어	논리-수학	공간	신체-운동	음악	대인관계	자기성찰	자연탐구
핵심 요소	단어나 언어의 소리, 구조, 의미, 기능에 대한 민감성	논리적/수학적 패턴을 파악하는 민감성 또는 능력	시공간적 세계를 정확하게 인지하고, 초기 인식에 따라 변형을 가하는 능력	신체의 움직임을 통제하고 사물을 능숙하게 다루는 능력	리듬, 음의 높낮이와 음색을 만들어 내거나 감상하는 능력, 음악적 표현형태에 대한 감상능력	타인의 분위기, 기질, 동기 및 욕망을 알아채고 적절하게 반응하는 능력	자신의 '느낌'을 알아채고 감정을 분별하는 능력, 자신의 강점과 약점에 대한 지식	어느 종에 속하는지 분해 내고, 한 종의 존재를 알며, 형식적/비형식적으로 둘 이상의 종 간 관계를 파악해 내는 능력; 종 분류 체계 (예: 린네)
상징 체계	표음문자 또는 음성언어 (예: 영어)	컴퓨터 언어 (예: HTML)	선, 모양, 형태, 색, 관점 등의 사용	스포츠 도해 (예: 축구 경기체)	음악 표기법 (예: 현대 기보법)	사회적 신호 (예: 몸짓, 자세, 표정)	자기 자신을 나타내는 상징 (예: 꿈이나 예술작품)	종 분류 체계 (예: 린네)
최상위 수준	작가, 연설가 (예: 버지니아 울프, 마틴 루터 킹 주니어)	과학자, 수학자 (예: 퀴리부인, 블레이즈 파스칼)	예술가, 건축가 (예: 프리다 칼로, 이오 밍 페이)	운동선수, 무용가, 조각가 (예: 마사 그레이엄, 오귀스트 로댕)	작곡가, 연주자 (예: 스티비 원더, 미도리)	가족 상담가, 정치적 지도자 (예: 버지니아 사티어, 넬슨 만델라)	심리치료사, 종교적 사업가(예: 지그문트 프로이트, 리처드 브랜슨)	자연주의자, 동물학자, 호른꾼자(예: 찰스 다윈, 제인 구달)

지능	언어	논리-수학	공간	신체-운동	음악	대인관계	자기성찰	자연탐구
신경학적 체계 (주요 영역)	좌반구 측두엽과 전두엽 (예: 브로카/베르니케 영역)	좌반구 전두엽과 우반구 두정엽	우반구의 후부 영역	소뇌, 기저핵, 운동피질	오른쪽 측두엽	전두엽, 측두엽(특히 우반구), 대뇌 변연계	전두엽, 두정엽, 대뇌 변연계	'생물과 '무생물'을 구분할 때 중요한 역할을 하는 좌측 두정엽의 부분
발달 요인	아동기 초기에 '폭발'하며, 노년기까지 유지되는 경향이 강함	청소년기와 성인기 초기에 정점을 찍으며, 높은 수학적 통찰력은 40세 이후 감소함	아동 초기의 위상적 사고는 9~10세경 기하학적 패러다임을 발달시키며, 노년기에도 유지지됨	기술(힘, 유연성)이나 영역(체조, 야구, 마임)에 따라 다름	가장 먼저 발달하는 지능, 영재는 청소년기 이전 발달적 위기를 겪는 경우가 있음	애착, 특히 3세까지의 아동이 대감이 중요함, 사회적 경험을 습득하기 전서 점차 발달함	3세까지의 '나'와 '다른 사람'의 정체성 형성이 중요함, 사회적 경험을 습득하기 전서 점차 발달함	소수의 아동에게서 극적으로 나타남, 학교교육이나 경험이 형식적/비형식적 전문성을 증가시킬 수 있음
문화적 가치를 두는 방식	구술사, 스토리텔링, 문학	과학적 발견, 수학 이론, 과학과 분류체계	예술작품, 내비게이션 시스템, 건축 디자인, 발명	공예, 육상경기, 극, 무용, 조각	작곡, 연주, 녹음	정치적 문건, 사회제도	자기 발달 체제 (예: 심리치료), 통과의례	민속분류법, 약초에 관한 지식, 사냥 의례, 애니미즘
진화론적 기원	3만 년 전기 독특한 기호의 발견	초기 숫자 체계와 달력의 발견	라스코 혹은 세계 여러 동굴벽화	선사시대 도구 사용의 증가	선사시대 악기의 증거	수렵, 채집을 위한 공동 생활	선사시대 장례문화	초기사냥도구를 통해 다른 종에 대한 이해를 보여줌

지능	언어	논리-수학	공간	신체-운동	음악	대인관계	자기성찰	자연탐구
다른 종에서 발견되는 사례	(유인원) 가리킴으로써 호칭으로 명명하는 능력	춤을 통해 거리를 계산하는 능력	여러 종의 영역 본능	영장류, 개미핥기 및 여러 종의 도구 사용	새의 노래	유인원이나 다른 원이 다른 종에게 발견되는 모성애	침팬지는 자신을 거울에 비추어 볼 수 있으며, 요람으로부터 두려움을 느낌	먹이와 먹이가 아닌 것을 구분하는 수많은 종이 사냥 본능 등
(현재 미국의 상황과 관련된) 역사적 요인	인쇄 시대 이전에는 구전에 이 더욱 중요했음	코딩 기술(컴퓨터 프로그래밍)이 중요해짐	대중매체, 비디오, 인터넷 그리고 다른 이미지 기반 기술이 중요해짐	20세기 초 농경사회에서 중요했음	의사소통이 더 음악적이었던 구전문화에서 중요했음	서비스 경제(산업과 반대됨)의 활성화로 중요해짐	의사결정과 자기 중요보가 심화되면서 현대 사회에서 특히 중요해짐	농경제 사회에서 더 중요했으나, 산업혁명이 일어나며 중요성이 떨어졌음. 그러나 현재는 위험에 처한 환경을 보존하는 '지구지능(earth smarts)'이 각광받고 있음

서번트, 영재 및 기타 예외적인 사람들의 존재

가드너는 마치 평평한 지평선을 배경으로 우뚝 솟은 거대한 산처럼 특별히 한 지능만 높은 수준으로 기능하는 경우가 있다고 이야기한다. 서번트란 다른 영역에서 온전히 기능하지 못하는 대가로 한 가지 지능에서 매우 뛰어난 능력을 보이는 사람을 일컫는다. 이러한 개인들은 여덟 가지 지능 각각에 대한 서번트가 존재하는 것으로 보인다. 예를 들어, 실화에 기반을 둔 킴 픽(Kim Peek)의 영화 〈레인맨(Rainman)〉에서 배우 더스틴 호프만(Dustin Hoffman)은 논리-수학적 자폐증 서번트인 레이먼드를 연기한다. 레이먼드는 여러 자릿수의 큰 숫자를 암산으로 매우 빠르게 계산해 내는 등 놀라운 수학적 재능을 가지고 있지만, 또래 관계나 언어 기능, 자아 성찰 등에서 결핍(낮은 대인관계 및 자기성찰 지능)을 보인다.

이 외에도 그림을 특출하게 잘 그리는 서번트[예: 스티븐 월트셔(Stephen Wiltshire)]나 음악 작품을 딱 한 번 듣고 바로 연주해 내는 놀라운 음악적 기억력을 가진 서번트[예: 레슬리 렘키(Leslie Lemke), 글로리아 렌호프(Gloria Lenhoff)], 복잡한 문서를 읽어 내지만 내용은 이해하지 못하는 서번트(초독서증), 자연이나 동물에 특별한 감수성을 보이는 서번트도 있다(Grandin & Johnson, 2006; Sack, 1985, 1995 참고).

독특한 발달 이력과 '최상위 수준' 전문가의 존재

가드너는 문화적으로 인정받는 활동에 참여함으로써 지능이 활성화되며, 그 안에서 개인의 성장이 발달 유형을 따르게 된다고 본다. 지능에 기반을 둔 모든 활동에는 고유한 발달 경로가 있다. 즉, 각 활동은 아동기 초반에 생겨나는 시점이나 생애 중 정점을 찍는 시점이 다르며, 노년으로 접어들면서 빠르게 또는 천천히 감소하는 고유한 패턴이 있다. 예를 들어, 작곡은 가장 이른 시기에 전문성을 인정받는 활동 중 하나다. 실제로 볼프강 아마데우스

모차르트(Wolfgang Amadeus Mozart)는 겨우 4세에 작곡을 시작했고, 8세에 첫 번째 교향곡을 작곡했으며, 11세에는 첫 번째 오페라를 썼다. 또한, 많은 작곡가와 연주자가 80대나 90대에도 왕성하게 활동하는 점을 고려한다면 작곡의 전문성은 고령에도 여전히 강력하게 유지된다고 볼 수 있다.

한편, 수학적 능력은 그와는 조금 다른 경로를 보인다. 작곡 능력만큼 이른 시기에 나타나지는 않지만(예: 4세 아동은 새로운 논리적 원칙을 만들어 내지 못한다), 전 생애를 놓고 볼 때 비교적 이른 시기에 정점에 다다른다. 실제로 여러 훌륭한 수학적 · 과학적 아이디어는 블레이즈 파스칼(Blaise Pascal)이나 카를 프리드리히 가우스(Karl Friedrich Gauss)와 같은 학자들이 10대 청소년 시절에 제시하였고, 알베르트 아인슈타인(Albert Einstein)과 아이작 뉴턴(Isaac Newton)은 20대 중반에 중대한 과학적 기여를 이루어 냈다. 수학적 발상의 역사를 거슬러 올라가 보면, 40세가 넘은 사람에게서 나온 수학적 통찰은 거의 없었음을 알 수 있다. 따라서 사람들이 이 정도 나이가 되면 훌륭한 수학자로서의 역할은 끝나 간다고 볼 수 있다! 하지만 이러한 하락은 수표책을 결산하는 등 실용적인 기술에는 영향을 미치지 않는 것으로 보이기 때문에 우리 중 대부분은 안심해도 된다.

성공적인 소설가는 40세나 50세 또는 그 후에도 얼마든지 나올 수 있다. 노벨 문학상 수상자인 토니 모리슨(Toni Morrison)은 거의 40세가 되기 이전에 소설을 발표한 적이 없다. 심지어 모지스(Moses) 할머니처럼 75세가 넘은 후에도 화가가 되기로 마음먹을 수 있다. 가드너는 우리가 여덟 가지 지능을 이해하기 위해서는 서로 다른 발달 경로를 고려할 필요가 있다고 말한다. 장 피아제(Jean Piaget)는 논리-수학 지능의 전반적인 그림을 제시하지만, 어떻게 개인적 지능이 발달하는지를 알기 위해서는 에릭 에릭슨(Erik Erikson)의 지식을, 언어 지능의 발달 모델을 알기 위해서는 놈 촘스키(Noam Chomsky)나 레프 비고츠키(Lev Vygotsky)의 지식을 빌려야 한다. 〈표 1-1〉의 6행을 통해 각 지능의 발달 경로를 확인할 수 있다.

가드너(1993b)는 특출한 실존 인물의 삶에서 지능의 '최상위 수준'을 공부함으로써 지능의 정점을 가장 잘 볼 수 있다고 언급한다. 예를 들어, 우리는 베토벤(Beethoven)의 교향곡 〈영웅(Eroica)〉을 공부함으로써 음악 지능을, 찰스 다윈의 진화이론을 통해 자연탐구 지능을, 부오나로티 미켈란젤로(Buonarroti Michelangelo)의 시스틴 성당 벽화를 통해 공간 지능을 이해할 수 있다. 각 지능의 최상위 수준 역시 〈표 1-1〉의 4행에서 확인할 수 있다.

진화 역사와 진화적 타당성

가드너는 각각의 여덟 가지 지능이 인류의 진화에 기원을 두고 있으며 그 전에는 다른 종의 진화에서 출발했다고 명시한다. 예를 들어, 공간 지능은 라스코 동굴벽화를 통해서나, 꽃을 찾을 때 자신의 위치를 아는 곤충들에게서 공부할 수 있다. 비슷하게, 음악 지능은 초기 악기의 고고학적 증거나 다양한 새의 노래를 통해 그 기원을 거슬러 올라갈 수 있다. 〈표 1-1〉의 8행에서 각 지능의 진화적 기원을 볼 수 있다.

다중지능 이론에는 그 역사적 맥락이 있다. 어떤 지능은 지금보다 예전에 더 중요했던 것으로 보인다. 예를 들어, 자연탐구 지능과 신체-운동 지능은 미국에서 대다수의 사람이 시골 지역에 살고 사냥, 추수, 저장고 건설이 사회적으로 중요하던 150년 전쯤에 더 가치 있게 평가되었을 것이다. 비슷하게, 어떤 지능은 예전보다 더 중요해지고 있다. 컴퓨터 혁명은 논리-수학 지능을 활용할 기회가 적었던 많은 사람들에게 이를 활용할 수 있는 기회를 주었다. 점점 더 많은 사람들이 영화, 텔레비전, 인터넷이나 비디오 게임을 통해 정보를 얻을수록 공간 지능의 가치는 더욱 높아질 것이다. 또한, 위험에 처한 환경을 보호하기 위한 자연탐구 지능이 높은 사람도 갈수록 더 많이 필요해질 전망이다. 〈표 1-1〉의 10행은 각 지능의 중요성에 영향을 미친 역사적 요인에 대해 설명하고 있다.

심리검사를 통한 검증

　많은 학습유형 이론뿐만 아니라 대부분의 지능 이론은 인간의 능력에 대한 모형의 타당성을 확인하기 위한 표준화 측정에 의존한다. 가드너는 표준화 검사를 개발하지도 않았고 사실 형식검사의 대안을 열렬히 옹호하지만(10장 참고), 많은 기존의 표준화 검사들이 다중지능 이론의 타당성을 입증했다고 제안한다(비록 표준화 검사가 두드러지게 탈맥락적인 방식으로 다중지능을 평가한다고 지적하기는 했지만 말이다). 예를 들어, 웩슬러 아동용 지능검사는 언어 지능(예: 정보, 어휘), 논리-수학 지능(예: 계산), 공간 지능(예: 그림 배열)과 약간의 신체-운동 지능(예: 모양 맞추기)을 필요로 하는 하위검사를 포함한다. 또 다른 검사들은 개인적 지능을 살짝 다루기도 한다(예: 바인랜드 적응행동척도와 쿠퍼스미스 자아존중감 목록). 여덟 가지 지능에 관련된 형식검사의 유형은 3장에서 소개할 것이다.

심리학 실험을 통한 검증

　가드너는 구체적인 심리학 연구들을 살펴봄으로써 각 지능이 서로 독립적으로 작용함을 확인할 수 있다고 주장한다. 예를 들어, 실험 참여자들이 읽기와 같은 특정 기술을 숙달했지만 수학과 같은 다른 영역으로 능력을 전환시키지는 못한 연구를 통해 언어 지능이 논리-수학 지능으로 잘 전환되지 못함을 알 수 있다. 비슷하게, 기억, 인식, 주의와 같은 인지 능력에 관한 연구에서는 사람들이 선택적으로 몇 가지의 능력을 가지고 있다는 증거를 확인할 수 있다. 예를 들어, 어떤 사람은 단어 기억력은 뛰어나지만 얼굴은 잘 기억하지 못할 수 있고, 다른 사람은 음악적 소리는 예리하게 인식하지만 언어적 소리는 그렇지 못할 수 있다. 즉, 이러한 인지적 능력은 각각 지능 특정적(intelligence-specific)이며, 사람들은 각각의 인지적 영역 안에서 다른 수준의 여덟 가지 지능을 가지고 있을 수 있다.

확인 가능한 핵심 운영(체계)

가드너에 따르면, 컴퓨터 프로그램이 제대로 기능하기 위해서 운영체계가 필요한 것처럼, 각 지능도 그에 따른 고유한 행동을 유지하기 위해서 일련의 핵심 운영체계를 지닌다. 예를 들어, 음악 지능의 핵심 운영은 음의 높낮이에 대한 민감성이나 다양한 리듬 구조를 구분하는 능력 등이 해당할 것이다. 한편, 신체-운동 지능에서의 핵심 작용은 다른 사람의 움직임을 따라 하는 능력 또는 구조물 건설을 위해 확립된 미세 운동 기능을 숙달하는 것이라고 볼 수 있다. 가드너는 이러한 핵심 운영체계가 언젠가는 컴퓨터에서 모의 실험할 수 있을 만큼 정확하게 밝혀질 것이라고 본다.

기호(언어)를 사용하여 상징 체계를 구축할 수 있는 가능성

가드너는 인지적 행동을 가장 잘 나타내 주는 것은 바로 상징을 사용하는 능력이라고 말한다. '고양이'라는 단어는 이 문장에서 나타난 것처럼 그저 인쇄된 기호 모음에 지나지 않지만 자신과 연관된 것들과 각종 이미지, 기억을 떠올리게 할 것이다. 이때 일어난 상황이 바로 실제로는 여기에 없는 무언가를 현재로 '끌어오는 것(re-present-ation)'이다. 가드너는 상징화 능력이 인간을 다른 종들과 구분하는 가장 중요한 요소 중 하나라고 주장한다. 그는 자기 이론의 여덟 가지 지능이 각각 상징(기호) 준거를 만족시킨다고 언급한다. 실제로 각각의 지능에는 고유한 상징 또는 표기법이 있다. 언어 지능에는 영어, 히브리어, 러시아어와 같은 수많은 문자 언어가 있다. 공간 지능에는 건축가, 공학자, 디자이너가 사용하는 수많은 그래픽 언어는 물론이고 중국어 및 일본어와 같은 표의 문자도 있다. 〈표 1-1〉의 3행에서 모든 여덟 가지 지능의 상징(언어) 체계를 확인할 수 있다.

🗣️다중지능 이론의 핵심

여덟 가지 지능 및 그 이론적 배경에 대한 설명과 더불어, 다중지능 이론에 대한 다음의 핵심 요소를 짚어 보는 것도 중요하다.

모든 사람은 여덟 가지 지능을 모두 가지고 있다.   다중지능 이론은 잘 맞는 하나의 지능만을 찾는 '유형 이론'이 아니다. 이는 인지적 기능에 대한 이론이며, 각 사람이 여덟 가지 지능의 모든 영역에서 능력을 가지고 있다고 본다. 물론 여덟 가지 지능이 서로 기능하는 방식은 사람마다 다를 것이다. 어떤 사람은 거의 모든 지능에서 높은 수준을 지니고 있을 수 있다. 예를 들어, 독일의 요한 볼프강 폰 괴테(Johann Wolfgang von Goethe)는 시인이자 정치인, 과학자, 동식물 연구가이며 철학자이기도 했다. 한편, 발달장애인을 위한 기관에 있는 중증장애인들은 가장 기본적인 면을 제외하고는 모든 지능에서 결핍이 있는 것으로 보인다. 대부분의 사람은 이러한 양극단 사이 어딘가에 위치하고 있을 것이다. 어떤 지능은 매우 잘 발달되어 있고, 어떤 것은 보통이며, 나머지는 다소 덜 발달된 상태로 말이다.

대부분의 사람은 각각의 지능을 적절한 수준으로 발달시킬 수 있다.   비록 특정 영역에서의 결핍을 슬퍼하면서 자신의 문제가 선천적이며 다루기 힘든 것이라고 생각할 수도 있지만, 가드너는 적절한 격려와 강화, 교수만 받는다면 대부분의 정상적 발달을 보이는 사람들은 여덟 가지 지능 모두를 적절히 높은 수준까지 발달시킬 수 있다고 주장한다. 그는 스즈키 재능교육 프로그램(Suzuki Talent Education Program)을 예로 들며, 생물학적으로 평범한 음악적 재능을 가진 사람이 알맞은 환경적 영향(예: 부모의 관심, 영아기부터 클래식 음악에 노출됨, 조기교육) 속에서 어떻게 바이올린이나 피아노를 전문적인 수준으로 연주할 수 있는지 이야기한다. 이러한 교육 모델은 다른 지능에서도 발견된다(예: 그림 그리기를 통해 공간 지능 능력을 향상하는 방법은 Edwards, 2012 참고). 지능 발달을 위한 노력에 대한 가드너의 강조는 교실에서 '성장 마인드셋'을 주장한 Dweck(2007)의 아이디어와 맥을 같이 한다(이 개념에 대한 논의는 65쪽 참고).

지능은 보통 복잡한 방식으로 함께 작용한다. 가드너는 각각의 지능이 사실은 '허구'라고 말한다. 즉, 실제 삶 속에서 어떤 지능도 독자적으로 존재할 수는 없다는 것이다(서번트나 뇌손상과 같이 매우 예외적인 경우를 제외하고). 각 지능은 언제나 상호작용한다. 예를 들어, 식사를 준비하기 위해서는 조리법을 읽어야 하고(언어), 가끔은 조리법에 나온 분량에 2를 곱해야 하며(논리-수학), 모든 가족이 좋아할 만한 메뉴를 생각해 내야 하고(대인관계), 자신의 입맛에도 맞게 요리해야 한다(자기성찰). 아동이 발야구를 할 때도 신체-운동 지능(달리고 차고 잡기), 공간 지능(운동장에서 자신의 위치를 알고 날아가는 공의 궤적을 예측하기), 언어 지능 및 대인관계 지능(게임 중 논쟁이 벌어졌을 때 자신이 하고픈 말을 전달하기)이 필요하다. 다중지능 이론에서 각 지능을 맥락에 관련 없이 설명한 것은 오로지 각각의 주요한 특징과 효율적 사용법을 알게 하기 위함이다. 이러한 공식적인 학습을 마치고 나면 반드시 독특한 문화적 맥락 안에서 지능을 바라봐야 한다.

각각 지능 영역 안에서 다양한 방식으로 뛰어날 수 있다. 특정 영역에서 똑똑한 것으로 인정받기 위해 반드시 갖추어야 하는 기준 같은 것은 없다. 읽지 못하는 사람도 굉장한 이야기를 전달할 수 있으며, 심지어 그중 어휘 표현이 풍부한 사람이라면 언어 지능이 높을 수도 있다. 이와 비슷하게, 운동에는 소질이 없지만 뜨개질로 카펫을 뜨거나 아름다운 체스 테이블을 만들 수 있다면 우수한 신체-운동 지능을 가지고 있는 것이다. 다중지능 이론은 사람들이 지능 사이와 그 안에서 재능을 보일 수 있는 매우 다양한 방법을 강조한다(각 지능의 다양한 속성에 대한 자세한 정보는 3장 참고).

🗣 다른 지능의 존재

가드너는 자신의 모델이 잠정적인 형태라고 말한다. 후속 연구와 실험을 거친 결과, 그가 나열한 몇몇 지능은 앞서 소개한 여덟 가지 핵심 준거를 만족시키지 않아 목록에서 제외되었다. 비슷하게, 다양한 검사를 만족시키는 새로운 지능을 밝혀낼 수는 있다. 실제로 가드너는 이러한 신념에 기초하여 각각의 여덟 가지 준거를 만족시키는 새로운 지능인 자연탐구 지능을 추가하였다. 또한 아홉 번째 지능인 실존 지능에 대한 고려도 모든 준거를 만족시키는 데서 출발했다(실존 지능에 관한 자세한 논의는 14장 참고). 가드너 이외의 다른 사람들이 제안한 또 다른 지능으로는 영성, 도덕성, 유머, 직관, 창조성, 요리 능력, 후각, 다른 지능을 합칠 수 있는 능력, 기계 지능 등이 있다. 이렇게 제안된 지능들이 앞서 언급한 여덟 가지 검사를 통과할 수 있는지는 더 지켜보아야 할 것이다.

🗣 다중지능 이론 간의 관계

가드너의 다중지능 이론이 지능 개념에 대해 고심한 첫 번째 모델은 물론 아니다. 지능에 대한 이론은 마음이 심장이나 간 또는 신장에 있다고 믿던 고대부터 있었다. 보다 최근의 지능 이론은 한 가지 지능 유형[스피어만(Spearman)의 'g']부터 150가지 지능 유형[길포드(Guilford)의 '지능 구조']까지 다양한 이론 사이에서 나타났다.

몇몇 교사들은 다른 학습 유형 모델과 다중지능 이론을 비교해 왔다. 하지만 가드너는 다중지능 이론을 '학습 유형' 개념과 구분하려고 했다. 그는 다음과 같이 적은 바 있다. "유형이라는 개념은 상상할 수 있는 모든 내용에 똑같이 적용할 수 있는 일반적 접근을 말한다. 대조적으로, 지능은 고유한 처

리 과정을 가지며 특정 내용(음악적 소리나 공간적 패턴 등)에 적합한 능력이
다."(Gardner, 1995, pp. 202-203) 가드너에 따르면, 예를 들어 공간 지능이 매
우 높은 사람이 전 생애에 걸쳐 모든 면에서 그 능력을 보여 줄 것이라는 명
확한 증거는 아직 없다(예: 공간적으로 세차하기, 공간적으로 아이디어를 곱씹어
보기, 공간적으로 교제하기 등). 그는 이러한 과제가 아직 경험적으로 연구되지
않은 채로 남아 있다고 주장한다(이러한 방면에서의 시도 사례는 Silver, Strong,
& Perini, 1997 참고).

더 생각해 볼 문제

1. 가드너의 『마음의 틀(Frames of Mind)』을 교재로 사용하는 스터디 그룹을 조직한 후 각자 한 장씩 발표해 본다. 이렇게 스터디 그룹 구성원들이 모여서 다중지능학교를 설립하게 된 사례도 있다(Hoerr, 2000).

2. 가드너의 『Multiple Intelligence: New Horizons in Theory and Practice』(2006)과 『Intelligence Reframed: Multiple Intelligences for the 21st Century』(1999)의 참고문헌을 조사하여 다중지능 모델을 더욱 다양하게 연구해 본다.

3. 새로운 지능을 제안해 본 후 제안한 지능이 다중지능 이론 준거에 의거하여 적절한지 평가해 본다.

4. 다중지능의 각 지능을 나타내는 상징을 수집해 본다. 예를 들어, 디자이너, 건축설계사, 예술가, 발명가가 사용하는 공간 지능에서 '언어(상징)'의 예를 찾아본다. 혹은 높은음자리표와 같은 음악 상징 및 악보에 쓰이는 기호를 찾아본다.

5. 각 지능에 있어서 서번트(savant, 장애영재)인 실제 인물을 알아본다. 가드너의 『마음의 틀』은 논리 · 수학 · 공간 · 음악 · 언어 · 신체-운동 지능의 실제 인물을 소개하고 있다. 올리버 삭스(Oiver Sacks, 1985, 1995)는 기묘하게 지능에 영향을 받은 특정 뇌손상 장애영재에 대한 사례 연구를 제공한다.

6. 다중지능과 여러 학습유형 모델(예: 시각 · 청각 · 운동감각: VAKT, MBTI, Dunn과 Dunn 등)을 연계해 보고 그들의 유사점과 차이점을 알아본다.

chapter

02 다중지능 이론과 발달

> 당신이 제안하는 학교 계획이 어떠한 종류의 것인지는 중요하지 않다. 중요한 것은
> 당신이 어떤 종류의 사람인가 하는 것이다.
>
> -루돌프 슈타이너(Rudolf Steiner)-

　어떤 학습 모델을 교실 환경에 적용하기 전에 우리는 그것을 교육자로서 우리 자신에게 혹은 성인 학습자에게 먼저 적용해 보아야 한다. 우리가 그 이론에 대한 실험적 이해를 가지고 있지 않거나 내용을 개별화하지 않았다면 학생에게 효과적으로 사용하기 쉽지 않을 것이다. 결국 다중지능 이론을 사용하는 데 있어 중요한 단계(1장에서 소개한 기본적인 이론 토대를 내면화한 이후)는 우리가 가진 다중지능의 특징과 질을 밝히고 우리의 삶에서 그것을 개발할 방법을 찾는 것이다. 이 일을 시작함으로써 여덟 가지 지능 각각에서 우리가 가지고 있는 특정한 능숙함 혹은 미숙함이 우리가 교육자로서 가지는 다양한 역할 수행 능력에 어떠한 영향을 미치는지 명백하게 알 수 있을 것이다.

🗣️ 다중지능 확인하기

3장과 10장에서 학생 평가에 대해 더 자세하게 살펴볼 것이지만, 한 사람의 다중지능 프로파일을 개발하는 것은 간단한 문제가 아니다. 어떤 검사도 한 사람의 지능 특징이나 질을 정확하게 평가할 수 없다. 가드너가 반복적으로 지적한 대로, 표준화 검사는 전체적인 능력 범위의 작은 일부분만을 측정할 뿐이다. 따라서 다중지능을 평가하는 최선의 방법은 각각의 지능과 관련된 많은 종류의 과제, 활동 그리고 경험 영역에서의 수행을 실제적으로 평가하는 것이다. 여러 가지 인위적 학습 과제를 수행하기보다는 이러한 여덟 가지 지능을 이미 포함하고 있는 실생활 경험의 유형들을 돌아보라. 〈자료 2-1〉에 있는 다중지능 목록이 도움이 될 수 있다.

이 척도는 검사가 아니며, 각 지능 척도에서 표시한 문항의 수와 같은 양적 정보는 지능 또는 지능의 부족을 결정하는 것과 관계가 없다는 것을 명심해야 한다. 이 척도의 목적은 스스로 여덟 가지 카테고리와 관련한 삶의 경험을 연결 지어 보도록 하는 것이다. 이러한 과정을 통해서 어떠한 기억이나 감정, 생각이 떠오르는가?

자료 2-1　성인용 다중지능 목록

다음 각 지능 범주를 나타내는 진술문 중 해당하는 항목에 표시하세요. 각 지능의 마지막 부분에는 항목에 구체적으로 언급되지 않은 부가 정보를 쓸 수 있는 여백이 마련되어 있습니다.

언어 지능
____ 책은 나에게 매우 중요하다.
____ 나는 단어를 읽고, 말하고, 쓰기 전에 머릿속에서 그것을 들을 수 있다.
____ 나는 비디오보다 라디오나 오디오 녹음을 듣는 것을 통해 더 많은 것을 얻는다.
____ 나는 Scramble, Anagrams, Password와 같은 단어 게임을 즐긴다.

____ 나는 혼자 또는 다른 사람들과 말장난 놀이[tongue twisters(역자 주: 발음하기 어려운 어구), nonsense rhymes(역자 주: 무의미한 각운, 우스꽝스러운 내용으로 유머를 느낄 수 있는 음운들), puns]를 즐긴다.

____ 나는 좋은 어휘력을 가지고 있으며, 내가 말하거나 글을 쓸 때 계속적으로 새로운 단어를 추가한다.

____ 학교 교과 중 영어, 사회와 역사는 수학과 과학보다 나에게 더 쉬웠다.

____ 다른 언어(예: 프랑스어, 스페인어, 독일어)를 말하거나 읽는 법을 배우는 것은 나에게 비교적 쉽다.

____ 나는 대화 시 읽은 것이나 들은 것을 빈번하게 인용한다.

____ 나는 최근 내가 특히 자랑스러웠던 것이나 출판한 것, 다른 사람들에게 인정받은 것에 대해 기록해 왔다.

다른 언어 능력:

논리-수학 지능

____ 나는 암산을 쉽게 할 수 있다.

____ 수학 또는 과학은 학교에서 내가 제일 좋아하는 과목이었다.

____ 나는 논리적 사고를 요하는 게임을 하거나 머리를 써야 하는 어려운 퍼즐 혹은 문제를 푸는 것을 즐긴다.

____ 나는 과학적 사고를 포함하는 실험을 좋아한다.

____ 나의 사고는 사물의 패턴, 규칙 또는 논리적 순서를 찾는다.

____ 나는 과학과 기술의 새로운 진보와 발달에 흥미가 있다.

____ 나는 거의 모든 것이 합리적으로 설명될 수 있다고 믿는다.

____ 나는 뉴스에서 통계치, 그래프, 차트에 특별히 집중한다.

____ 나는 제대로 작동하지 않는 물체의 원인을 탐구하길 좋아한다.

____ 나는 어떤 것을 측정하고 범주화하며 분석하거나 특정한 방법으로 수량화할 때 더 편안함을 느낀다.

다른 논리-수학 능력:

공간 지능

_____ 나는 종종 눈을 감고서 분명한 시각적 이미지를 본다.

_____ 나는 색과 관련된 강력한 의견을 가진다.

_____ 나는 내 주변에서 보이는 것에 대하여 사진 혹은 비디오를 찍는 것을 좋아한다.

_____ 나는 직소 퍼즐, 미로 찾기 그리고 다른 시각적 퍼즐 맞추기를 좋아한다.

_____ 나는 밤에 생생한 꿈을 꾼다.

_____ 나는 지도 없이 친숙하지 않은 장소에서 내가 갈 길을 찾을 수 있다.

_____ 나는 그림을 그리거나 뭔가 끄적거리는 것을 좋아한다.

_____ 학교 교과 중 기하학은 대수학보다 나에게 더 쉬웠다.

_____ 나는 높은 곳에서 직접적으로 내려다보는 것처럼 어떤 사물이 어떻게 보이는지 편안하게 상상할 수 있다.

_____ 나는 그림이 많은 읽기 자료를 보는 것을 선호한다.

다른 공간 능력:

신체-운동 지능

_____ 나는 적어도 한 가지 운동이나 신체 활동을 규칙적으로 한다.

_____ 나는 오랜 시간 가만히 앉아 있는 것이 어렵다.

_____ 나는 바느질하기, 옷감 짜기, 조각하기, 목공 또는 다른 손을 사용해 일하는 것을 좋아한다.

_____ 가장 좋은 아이디어는 종종 오래 걷거나 조깅을 할 때 또는 어떤 신체활동을 할 때 나온다.

_____ 나는 대개 여가 시간을 신체 혹은 손으로 하는 활동을 하면서 보낸다.

_____ 나는 다른 사람들과 대화할 때 손동작이나 다른 형태의 신체 언어를 자주 사용한다.

_____ 나는 더 많이 배우기 위해 그 대상을 물리적으로 조작해야 한다.

_____ 나는 촉감이 발달되어 있고 만지는 자극을 즐긴다.

_____ 나는 협응력이 좋다고 생각한다.

_____ 나는 새로운 기술을 배울 때 그것에 대해 단순히 읽거나 그 기술을 묘사한 비디오를 보는 것보다 실제로 행해야 한다.

다른 신체-운동 능력:

음악 지능

____ 나는 노래 부르기에 좋은 목소리를 가졌다(최소한 듣기 좋다고 생각한다).

____ 나는 음정이 맞지 않을 때를 알아챌 수 있다.

____ 나는 여가 시간에 음악을 자주 듣는다.

____ 나는 한 개 이상의 악기를 연주할 수 있다.

____ 음악이 없었다면 내 삶은 빈곤했을 것이다.

____ 나는 마음 속에 흐르는 곡조를 흥얼거리며 걷는 나 자신을 발견한다.

____ 나는 단순한 타악기를 이용해 음악의 박자를 쉽게 맞출 수 있거나 박자감이 좋다.

____ 나는 다른 많은 노래의 선율을 안다.

____ 나는 음악을 한두 번 들으면 꽤 정확하게 그것을 허밍 혹은 다시 부를 수 있다.

____ 나는 일하거나 공부하거나 새로운 어떤 것을 배우면서 소리 혹은 노래를 이용해 간단한 선율을 만들 수 있다.

다른 음악 능력:

대인관계 지능

____ 내 이웃이나 직장 동료들은 조언이나 상담을 구하러 나에게 찾아온다.

____ 나는 수영, 조깅과 같은 혼자서 하는 운동보다 축구, 배구, 소프트볼 같은 단체 운동을 더 좋아한다.

____ 내가 문제를 가지고 있을 때 나는 스스로 그것을 해결하려고 시도하기보다 다른 사람에게 도움을 구하는 편이다.

____ 나는 적어도 3명의 친한 친구가 있다.

____ 나는 비디오 게임과 solitaire(솔리테르, 역자 주: 혼자서 하는 카드놀이) 같은 개인 여가 활동보다 Monopoly(모노폴리, 역자 주: 부동산 취득 게임) 또는 bridge(브릿지, 역자 주: 카드놀이의 일종) 같은 사회적 놀이 활동을 더 좋아한다.

____ 나는 다른 사람에게 내가 아는 것을 가르치는 도전을 좋아한다.

____ 나는 나 자신을 리더라고 생각한다(혹은 다른 사람들이 나를 리더라고 부른다).

____ 나는 사람들 가운데 있을 때 편안함을 느낀다.

____ 나는 일, 예배 또는 지역사회와 관련한 사회적 활동에 참여하는 것을 좋아한다.

____ 나는 저녁에 집에서 독서나 혼자 지내기보다 파티에서 시간을 보낸다.

다른 대인관계 능력:

자기성찰 지능

____ 나는 대개 명상, 반성, 생각하며 혼자 시간을 보낸다.

____ 나는 나 자신에 대해 더 배우기 위해 심리치료, 상담 활동이나 개인 성장 세미나에 참석한다.

____ 나는 장애물에 탄력적으로 반응할 수 있다.

____ 나는 많은 사람들이 모르는 특별한 취미나 흥미를 가진다.

____ 나는 주기적으로 생각하는 인생의 중요한 목표가 있다.

____ 나는 자신의 강점과 약점(다른 자원의 피드백을 받는)에 대해 현실적인 시각을 가지고 있다.

____ 나는 주말을 많은 사람으로 붐비는 비싼 리조트보다 나무 오두막에서 혼자 보내는 것이 더 좋다.

____ 나는 스스로를 강한 의지를 지닌, 또는 독립적 정신을 가진 사람이라 생각한다.

____ 나는 나의 정신적 삶의 사건이나 속내를 일기장에 기록한다.

____ 나는 자영업자이거나 적어도 나만의 사업을 시작하는 것에 대해 심각하게 생각해 본 적이 있다.

다른 자기성찰 능력:

자연탐구 지능

____ 나는 배낭여행, 하이킹을 하거나 자연 속에서 거닐며 시간을 보내는 것을 좋아한다.

____ 나는 자연과 관련한 자원봉사 단체[예: 시에라 클럽(Sierra Club)]에 속해 있고 자연 파괴로부터 보호하는 것에 관심이 있다.

____ 나는 동물을 키우거나 집 주변에 동물들이 있는 것을 좋아한다.

____ 나는 어떤 면에서 자연과 관련된 취미에 몰두한다(예: 조류 탐사).

____ 나는 자연 관련 강좌에 등록한 적이 있다(예: 식물학, 동물학, 생태학).

____ 나는 서로 다른 종류의 나무, 개, 새, 기타 동식물을 잘 구별한다.

____ 나는 자연을 소재로 한 책과 잡지를 읽거나 TV 쇼 혹은 영화를 보는 것을 좋아한다.

____ 휴가 기간에 호텔/리조트 또는 도시/문화 공간보다 자연환경(예: 공원, 캠핑장, 등산로)으로 떠나는 것을 더 좋아한다.

____ 나는 동물원, 수족관 또는 자연의 세계를 공부할 수 있는 다른 장소를 방문하는 것을 정말 좋아한다.

____ 나는 정원을 가지고 있고 자주 그곳에서 일하는 것을 즐긴다.

다른 자연탐구 능력:

🗣️다중지능 자원 이용하기

다중지능 이론은 향상될 필요가 있는 영역뿐만 아니라 교수 강점을 고려하는 데 특히 좋은 모델이다. 아마 당신이 수업 시간에 칠판에 그림을 그리거나 고도의 그래픽 자료를 사용하지 않는다면 그것은 당신의 삶에서 특히 공간지능이 잘 발달하지 않았기 때문일 것이다. 또는 당신이 대인관계 지향적 학습자·교사이거나 자연탐구적 학습자·교사이기 때문에 협동학습 전략 혹은 생태 활동에 끌릴 수도 있다. 다중지능 이론을 사용해 당신 자신의 교수 방식을 점검하고, 그것이 여덟 가지 지능과 어떻게 관련되는지 확인해 보라. 여덟 가지 지능 모두에서 뛰어날 필요는 없지만 스스로 교실에서 사용하기 꺼리는 지능의 자원을 이용하는 방법은 알아야 할 것이다.

동료의 전문 지식을 얻으라.   만약 당신의 음악 지능이 개발되지 않아 교실에서 음악을 지도할 아이디어가 없다면 학교의 음악 교사나 음악적 소질이 있는 동료에게 도움을 구하는 것도 좋다. 다중지능 이론은 팀티칭에 대한 넓은 함의를 가진다. 학생의 다중지능을 개발하려는 학교에서의 이상적인 교수 팀이나 교육과정 개발 위원회에는 여덟 가지 각 지능에서의 전문가를 포함할 것이다.

학생에게 도움을 구하라.   학생들은 종종 당신의 지식이 부족한 영역에서 전략을 생각해 내고 전문 지식을 보여 줄 수 있다. 예를 들어, 만약 당신이 그림, 음악, 동식물에 대한 교수에 편안함이나 유능함을 갖고 있지 않다면 학생들이 대신 칠판에 그림을 그리게 하고, 학습 활동에 대한 음악 배경을 설명하도록 하며, 도마뱀, 곤충, 꽃 또는 다른 동식물에 대한 지식을 공유하도록 할 수 있다.

이용할 수 있는 기술을 사용하라.   당신의 노력을 통해 줄 수 없는 정보를 전달하고자 한다면 학교의 기술적 자원을 활용하라. 예를 들어, 당신이 음악적 재능이 없다면 오디오 녹음기를, 그림에 소질이 없다면 비디오를 사용할 수 있고, 논리-수학 영역에서의 결점을 보충하기 위해서는 계산기와 스프레드시트를 사용할 수 있다. 교사와 학습자가 이용할 수 있는 많은 기술적 학습 도구에 대한 정보를 얻고 싶다면 13장을 참고하라.

자신의 지능을 계발하라.   다중지능 이론은 당신이 소홀히 했던 지능을 활성화하고 모든 지능을 균형 있게 사용하도록 하는 하나의 모델을 제공한다(자신의 다중 지능을 계발하는 종합적인 가이드는 Armstrong, 1999 참고).

🗣️ 다중지능 개발하기

누군가의 약한 지능은 일단 그것을 개발할 기회가 주어진다면 실제 강한 지능으로 나타날 수 있다. 그렇기에 나는 한 사람의 지능에서 차이를 설명하는 데 있어 '강한 지능'과 '약한 지능'이라는 용어를 사용하지 않으려 주의한다. 1장에서 언급한 것과 같이 다중지능 이론의 핵심은 대부분의 사람이 자신의 모든 지능을 비교적 수용할 만한 전문적 수준으로 개발할 수 있다는 것이다. 지능의 개발은 다음의 세 가지 주요 요인에 달려 있다.

1. 생물학적 재능(자질): 유전 또는 유전적 인자와 출생 전 · 중 · 후의 뇌손상
2. 개인 생활사: 부모, 교사, 또래, 친구 그리고 지능을 일깨워 주거나 지능 개발을 방해 또는 억압하는 다른 사람들과의 경험. 환경적 자극에 대한 반응으로 유전자가 변화하는 후생적 사건
3. 문화적 · 역사적 배경: 태어나고 자란 시간과 장소의 문화적 가치, 지적 · 역사적 분위기

　　이러한 요인들의 상호작용은 모차르트의 삶에서도 찾아볼 수 있다. 모차르트는 의심의 여지없이 강한 생물학적 재능(우측 측두엽의 현격한 발달)을 가지고 태어났다. 그리고 그의 가정 환경은 그의 놀라운 음악적 관심을 지원하기 위해 많은 것을 제공하였다. 사실 그의 아버지인 레오폴트(Leopold)는 아들의 음악적 소질을 발달시키고 지원하기 위해 자신의 거의 모든 경력을 포기한 음악가였다. 마지막으로, 모차르트는 음악적 표현이 번영하고 부유한 후원자(백작, 남작, 왕족, 성직자 등)들이 작곡가와 예술가들을 지원했던 시기의 유럽에서 태어났다. 따라서 모차르트의 천재성은 생물학적 · 개인적 · 문화적 · 역사적 요인의 융합을 통해 발달하였다. 우리는 스스로에게 질문해야 한다. 만약 모차르트가 음감이 없는 부모나 대부분의 음악을 악마의 일이라고 치부하던 영국 청교도 가정에서 태어났다면 어떤 일이 생겼겠는가? 그의 음악적 재능은 자신의 생물학적 자질에 반작용하는 힘으로 인해 결코 높은 수준으로 개발되지 못했을 것이다.

　　앞의 요인들의 상호작용은 또한 스즈키 재능교육 프로그램에 등록한 많은 아동의 음악 능력에서도 명백하게 드러난다. 비록 스즈키(Suzuki)의 학생들 중 몇몇은 비교적 보통의 유전적인 음악재능을 가지고 태어났지만, 그들은 그 프로그램에서의 경험을 통해 자신의 음악 지능을 상대적으로 높은 수준까지 개발할 수 있었다. 다중지능 이론은 지능의 발달을 설명하는 데 있어 유전만큼이나 그리고 몇몇 부분에서는 그 이상으로 교육을 가치 있게 여기는 모델이다.

🗣 지능의 활성자와 비활성자

　　결정적 경험(crystallizing experiences)과 마비적 경험(paralyzing experiences)은 지능의 발달에서 중요한 과정이다. 결정적 경험은 메르퍼드에 위치한 터프츠 대학교의 데이비드 펠드먼(David Feldman, 1980)이 소개한 개념으로 월

터스와 가드너(Walters & Gardner, 1986)가 더 발달시켰는데, 지능의 발달을 활성화시키는 사소해 보이는 경험을 의미한다. 이러한 사건은 대개 아동기 초기에 일어나지만 생애 어느 시점에서도 일어날 수 있다. 예를 들어, 아인슈타인(Albert Einstein)이 4세였을 때 그의 아버지는 그에게 전자석 나침반을 보여 주었다. 아인슈타인은 이 나침반이 우주의 신비를 이해하고픈 바람으로 자신을 가득 차게 했다고 회고했다. 근본적으로 이 경험은 그의 천재성에 불을 지폈고, 그가 발견을 통해 20세기 과학의 위대한 인물 중 한 사람이 될 수 있게 했다. 유사하게, 예후디 메뉴인(Yehudi Menuhin)의 부모는 그가 4세일 즈음에 샌프란시스코 심포니 오케스트라 공연에 그를 데려갔다. 그 경험은 그의 마음을 사로잡았고, 그는 부모님께 생일선물로 바이올린을 사 달라고 했다. 그리고 그날 저녁 공연의 바이올린 독주자가 자신에게 바이올린을 가르쳐 주기를 원했다. 마사 그레이엄(Martha Graham)은 그녀의 아버지가 무용가 루스 세인트 데니스(Ruth Saint Denis)의 공연을 보여 주기 전에 절대 춤을 추지 않았다. 마사가 16세가 되던 해에 비로소 무용가가 되기로 결심했다. 바로 이때 결정적 경험은 지능을 밝히는 불꽃이 되며, 성숙으로 향하는 발달을 시작하게 한다.

나는 지능(의 발달)을 '정지시키는, 닫아 버리는(shut down)' 경험을 의미하는 말로 마비적 경험이라는 용어를 떠올렸다. 당신이 미술 시간에 그린 그림을 보여 주었을 때 학급 친구들 앞에서 당신에게 창피를 준 교사가 있었다면 그때의 그 사건은 당신의 우수한 예술적 발달이 중단되도록 만들었을 것이다. 또한 피아노를 치고 있는데 부모님이 "끔찍한 소리 좀 그만 내!"라고 소리친다면 우리는 다시 악기 근처에도 가지 않을 것이다. 또는 자연탐구 지능에 대한 열정을 가지고 '지저분한' 나뭇잎 뭉치를 집에 가지고 들어왔을 때 인정 없이 벌을 받았을 수도 있다. 마비적 경험은 대개 부끄러움, 죄의식, 두려움, 화 그리고 우리의 지능이 성장하고 발달하는 것을 막는 다른 부정적 감정들로 특징지어진다(부모가 창피를 주는 경험이 누군가의 지적 정서적 발달에 어떻게 영향을 미치는지에 대한 추가적 기술은 Millter, 1996 참고).

다음의 환경적 영향은 지능의 발달을 촉진하거나 억제하기도 한다.

- 멘토나 자원에의 접근: 만약 당신의 가족이 너무 가난해서 바이올린, 피아노 또는 다른 악기를 살 형편이 안 된다면 당신의 음악지능은 개발되지 않은 채로 남아 있을 것이다.
- 문화적 요인: 남자가 수학과 과학을 지배하는 시대에 여자인 당신이 수학적 성향을 보이는 학생이었다면 당신의 논리-수학 지능은 방해받았을 것이다.
- 지리적 요인: 당신이 농장에서 자랐다면 맨해튼의 62층 아파트에서 자랐을 때보다 자연탐구 지능의 특정한 측면이 발달할 기회를 더 많이 가졌을 것이다.
- 가족 요인: 당신은 예술가가 되기를 원하지만 부모님이 변호사가 되기를 원한다면 그들의 영향력은 공간 지능 대신 언어 지능의 발달을 촉진할 것이다.
- 상황 요인: 당신이 자라는 동안 대가족의 생계를 책임지는 것을 도와야 했다면 당신은 지금 대가족에 속해 있을 것이고, 따라서 대인관계 지능이 아니라 다른 가능성을 보이는 분야를 개발할 시간이 없을 것이다.

다중지능 이론은 교육자가 자신의 지능 프로파일이 교실에서 자신의 교육적 접근에 어떻게 영향을 미치는지 이해하도록 돕는 개인 발달 모델을 제안한다. 더 나아가 다중지능 이론은 그동안 소홀했던 지능을 개발하도록 돕고, 개발되지 않거나 무능했던 지능은 살아나게 하며, 잘 발달된 지능이 더 높은 수준의 전문적 능력을 보이도록 하는 폭넓은 활동에의 길을 열어 준다.

더 생각해 볼 문제

1. 〈자료 2-1〉에서 제시하고 있는 다중지능 목록을 작성한다. 그리고 친구나 동료들과 그것에 대해 이야기해 본다. 자신의 가장 잘 발달한 지능과 덜 발달한 지능은 무엇이라고 생각하는지 이야기를 나누어 본다. 양적 정보에 관해 이야기하는 것은 피한다(예: "나는 음악 지능에서 3개 항목만 표시했어."). 대신 일화적 용어로 말한다(예: "나는 내 삶에서 결코 음악성을 느껴 본 적이 없어. 음악 시간에 내가 혼자 노래했을 때 우리 반 친구들은 날 비웃곤 했지."). 또한 자신의 발달한 그리고 덜 발달한 지능이 교육자로서의 자신의 일에 무엇을 더하게 하고 피하게 하였는지 생각해 본다. 당신이 자신의 덜 발달한 지능의 사용을 포함하고 있다는 이유로 피하고 있는 교수 방법이나 자료의 유형이 있는가? 한편, 자신이 지닌 하나 이상의 매우 발달한 지능으로 인해 특별히 더 잘하는 것은 무엇인가?

2. 자신이 기르고 싶은 지능을 선택해 본다. 그것은 당신이 아이였을 때 특히 가능성을 보였던 지능이었지만 결코 개발할 기회를 갖지 못했던 것일 수 있다(그 지능은 당신이 자라면서 사장되었을 것이다). 아마도 그것은 당신이 어려움을 겪었던, 또는 더 큰 능력과 자신감으로 경험하기를 좋아했던 지능일 수도 있다. 또는 당신이 더 높은 수준으로 성취키길 원하는, 매우 발달된 지능일 수도 있다. 150~160cm 종이를 펴서 초기 아동기부터 현재까지 선택된 지능의 발달을 보여 주는 연대표(벽지와 같은 긴 종이를 활용하라)를 만든다. 결정적 경험과 마비적 경험, 당신이 지능을 개발할 수 있도록 도와주거나 억제한 사람, 학교의 영향, 어른이 되었을 때 지능에 일어난 일 등을 포함한 중요한 사건을 확인한다. 향후의 지능 발달에 대한 정보를 포함하도록 연대표에 공간을 남겨 놓는다(4번 문항 참고).

3. 여덟 가지 지능을 대표하는 개인으로 구성된 다른 학교 집단이나 팀을 계획하여 교육과정을 만들어 본다. 일의 계획을 시작하기에 앞서 자신의 가장 잘 발달한 지능과 관련된 개인적 경험을 공유하는 시간을 갖는다.

4. 자신의 삶에서 가장 덜 발달한 지능을 선택하고 그것을 개발하기 위한 계획을 작성해 본다. 지능 개발을 위해 『일곱 가지 지능(7 Kinds of Smart)』(Armstrong, 1999a)에서 제안한 내용을 살펴보거나 각 지능을 기르기 위한 당신만의 목록을 만들어 본다. 자신이 개인적으로 지능을 개발하기 시작할 때 이 과정이 교실에서의 활동에 어떠한 영향을 주는지에 관심을 갖는다. 당신은 그 지능의 더 많은 측면을 교수 활동에 가지고 와서 활용하는가?

chapter
03 학생의 지능을 설명하기

> 자신의 능력을 감추지 말라. 재능은 쓰라고 주어진 것이다. 그늘 속의 해시계가 무슨
> 소용이랴!
>
> −벤 프랭클린(Ben Franklin)−

각 아동이 8개의 지능을 모두 가지고 있고, 이후에 이 8개의 지능을 모두 상당한 수준까지 발달시킬 수 있을지라도, 대부분은 아주 어린 시기부터 가드너가 특정한 지능 '기질' 혹은 '성향'의 특징을 보인다. 아동은 학교에 입학할 즈음 아마도 특정한 지능과 보다 연관된 학습 방식을 수립할 것이다. 이 장에서는 학교 학습의 많은 부분이 학생이 선호하거나 가장 잘 발달된 지능을 통해 이루어질 수 있도록 하기 위하여 그들의 가장 발달된 지능을 설명하는 방법에 대해 알아볼 것이다.

〈표 3-1〉은 특정 지능에 기질을 보이는 학생들의 능력을 간단히 설명한 것이다. 그러나 대부분의 학생이 여러 영역에 강점을 가지기에 아동을 단지 하나의 지능으로 구분 짓는 것은 피해야 함을 명심하라. 각 학생은 2개 이상의 지능으로 묘사되고 제시될 수 있다.

표 3-1 여덟 가지 학습 방식

학습자 양식	사고방법	좋아하는 활동	필요한 것
언어 지능	단어를 통한 사고	읽기, 쓰기, 이야기하기, 단어 게임하기	책, 오디오 녹음, 쓰기 도구와 종이, 일기장, 대화, 논의, 논쟁, 스토리텔링
논리-수학 지능	추론, 측정, 수량화에 의한 사고	실험하기, 질문하기, 논리적 퍼즐 맞추기, 계산하기	과학 도구, 수학 교구, 과학 박물관 관람, 측정 도구, 계산기, 코딩 교육
공간 지능	그림과 이미지 안에서의 사고	디자인하기, 그림 그리기, 시각화하기, 낙서하기	미술 작품, 레고, 비디오, 카메라, 영화, 슬라이드, 상상력 게임, 미로, 퍼즐, 그림책, 미술 박물관 관람
신체-운동 지능	체성 감각과 육체적 동작을 통한 사고	무용하기, 달리기, 뛰기, 만들기, 만지기, 몸으로 표현하기	역할극, 드라마, 운동, 만들기 재료, 스포츠와 체육 시합, 촉각 경험, 손으로 조작하는 학습
음악 지능	리듬과 멜로디를 통한 사고	노래하기, 휘파람 불기, 흥얼거리기, 두드리기, 음악 듣기, 악기 연주하기	오디오(음악적) 녹음, 악기, 콘서트 관람, 음악 작곡 앱
대인관계 지능	다른 사람들의 생각을 살피는 과정을 통한 사고	주도하기, 조직하기, 관계 맺기, 조작하기, 중재하기, 파티 열기	친구, 그룹 게임, 사회적 모임, 지역사회 행사, 동아리, 멘토 및 도제식 교육
자기성찰 지능	자신의 개인적 필요와 감정 그리고 목표와 관련한 사고	목표 설정하기, 명상하기, 꿈꾸기, 계획하기, 깊이 생각하기	비밀 공간, 개인 일지, 혼자 있는 시간, 자기 진도에 따른 프로젝트 선택, 선택 기반 활동
자연탐구 지능	자연과 자연 수형을 통한 사고	동물과 놀기, 정원 가꾸기, 자연 조사하기, 동물 기르기, 지구 보호하기	충분한 시간 동안 자연에의 접근, 동물과 상호작용하는 기회, 자연을 조사하는 도구(예: 확대경, 쌍안경)

🗣 학생의 다중지능 평가하기

학생의 다중지능을 포괄적으로 측정하는 '종합 검사(mega-test)'는 시중에 없다. 따라서 15분 안에 이루어지는 컴퓨터 채점 검사를 통해 학급 내 각 학생의 8개 지능에 대한 '최고점'과 '최저점'을 막대그래프로 보여 줄 수 있다고 이야기하는 사람이 있다면 의심해 볼 것을 권한다. 이는 형식적인 검사가 학생의 지능에 대해 약간의 정보도 제공하지 못한다는 말은 아니다. 즉, 그것은 다양한 지능에 대한 실마리를 제공할 수 있다[예: 브랜튼 시어러(Branton Shearer)가 개발한 다중지능 발달 평가 척도(Multiple Intelligence Developmental Assessment Scale: MIDAS); Shearer, 2013]. 그러나 학생의 다중지능을 평가하는 유일한 최고의 도구는 아마도 우리 모두가 쉽게 이용할 수 있는 방법인 관찰이다.

나는 종종 교사들에게 학생의 가장 발달된 지능을 판별하는 하나의 좋은 방법은 학생이 수업 시간에 하는 실수를 관찰하는 것이라고 (익살스럽게) 제안한다. 높은 언어 지능을 가진 학생은 자신의 순서에 관계없이 이야기하고 싶어 할 것이고, 높은 공간 지능을 가진 학생은 낙서와 몽상을 좋아할 수 있다. 대인관계 지능이 높은 학생은 사교적일 것이고, 높은 신체-운동 지능을 가진 학생은 안절부절못할 수도 있다. 또한 자연탐구 지능을 지닌 학생은 허락 없이 교실에 동물을 데려올 수도 있다. 이러한 학생들은 특히 자신의 실수를 통해 다음과 같이 이야기할 수 있다. "이것이 나의 학습 방법이에요. 선생님! 그리고 선생님께서 내가 가장 자연스럽게 학습하는 방법으로 가르쳐 주시지 않는다면 나는 이것을 어떤 방법으로든 할 거예요!" 이러한 지능특정적인 실수는 학생이 교수받기 원하는 방법에 관한 진단적 지표의 일종이다.

학생의 기질에 대한 또 다른 관찰적 지표는 학생들이 쉬는 시간에 하는 활동이다. 다른 말로 하면, 타인이 해야 할 행동을 지시하지 않을 때 학생은 무엇을 하는가? 당신이 교실에서 학생들에게 수많은 활동을 선택할 수 있는

'선택 시간'을 주었을 때 학생들은 무슨 활동을 선택하는가? 높은 언어 지능을 가진 학생들은 아마도 책 쪽으로, 사회적인 학생들은 그룹 게임 혹은 수다로, 공간적 학생들은 그림 쪽으로, 신체–운동적 학생들은 손으로 조작하는 활동 쪽으로 그리고 자연탐구적 학생들은 햄스터 우리나 수족관으로 향할 것이다. 이러한 학생 주도적 활동에서 아동을 관찰함으로써 그들이 가장 효율적으로 학습하는 수많은 방법을 알려 줄 수 있다.

모든 교사는 이러한 종류의 관찰을 기록하기 위해 메모장, 일기장 혹은 수첩을 놔두는 것을 고려해야 한다. 물론 당신이 중·고등학교에서 하루에 150명의 학생과 함께한다면 각 학생을 위한 정기적인 기록 관찰이 실제로 불가능할 수도 있다. 그러나 학급에서 두세 명의 말썽꾸러기나 까다로운 학생을 주목하고 그들에게 여덟 가지 지능에 대한 평가를 집중할 수는 있다. 당신이 25~35명의 학생으로 이루어진 반을 맡고 있다 하더라도 매주 각 아동에 대해 2줄 정도 적는 것은 장기적으로 도움이 될 수 있다. 한 주에 2줄씩 작성하면 40주 후 3~4쪽 혹은 80줄의 각 아동에 대한 견고한 관찰 자료를 만들어 낼 수 있다.

학생들의 다중지능에 대해 관찰한 사항을 조직하기 위해 〈자료 3-1〉과 같은 체크리스트를 사용할 수 있다. 이 체크리스트는 테스트가 아니라는 것을 명심하라. 관찰과 체크리스트 외에도 학생의 다중지능에 관한 평가 정보를 얻을 수 있는 훌륭한 방법은 많다.

자료 3-1	학생용 다중지능 체크리스트

학생명:
해당하는 항목에 표시하세요.

언어 지능
____ 연령 평균보다 쓰기를 잘한다.
____ 이야기, 농담, 다른 구어적 의사소통을 즐긴다.
____ 사실과 사소한 것에 대한 기억을 잘한다.

____ 단어 게임을 즐긴다.

____ 책 읽기를 즐긴다(혹은 취학 전일 경우 책에 끌리거나 초기 읽기 활동에 잘 참여한다).

____ 단어를 정확히 철자한다(혹은 취학 전일 경우 연령에 앞선 발달적 철자를 보인다).

____ 무의미 운문, 말장난, 발음하기 어려운 어구를 이해한다.

____ 구어(이야기, 라디오, 인터넷, 오디오북) 듣기를 즐긴다.

____ 연령에 비해 좋은 어휘를 가지고 있다.

____ 높은 질의 언어 방식으로 타인과 의사소통한다.

다른 언어 능력:

논리-수학 지능

____ 일이 이루어지는 방법에 관한 질문을 많이 한다.

____ 숫자를 가지고 작업하거나 놀기를 즐긴다.

____ 수학 수업을 즐긴다(혹은 취학 전일 경우 세기, 구분하기, 분류하기, 다른 논리적 과제를 즐긴다).

____ 수학이나 컴퓨터로 하는 논리 게임을 즐긴다(혹은 컴퓨터에 노출되어있지 않을 경우 다른 수학이나 과학 게임을 즐긴다).

____ 체스, 체커, 바둑, 또는 다른 전략 게임을 즐긴다.

____ 논리 퍼즐이나 수수께끼를 즐긴다[혹은 취학 전일 경우 루이스 캐럴(Lewis Carroll)이나 에드워드 리어(Edward Lear)의 책에서 찾을 수 있는 논리적 난센스를 듣는 것을 즐긴다].

____ 물건을 범주, 논리적 패턴, 위계에 따라 정리하는 것을 즐긴다(예: 최악에서 최상으로, 높은 것에서 낮은 것으로).

____ 과학 시간 혹은 쉬는 시간에 실험하기를 좋아한다.

____ 집에서 과학과 관련된 주제에 흥미를 보인다.

____ 코딩에 관심과 적성을 보인다(예: 컴퓨터 프로그래밍).

다른 논리-수학 능력:

공간 지능

____ 분명한 시각적 이미지를 시각화하여 보고한다.

____ 그림, 사진, 다른 그래픽 보기를 텍스트보다 더 즐긴다.

____ 수업 시간에 몽상(시각화)을 많이 한다.

____ 미술 활동을 즐긴다.

____ 그림 그리기를 잘하거나 많이 즐긴다.

____ 영화, 인터넷상의 비디오, 다른 시각적 제시물 보기를 좋아한다.

____ 퍼즐, 미로 찾기 또는 유사한 시각적 활동을 즐긴다.

____ 흥미로운 3차원 건축물(예: 나무 블록, 레고)을 잘 만들거나 즐긴다.

____ 책 읽는 동안 단어보다 그림에서 더 많은 정보를 얻는다.

____ 교과서, 학습지, 다른 교구에 낙서하길 좋아한다.

다른 공간 능력:

신체-운동 지능

____ 하나 이상의 스포츠에 뛰어나다(혹은 취학 전일 경우 연령보다 발달된 신체적 능력을 보인다).

____ 오래 앉아 있으면 자주 움직이고, 비틀고, 두드리거나 안절부절못한다.

____ 타인의 몸짓이나 버릇을 영리하게 흉내 낸다.

____ 물건을 분리하거나 다시 붙이는 활동을 좋아한다.

____ 방금 본 물건이나 교실에 새로 들어온 물건을 다루길 좋아한다.

____ 달리기, 뛰기, 레슬링 또는 유사한 활동을 즐긴다.

____ 공예(예: 목공예, 바느질, 정비) 기술을 보이거나 다른 분야에서 좋은 미세 운동 협응을 보인다.

____ 학생 자신을 표현하는 인상적인 방법이 있다.

____ 생각하거나 문제해결과 연결된 긍정적 신체감각을 보고한다(예: 본능적인 감각).

____ 찰흙 또는 다양한 촉각 경험을 즐긴다(예: 핑거페인팅).

다른 신체-운동 능력:

음악 지능

____ 몇몇 방법으로 음정이 틀리거나 불안할 때 알려 줄 수 있다.

____ 노래의 멜로디를 기억한다.

____ 노래하기에 좋은 음성을 가지고 있다.

____ 합창단이나 다른 그룹에서 악기를 연주한다. 또는 노래를 부른다(혹은 취학 전일 경우 그룹 안에서 타악기를 연주하거나 노래하는 것을 좋아한다).

____ 교실에서의 소리에 특별히 민감하다(예: 학교 종).

____ 무의식적으로 스스로 흥얼거린다.

____ 일하는 동안 책상 위를 리드미컬하게 두드린다.

____ 음악에 맞춰 춤추기를 즐긴다.

____ 음악에 감정적으로 반응한다.

____ 교실 밖에서 배운 노래를 부른다.

다른 음악 능력:

대인관계 지능

____ 또래와 어울리기를 즐긴다.

____ 자연스럽게 리더가 되는 것으로 보인다.

____ 문제가 있는 친구들에게 조언을 준다.

____ 실생활에서의 대처 능력이 뛰어나다.

____ 동아리, 학생회, 조직 또는 비공식적 또래 집단에 속한다.

____ 새로운 것을 다른 아이들에게 비공식적으로 가르치기를 즐긴다.

____ 다른 아동들과 함께 게임하는 것을 좋아한다.

____ 두 명 이상의 친한 친구가 있다.

____ 타인을 향한 뛰어난 공감 능력과 깊은 관심이 있다.

____ 사회적 활동에서 다른 사람에게 인기가 많다.

다른 대인관계 능력:

자기성찰 지능

____ 독립심과 강한 의지를 보인다.

____ 자신의 능력 및 약점에 대한 현실적인 감각을 가진다.

____ 혼자서 놀기나 공부를 잘한다.

____ 학생 자신의 삶과 학습 유형에 있어서 자신만의 태도와 생각을 가지고 있다.

____ 학생이 많이 말할 필요가 없는 흥미나 취미를 가지고 있다.

____ 높은 수준의 자기 지시 능력을 가진다.

____ 타인과 함께 일하기보다 혼자 일하는 것을 선호한다.

____ 학생이 느끼는 것을 정확하게 표현할 수 있다.

____ 삶에서 자신의 실패와 성공을 통해 배울 수 있다.

____ 부정적 경험에 대한 회복력을 보인다.

다른 자기성찰 능력:

자연탐구 지능

____ 학급 모임에서 좋아하는 반려동물이나 장소에 대하여 이야기를 많이 한다.

____ 자연, 동물원, 자연사 박물관, 또는 자연을 공부하고 느끼고 감상할 수 있는 곳에
방문하는 것을 즐긴다.

____ 야외나 도시에서도 주위 환경이나 사물에서 특정한 형태(예: 교실 밖을 거닐다가
산, 구름, 동식물 등에서)를 예민하게 찾아낸다.

____ 교실에서 식물 심기를 좋아하거나 집에서 정원 가꾸기를 즐긴다.

____ 동물 사육용 우리나 어항 등을 좋아하고 잘 챙기거나 교실이나 밖에서 다른 자연
현상에 시간을 쏟는 일을 즐긴다.

____ 자연과 동식물을 매우 좋아하고 호기심을 보인다.

____ 동물 및 자연 보호에 대하여 이야기하고 앞장선다.

____ 철새 도래지 관찰, 돌과 곤충 채집, 나무 관찰, 동물 사육 등 자연탐구 관련 프로
젝트를 즐긴다.

____ 곤충, 화초, 나뭇잎 등 자연물을 채집하여 학교에 가지고 와서 주위 친구나 선생
님들과 나눈다.

____ 교실 실내보다 밖에서 배우는 것을 좋아한다.

다른 자연탐구 능력:

체크리스트를 관찰하고 채우는 것에 더하여, 학생들의 다중지능에 대한 정보를 평가하는 다른 좋은 방법들을 제안한다.

기록물 모으기   일화 기록이 학생의 강점 지능을 기록하는 유일한 방법은 아니다. 교사는 학생이 보여 주는 다중지능의 증거를 사진 자료로 남기는 데 용이한 스마트폰을 소지하는 것이 좋다. 사진은 학생의 기록물이나 커다란 레고 구조물과 같이 버려지고 해체될 수 있는 결과물이나 경험을 보고하는 데 특히 유용하다. 만약 학생이 이야기를 하거나 노래를 부르는 특별한 능력을 보여 준다면 스마트폰으로 그것을 녹음하고 이를 음성파일로 간직한다. 학생들이 그림을 그리거나 색칠하는 데 능력을 가졌다면 결과물의 견본을 간직하거나 사진을 찍어 둔다. 만약 학생이 축구 게임, 기계 수리 혹은 꽃 심기에서 놀라운 능력을 보여 준다면, 그들의 수행을 비디오에 담아 두라. 궁극적으로, 다중지능 평가 자료는 사진, 스케치, 학교 수행 견본, 오디오와 비디오 견본 등을 포함한 여러 종류의 기록물로 이루어진다. 이러한 자료들의 온라인 파일을 만듦으로써(학생의 동의 및 비밀 보장과 함께) 교사, 행정가, 부모 그리고 학생 자신이 편리하게 검토할 수 있도록 하라(여덟 가지 지능 평가에 관한 보다 많은 정보는 10장 참고).

생활기록부 살펴보기   누적 기록(cumulative record)은 때때로 이차원적이고 활기가 없는 것처럼 보이기는 하지만 학생의 다중지능에 대한 중요한 단서를 제공할 수 있다. 수년간 축적된 학생의 성적을 살펴보라. 수학과 과학의 성적이 일관되게 읽기나 사회과학보다 높은가? 그렇다면 이것은 언어 지능보다 논리-수학 지능이 높은 성향의 증거다. 체육과 실과에서의 성적은 신체-운동 능력을 나타내는 반면, 미술과 그래픽디자인에서의 높은 성적은 잘 발달된 공간 능력을 나타낼 수 있다.

유사하게, 표준화된 검사 점수는 때때로 학생의 지능에 관한 감별적인 정보를 제공한다. 가장 널리 사용되는 지능검사에는 언어 지능(어휘 그리고 '정보' 범주), 논리-수학 지능(유추, 산수) 그리고 공간 지능(차례 맞추기, 토막 짜기)을 활용하는 하위검사가 종종 있다. 많은 수의 다른 검사는 특정한 지능을 향해 있을 수 있다. 다음은 각 지능과 관련된 검사 종류 중 일부를 소개한 것이다.

- 언어 지능: 읽기검사, 언어검사, 지능검사와 성취도 검사의 언어 영역
- 논리-수학 지능: 피아제의 검사, 수학 성취도 검사, 지능검사의 추리 영역
- 공간 지능: 시각 기억 혹은 시각-운동 검사, 미술적성 검사, 지능검사의 몇몇 비언어성 검사 항목, 기능(mechanical) 추론 검사
- 신체-운동 지능: 맨손기민성 검사, 신경심리 종합검사(battery)의 몇몇 하위 운동 검사, 신체 건강 검사
- 대인관계 지능: 사회성숙도 척도, 소시오그램, 대인관계 투사검사(예: 동적 가족화)
- 자기성찰 지능: 자아개념 평가, 투사검사, 정서지능 검사
- 자연탐구 지능: 동식물 또는 자연환경에 관한 질문을 포함한 검사 항목

생활기록부(school record)는 학생의 다중지능에 관한 귀중한 일화적 정보를 포함할 수도 있다. 종합 파일에서 내가 발견한 가장 귀중한 자원 중 하나는 유치원 교사의 보고서다. 애석하게도 유치원 교사는 정기적으로 아동이 8개 지능을 모두 사용하는 모습을 보는 마지막 교육자다(이마저도 학업 중심 유치원 교육의 도래로 흔치 않다). 따라서 '핑거페인팅을 사랑함' '음악과 무용 시간에 우아하게 움직임' '블록을 사용하여 아름다운 구조물을 만들어 냄'과 같은 코멘트는 학생의 공간적 · 음악적 · 신체-운동적 기질에 대한 실마리를 제공할 수 있다.

수년 전 학교구의 상담가로서 학생의 누적 기록물을 검토할 때 기록물 전체를 복사하고(물론 학교와 부모의 허가하에), 가장 높은 성적과 검사 점수 그

리고 타인의 관찰을 포함한 학생에 대한 긍정적 정보를 노란색 형광펜으로 표시하는 것이 유용하다는 것을 발견했다. 다음으로, 형광색으로 표시된 정보를 활동지에 적은 후 긍정적 정보만을 한곳에 모을 수 있도록 정리하였다. 이 작업은 개별화교육계획 운영위원회와 다른 학교 컨퍼런스에서 스스로 부모, 행정가 그리고 교사들과 의사소통할 수 있는 학생의 가장 발달된 지능에 관한 충실한 정보를 제공한다. 이 접근은 특별히 문제가 있는 학생의 긍정적인 기록으로 부모-교사 콘퍼런스를 열도록 하고, 그 문제가 있는 학생을 위한 건설적인 해결 방안을 촉진하는 데에 유용하다.

　다른 교사와 면담하기　　당신이 학생을 영어, 수학, 또는 음악과 체육을 제외한 다른 교과목 수업 시간에만 본다면 그들의 신체-운동적 혹은 음악적 재능을 관찰할 수 있는 위치에 있는 것이 아니다(물론 정기적으로 다중지능을 통하여 가르치지 않을 경우). 당신이 모든 과목을 학생과 함께하더라도 한두 가지 지능의 전문가들과 만남으로써 그들로부터 부가적인 정보를 얻을 수 있다. 따라서 미술 교사는 학생의 공간 지능에 대해 이야기할 수 있는 최고의 교사일 수 있고, 체육 교사는 특정한 신체-운동 능력에 대해 이야기할 수 있는 최고의 교사일 수 있다(비록 정보를 나누는 상담자의 능력이 비밀 유지의 쟁점에 따라 제한된다 하더라도). 당신의 동료를 학생의 다중지능에 관한 평가 정보의 중요한 자원으로 여기고, 서로의 기록을 비교하기 위하여 정기적으로 만나라. 당신은 한 수업에서 상당히 '낮은 기능'을 보이는 학생이 다른 지능을 강조하는 수업에서는 탁월한 능력을 보이는 학생 중 한 명이라는 것을 발견할 수도 있다.

　부모와 면담하기　　나는 부모를 아동의 다중지능에 대한, 매우 중요한 전문가로 간주한다. 그들은 모든 지능을 아우르는 환경의 넓은 스펙트럼 아래에서 아동이 배우고 성장하는 것을 관찰할 기회를 가져왔다. 따라서 부모는 학생의 가장 발달된 지능을 판별하는 노력에 참여해야 한다. 학기 초 학부모와의 콘퍼런스(back-to-school night) 동안 그들에게 다중지능의 개념을 소개하고, 가정에서의 강점을 관찰하고 보고하는 특정한 방법에 대해 알려 주어야 한다(〈자료 3-1〉에 제시된 수정된 버전의 체크리스트를 활용할 수도 있다). 이를 통해 부모는 교사가 이후의 부모-교사 콘퍼런스에서 스크랩북, 오디오나 비디오 샘플, 사진, 이야기, 스케치, 학생의 특정한 취미 혹은 흥미에서 나온 결과물 등을 포함한, 아동의 다중지능에 대한 보다 넓은 이해를 심화시키는 데 도움을 줄 수 있는 정보를 가져올 수 있다(아동의 동의가 반드시 필요하다). 이러한 공유 과정에서 부모-교사 관계가 긍정적으로 형성되며, 강점 기반의 맥락 속에서 학생을 바라보기 시작한다.

몇 해 전까지만 해도 '6시간 학습장애 아동(the six-hour learning disabled child)'이라는 용어는 수업 시간에 가능성이나 잠재력을 보이지 않지만 수업 외에서 청소년 단체의 리더, 모든 것을 잘 수리하는 만물박사, 번창하는 소규모 사업의 신출내기 사업가 등 실질적인 성취를 이루는 학생을 묘사하였다. 가정에서 평가 정보를 얻는 것은 이러한 성공을 학교로 옮겨 오는 방법을 발견하는 데 중요하다.

학생에게 물어보기   우리는 태어난 이후로 하루 24시간, 7일을 자기 자신과 함께하기 때문에 우리의 다중지능에 대한 궁극적인 전문가는 바로 우리 자신이다. 그러므로 학생들에게 다중지능의 개념을 소개한 후(학생에게 다중지능 이론을 가르치는 방법은 4장 참고) 그들 자신이 가장 높게 발달한 지능이 무엇이라고 생각하는지 알아보기 위하여 그들과 면담할 수 있다. 나는 학생들에게 각 영역에서의 그들 자신의 능력에 대해 묻는 동안 그것을 기록하기 위해 4장의 [그림 4-1]에 있는 '다중지능 피자(MI Pizza)'를 사용해 왔다. 당신은 또한 학생이 가장 발달된 지능에서 하는 일을 그림으로 그리도록 하고(공간적 접근), 다중지능 피자에 가장 발달된 순서대로 순위를 매기거나(논리-수학적 접근) 그들에게 가장 발달한 지능을 무언극으로 표현하도록 할 수도 있다(신체-운동적 접근). 4장에 있는 몇몇의 활동 또한 학생의 다중지능에 대한 평가 정보를 얻는 데 도움이 될 수 있다.

　　특별한 활동 수립하기　　만약 당신이 정기적으로 다중지능을 통해 교수한다면 당신은 다중지능을 통해 학생들을 평가할 기회도 종종 가지게 될 것이다. 예를 들어, 분수를 여덟 가지 방법으로 교수한다면 당신은 각 활동에 대한 아동의 반응 양식을 기록해 보라. 논리표현 시간에 거의 조는 학생이 신체-운동적 접근을 시작하면 깨어 있고, 음악적 접근이 사용되었을 때는 다시 무관심하게 될 수 있다. 일과 속에서 작은 전구들의 불이 켜짐과 꺼짐을 보는 것은 수업 시간에 나타나는 개인적 차이의 기록일 뿐만 아니라 이러한 지능의 존재의 확증이기도 하다. 이와 유사하게, 각 지능을 중점으로 하는 활동(7장 참고)을 수립하는 것은 각 영역에 대한 학생의 기능 정도를 확인하거나 학생들에게 선택권이 주어졌을 때 교실에서 그들이 자연스럽게 끌리는 영역에 대해 알아볼 수 있는 기회를 제공한다. 끝으로, 5장(다중지능 이론과 교육과정 개발)과 6장(다중지능 이론과 교수 전략)에 제시된 많은 활동은 교수 활동뿐만 아니라 진단적 지표로도 사용될 수 있다.

더 생각해 볼 문제

1.　학급 내의 각 학생을 대상으로 〈자료 3-1〉의 목록을 작성한다(중 · 고등학교 교사는 가장 도움이 필요한 학생을 선정한다). 학생에 대한 충분한 배경 정보가 부족하여 대답할 수 없는 항목에 주목하고, 이러한 항목에 대해 정보를 얻을 수 있는 방법(부모 혹은 아동 면담, 실험적 활동 등)을 확인한다. 그런 다음, 이러한 정보 수집 전략을 목록 완성에 활용한다. 다중지능 이론의 틀로 학생의 삶을 조명하였을 때 학생에 관한 당신의 관점은 어떻게 변화하였는가? 목록에 작성한 결과는 당신의 교수에 어떠한 함의를 가지는가? 대안으로, 브랜튼 시어러의 '다중지능 발달평가 척도(Multiple Intelligence Developmental Assessment Scales: MIDAS)'를 사용할 수도 있다(www.miresearch.org).

2. 학생의 다중지능 관찰 내용을 기록하기 위한 수첩을 마련한다. 만약 당신이 교실 밖(예: 쉬는 시간 혹은 점심시간)에서 학생을 관찰한다면 그들의 행동이 교실 내에서와 같은지 여부를 알 수 있을 것이다. 일화적 자료에서 나타난 학생의 다중지능에 대한 증거는 무엇인가?

3. 오디오, 비디오 혹은 사진 파일과 같은 당신이 시도해 보지 않았던 학생의 학습활동을 포착하기 위한 형식을 한 가지 선택한다. 이러한 접근을 가지고 실험해 보면 그것이 학생의 다중지능에 대한 정보를 제공하고 의사소통하는 데 효과적인지 여부를 알 수 있게 될 것이다.

4. 학생들에게 그들이 선호하는 지능에 대해 쓰기, 그리기, 몸짓 표현, 집단토의 그리고 개별면담 등의 매체를 통하여 표현하도록 한다. 그들에게 4장에서 설명하는 활동을 통해 다중지능 이론을 처음 소개하였는지 확인한다.

5. 부모-교사 콘퍼런스가 가정에서의 학생의 다중지능 활용에 관한 정보를 얻을 수 있는 시간이 될 수 있도록 노력한다.

6. 여덟 가지 지능 중 한 가지 이상에서 특별한 성향을 드러내는 자료에 집중하여 학생의 누적 파일을 검토한다. 가능하다면 강점을 형광펜으로 표시하고 그 항목을 각각의 활동지에 적기 위해 자료의 사본을 구한다. 학생의 학습을 논의하는 다음 모임에서 이 '강점 프로파일'을 배부한다.

7. 학생의 다중지능에 대해 다른 교사들의 조언을 구한다. 학교에서 각각의 지능을 담당하고 있는 교사들(예: 수학, 공예, 미술, 문학, 생물, 음악 교사)이 각각의 학습 맥락에서 학생의 수행을 깊이 생각해 볼 수 있도록 특별한 시간을 마련한다.

chapter 04 학생에게 다중지능 가르치기

> 고기를 잡아 주면 오늘 하루 동안 먹을 수 있다. 하지만 고기 잡는 법을 가르쳐 주면 평생 먹을 수 있다.
>
> -속담-

　다중지능 이론의 가장 유용한 특징 중 하나는 5~6세 아동도 5분 정도의 짧은 시간 안에 자신이 학습한 방법에 대해 다중지능 이론의 어휘를 사용하여 말할 수 있음을 설명해 준다는 것이다. 여러 다른 학습과 성격 이론이 아동은 고사하고 성인조차도 쉽게 이해할 수 없는 용어나 두문자어[1]를 포함하고 있는 반면[예: 'Introverted(내향형), Intuitive(직관형), Feeling(감정형), Judging(판단형)' 사람을 나타내는 INFJ], 다중지능 이론의 여덟 가지 지능은 연령에 관계없이 경험해 봤을 만한 구체적인 것(단어, 숫자, 그림, 신체, 음악, 사람, 자신, 자연)과 연결된다.

　교육 분야에서 실시된 인지심리학 연구는 아동이 자신의 학습 과정을 반성할 수 있게 도와주는 교수적 접근이 아동에게 유익하다는 주장을 지지해 왔다(Price-Mitchell, 2015). 이러한 초인지적 활동을 함으로써 아동은 문제해

---

1) 역자 주: 두문자어(頭文字語)는 낱말의 머리글자를 모아서 만든 준말을 뜻한다. 예로, 한국어의 자민련, 노사모 등과 영어의 UN, NATO, DNA 등이 있다.

결을 위해 적절한 전략을 선택할 수 있다. 그들은 또한 새로운 학습 환경에서 그들 자신에 대한 지지자 역할을 할 수 있다.

다중지능에 대한 5분 소개

교사는 학생들에게 다중지능 이론을 어떻게 소개할 수 있는가? 당연히 그질문에 대한 대답은 학급의 크기, 학생들의 발달 수준과 배경, 사용할 수 있는 교수적 자원에 따라 다르다. 다중지능을 소개하는 가장 직접적인 방법은 학생들에게 다중지능에 대해 간단히 설명하는 것이다.

나는 새로운 학급에 가면 다중지능 수업을 어떻게 하는지 보여 주기 위해 항상 이론을 5분 정도 설명하는 것으로 시작하여 학생들이 내가 거기서 할 일을 이해할 수 있도록 배경지식을 갖게 하곤 한다. 나는 보통 "여러분 중 자신의 지능이 높다고 생각하는 사람이 있나요?"라는 질문으로 시작한다. 나는 수년에 걸쳐 손을 든 학생들의 수와 학년 사이에 반비례 관계가 있는 것을 발견했다. 즉, 더 낮은 학년일수록 더 많은 학생이 손을 들었고, 더 높은 학년일수록 더 적은 학생이 손을 들었다. 이것은 뉴욕대학교의 교수인 닐 포스트먼(Neil Postman)이 한 "아이들은 물음표로 학교에 들어가서 마침표로 학교를 떠난다."(Postman & Weingartner, 1971, p. 60)는 말을 상기하게 했다. 우리는 그 사이의 기간에 무슨 일을 하여 아이들이 스스로 똑똑하지 않다는 확신을 갖게 하는 것인가?

손을 든 수에 상관없이, 나는 보통 "여러분 모두는 똑똑합니다. 하지만 한 가지 방면에서는 아닙니다. 여러분 각각은 적어도 여덟 가지의 다른 방식으로 똑똑합니다."라고 말한다. 나는 '다중지능 피자'(8조각으로 나뉜 원)를 칠판에 그리고 그 그림에 대해 설명하기 시작한다. "먼저 '언어 지능 능력자(word smart)'로 불리는 것이 있습니다." [그림 4-1]에서 보듯이, 나는 지능을 시각적으로 강조하기 위해 그림 상징과 함께 사용한다. 각 지능에 대하여, 나는 다음과 같이 질문한다. "여기에 있는 사람들 중 몇 명이 말할 수 있습니까?" 손을 들면, 나는 다음과 같이 반응한다. "말을 하기 위해서는 단어를 사용해야 하기 때문에 여러분 모두는 언어 지능 능력자입니다!" 나는 "지난달에 여러분 중 몇 명이 책 15권을 읽었습니까?"와 같이 많은 학생을 제외시킬 수 있는 질문은 피한다. 이것은 누가 배타적 집단에 속할 것인지에 대한 결정 모형이 아닌 모든 학생의 학습 잠재력을 축하하는 학습 모형이다. 그렇지 않으면 교사는 학생들이 다음과 같이 말하는 것을 듣게 될지도 모른다. "난 오늘 학교에서 내가 언어적으로 똑똑하지 않다는 것을 배웠어요." 다음은 다른 지능들과 관련된 질문 목록이다.

- 논리-수학적 지능: "여러분 중 몇 명이 수 계산을 할 수 있습니까?" "여기 있는 사람들 중 과학적 경험을 해 본 사람은 몇 명입니까?"
- 공간적 지능: "여러분 중 몇 명이 그림을 그립니까?" "눈을 감고 머릿속으로 그림을 떠올릴 수 있는 사람은 몇 명이나 됩니까?" "여러분 중 모형이나 레고와 같이 손으로 무언가를 만드는 것을 좋아하는 사람은 몇 명입니까?"
- 신체-운동적 지능: "당신이 좋아하는 스포츠 종목은 몇 가지입니까?" "당신이 손 기능을 이용하여 즐기는 모형이나 레고 같은 조립 놀잇감의 수는 몇 가지입니까?"
- 음악적 지능: "음악 듣는 것을 좋아하는 사람은 몇 명입니까?" "여러분 중 악기를 연주해 보거나 노래를 불러 본 적이 있는 사람은 몇 명입니까?"
- 대인관계적 지능: "한 명 이상의 친구를 가지고 있는 사람은 몇 명입니까?" "학교 일과 중 적은 부분일지라도 그룹 활동을 즐기는 사람은 몇 명입니까?"
- 자기성찰적 지능: "당신이 모든 사람과 모든 것으로부터 멀어지고 싶을 때 찾아가는 특별한 장소는 몇 군데입니까?" "당신이 이 교실에 머무는 시간 중 일부를 보내고 싶어 하는 자신만의 공간이 있다면 몇 군데입니까?"

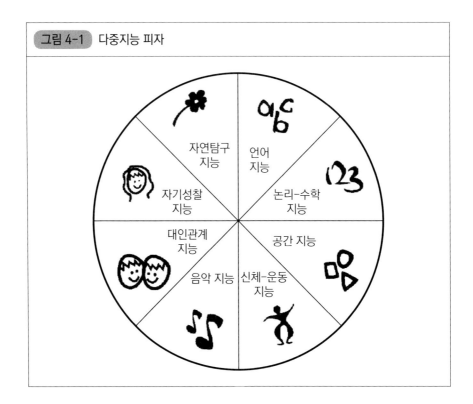

그림 4-1 다중지능 피자

- **자연탐구적:** "이 중에서 몇 명이 밖에 나가 자연 속에 있는 것을 즐기나요?" "반려동물을 기르고 있거나 동물을 좋아하는 사람은 몇 명입니까?"

당신은 각 지능을 설명하기 위해 질문을 만들어 낼 수 있다. 다만 학생이 스스로 똑똑하다는 것을 먼저 알아차릴 수 있는 기회를 주는 것을 잊지 않아야 한다. 또한 가드너가 각 지능의 '최상위 수준(end-states)'으로 부르는 것들의 예를 제시할 수도 있다. 그것은 하나 이상의 영역에서 매우 높은 수준의 능력까지 지능을 발달시킨 사람의 예를 의미한다. 이러한 예시들은 학생들에게 영감을 불러일으킬 만한 롤모델을 제공한다. 각 학생에게 중요한 의미를 지니는 유명한 인물이나 영웅을 고르게 한다. 다음과 같은 예가 포함될 수 있다.

- 아동이 수업 시간에 읽은 문학 작품의 저자(언어 지능 능력자)
- 학생들이 수업 시간에 공부한 유명한 과학자(논리-수학 지능 능력자)
- 아동도서 삽화가, 유명한 만화가, 영화 제작자(공간 지능 능력자)
- 유명한 스포츠 영웅이나 연기자(신체-운동 지능 능력자)
- 유명한 록 가수, 래퍼 그리고 그 외의 음악가(음악 지능 능력자)
- 토크쇼 진행자나 정치인(대인관계 지능 능력자)
- 유명한 기업가나 자수성가한 사람(자기성찰 지능 능력자)
- 동물 전문가와 자연 탐험가(자연탐구 지능 능력자)

학급에서 다중지능에 대한 간략한 소개를 마치기 이전에, 학교와 삶에서의 성공은 얼마나 많은 시간과 노력을 그들이 여덟 가지 지능을 발달시키기 위해 투자했는지에 달려 있다는 것을 학생들에게 설명하기 위해 몇 분만 투자하라. 스탠퍼드의 사회심리학자 캐롤 드웩(Carol Dweck, 2007)은 이와 관련된 교훈을 제공한다. 그녀는 지능의 암묵적 관점과 관련된 두 가지 유형의 '마인드셋'을 구별한다. 드웩에 따르면, '고정된 마인드셋'을 가진 사람들은 지능이 선전적인 것이라 믿는다. 즉, 사람은 지능을 가지고 태어나거나 가지고 태어나지 못하는 것이다. 반면, '성장 마인드셋'을 가진 사람들은 성공이나 성공을 지원하는 지능이 다른 무엇보다도 노력에 달려 있다고 믿는다. 드웩은 다음과 같이 말했다.

　　고정된 마인드셋을 가진 학생들은 그들의 기본적 능력, 지능, 재능이 고정된 특질이라고 믿는다. 그 특질들은 특정한 양으로 고정되어 있고, 학생들의 목표는 항상 똑똑해 보이며 절대 바보같이 보여서는 안 되는 것이다. 성장 마인드셋을 가진 학생들은 그들의 재능과 능력을 노력, 좋은 교육과 인내를 통해 발달시킬 수 있다고 이해한다. 그들은 필연적으로 모두를 동등하게 여기고, 모든 사람이 아인슈타인이 될 수 있다고 믿는다. 그들은 노력만 한다면 모두가 더 똑똑해질 수 있다고 믿는다(Morehead, 2012에서 재인용).

표 4-1   소수민족 문화에서 뛰어난 사람들

지능	아프리카계 미국인	아시아/폴리네 시아계 미국인	히스패닉계 미국인	미국 원주민
언어	Toni Morrison	Amy Tan	Isabel Allende	Vine Deloria Jr.
논리-수학	Benjamin Banneker	Yuan Lee	Luis Alvarez	Robert Whitman
공간	Elizabeth Catlett Mora	I. M. Pei	Frida Kahlo	Oscar Howe
신체-운동	Jackie Joyner-Kersee	Kristi Yamaguchi	Juan Marichal	Jim Thorpe
음악	Mahalia Jackson	Midori	Linda Ronstadt	Buffy Sainte-Marie
대인관계	Matin Luther King Jr.	Daniel K. Inouye	Xavier L. Suarez	Russell Means
자기성찰	Malcolm X	S. I. Hayakawa	Cesar Chavez	Black Elk
자연탐구	George Washington Carver	Nainoa Thompson	Severo Ochoa	Wilfred Foster Denetclaw Jr.

드웩의 연구에 따르면, 성장 마인드셋을 가진 사람들은 실패를 통해 더 기꺼이 배우려 하고, 성공할 때까지 더 인내하는 것으로 알려져 있다. 따라서 그들은 또래보다 더 좋은 시험 성적을 성취한다. 그녀의 연구는 또한 고정된 마인드셋을 가진 사람들에게 성장 마인드셋을 가질 수 있도록 가르칠 수 있으며, 결과적으로 학업 수행과 더불어 학교폭력과 또래 배제에 맞서는 회복력을 향상시킬 수 있다고 밝혔다(Yeager & Dweck, 2012). 학생들에게 드웩의 연구와 성장 마인드셋을 가지는 것의 중요성을 설명하는 것은 유용할 수 있다.

🗣 다중지능 이론 지도 활동

학생들에게 다중지능 이론을 가르치면서, 당신은 이 모델에 대한 단순한 설명 그 이상을 원할 것이다. 궁극적으로, 이 모델의 여덟 가지 지능을 모두 잘 가르치기 위해 더 노력하고, 학생들에게 강의할 내용을 연습할 것이다. 모델을 소개하는, 혹은 5분 소개 뒤에 사용할 수 있는 보강 활동 및 보충 체험으로 구성된 여러 가지 방법이 있다. 다음은 그 몇몇 예시들이다.

직업의 날(Career Day)　　사회의 여러 구성원을 정기적으로 학급에 초대해 그들의 직업에 대해 말하게 한다면 이 활동을 다중지능의 구조에 맞추어 보도록 한다. 그가 참여하는 '언어 지능' 활동에 대해 이야기할 수 있는 편집자, '수학 지능'을 개발하는 방법을 말해 줄 수 있는 재무기획사, 뛰어난 '공간 지능'이 직업에서 얼마나 유용한지 설명할 수 있는 건축가를 데려온다. 운동선수(신체-운동 지능 능력자), 전문 음악인(음악 지능 능력자), 상담가(대인관계 지능 능력자), 사업가(자기성찰 지능 능력자) 혹은 수의사(자연탐구 지능 능력자)가 직업의 날의 또 다른 손님이 될 수 있다. 각 직업이 보통 몇 가지의 지능을 포함하고 있어야 한다는 것을 명심하라. 당신은 각 지능이 어떤 방식으로 결합하여 독특한 역할을 하는지 논의하고 싶을 수 있다. 이러한 설명은 사람들의 성공에 각 지능이 매우 중요한 역할을 한다는 것을 학생들에게 강조한다. 당신이 초대한 발표자의 발표에 모델이 잘 섞일 수 있도록 그들과 미리 이야기할 것을 권한다. 혹은 그들의 발표 후에 그들이 말하거나 행한 것을 여덟 가지 지능과 연관 지음으로써 간단한 설명을 덧붙이는 것도 좋다.

현장 방문(field trips)　　사회에서 각각의 지능이 특별히 가치 있게 활용되는 장소로 학생들을 데려간다. 도서관(언어 지능), 과학 연구실(논리-수학 지능), 공예 작업실(신체-운동 지능), 음악을 연주하는 라디오 방송국(음악 지능), 그래픽 디자인 스튜디오(공간 지능), 홍보회사(대인관계 지능), 심리학자의 사무실(자기성찰 지능) 그리고 동물원(자연탐구 지능)과 같은 곳이 목적지가 될 수 있다. 학생들이 실제 맥락에서 이러한 지능을 살펴보는 것은 교실에서 얻을 수 있는 것보다 더 정확한 다중지능의 실생활에서의 모습을 알게해 준다.

전기(biographies)   학생들이 한 가지 이상의 지능에서 뛰어난 능력을 지닌 유명한 인물의 삶에 대해 공부하게 한다(Gardner, 1993b 참고). 공부할 대상으로는 토니 모리슨(언어 지능 능력자), 마리 퀴리(논리-수학 지능 능력자), 빈센트 반 고흐(공간 지능 능력자), 로베르토 클레멘테(신체-운동 지능 능력자), 요요마(음악 지능 능력자), 마틴 루터 킹(대인관계 지능 능력자), 지그문트 프로이트(자기성찰 지능 능력자), 제인 구달(자연탐구 지능 능력자)과 같은 사람이 있다. 이때 공부할 대상은 학생들의 문화, 인종, 성, 민족적 배경을 대표하도록 하는 것이 좋다(〈표 4-1〉 참고).

수업 계획(lesson plans)   특정 주제나 기술 영역을 여덟 가지 방법으로 가르친다(다중지능 수업 구성에 대한 안내는 5장 참고). 8개의 지능을 이용하여 그 자료를 가르친다는 것과 학생들이 각각의 지능이 어떻게 나타나는지에 특별히 주의를 기울여야 한다는 것을 그들에게 미리 설명한다. 수업 후에는 학생들에게 그들 자신이 여덟 가지 지능을 어떻게 사용하고 있는지 설명할 것을 요구한다. 이러한 활동은 학생들이 각 지능을 위해 필요한 과정을 반성하도록 요구하며, 그들 자신의 초인지적 인식을 발달시키는 것을 돕는다. 당신은 또한 학생들에게 그들이 가장 좋아하는 방법이 무엇인지 물을 수도 있다. 이런 식으로 학생들이 새로운 것을 배울 때 그들이 어떤 전략의 사용을 선호하는지 평가하도록 도와줄 수 있다.

잠깐 경험하기 활동(quick experiential activities)   학생들에게 각 지능을 사

용하는 여덟 가지 활동을 완수하도록 하라. 다음은 몇 가지 예시들이다.

- "알고 있는 시의 몇 행을 써 보렴." (언어 지능)
- "백만 초는 얼마나 긴 시간인지 말해 보렴." (논리-수학 지능)
- "동물을 그려 보렴." (공간 지능)
- "밖에 나가서 구역 끝까지 달려 갔다가 돌아오렴." (신체-운동 지능)
- "모두 함께 〈학교 종이 땡땡땡〉을 불러 보자." (음악 지능)
- "이번 주에 일어난 일 중 즐거웠던 일을 짝과 공유해 보렴." (대인관계 지능)
- "눈을 감고 인생에서 가장 즐거웠던 일을 생각해 보렴. 다른 사람에게 이야기하지 않아도 된단다." (자기성찰 지능)
- "창밖을 보고 모든 생명체와 자연의 생김새를 살펴보렴." (자연탐구 지능)

학생들이 할 수 있는 활동을 선택하고, 그것을 할 수 없는 학생에게는 수정된 활동을 제공함으로써 모든 학생의 수준에 맞게 활동을 조정하라. '여덟 가지 종류의 지능'을 명확하게 설명하기 전이나 후 모든 경우에 이러한 접근을 사용할 수 있다. 어떤 활동을 선호하는지 학생들에게 물어보는 것을 잊지 말고, 각각의 활동을 여덟 가지 지능 중 한 개 이상과 연결해야 한다는 것을 기억하라.

벽에 전시하기(wall displays)   전형적인 미국 교실에는 아인슈타인의 초상화가 걸려 있는 것을 종종 발견할 수 있다. 아인슈타인은 다중지능의 훌륭한 본보기다. 그는 일할 때 공간적·신체-운동·논리-수학 지능을 포함하여 다중지능 중 몇 가지를 골고루 사용했다. 하지만 이처럼 단순히 아인슈타인의 포스터를 붙여 놓기보다는 각각의 지능에서 특별히 우수한 사람의 포스터 8개를 붙여 놓는 것도 고려해 보자[Gardenr, 1993c와 이 책 〈표 4-1〉의 뛰어난 사람들 참고]. 혹은 '8개의 학습 방법'이나 '우리가 학교에서 배우는 방법'

이라고 쓰인 표어를 벽에 붙여 놓고, 각각의 지능을 사용하는 학생의 사진을 전시하는 것도 좋다.

전시(displays)   학생들이 여덟 가지 지능을 사용하여 만든 결과물을 전시한다. 예를 들면, 에세이, 이야기, 시(언어 지능), 컴퓨터 코드(논리-수학 지능), 그림(공간 지능), 음악 점수(음악 지능), 3차원 프로젝트(신체-운동 지능), 협동 프로젝트(대인관계 지능), 개인 프로젝트(자기성찰 지능), 자연 탐험(자연탐구 지능)과 같은 것이 있다. 결과물은 선반이나 유리장, 탁자 등에 전시할 수 있고, 모든 학생이 자신의 성과물을 전시할 수 있도록 정기적으로 교체해야 한다. 각 결과물에는 학급에 다중지능 이론을 강화하고 그것을 만들어 내는 데 필요한 지능을 표시해 두는 것을 잊지 말라.

읽기(readings)   고등학교 학생들에게는『마음의 틀(Frames of Mind)』(Gardner, 1993a)이나『일곱 가지 지능(7 Kinds of Smart)』(Armstrong, 1999a)에 포함된 내용과 같은 다중지능 이론을 다룬 수많은 책이나 논문을 많이 읽게 할 수 있다. 또한 초등학교 고학년이나 중학교 학생들은 나의 책『너는 훨씬 더 똑똑하단다: 아동을 위한 다중지능 지침서(You're Smarter Than You Think: A Kid's Guide to Multiple Intelligences)』(Armstrong, 2014)를 읽게 할 수 있다. 이와 관련해서는 부록 B에서 더 많은 관련 도서를 소개하고 있다.

다중지능 책상(MI table)   교실에 8개의 책상을 준비하고 각각 여덟 가지 지능 중 하나를 의미하는 상징을 표시해 둔다. 각 책상 위에는 학생들이 무엇을 해야 하는지 지시하는 활동 카드를 둔다. 언어 지능 책상에서는 학생들이 쓰기 활동을 할 수 있고, 논리-수학 지능 책상에서는 수학이나 과학 활동을, 공간 지능 책상에서는 그림 그리기 활동을, 신체-운동 지능 책상에서는 쌓기 활동을, 음악 지능 책상에서는 음악적인 활동을, 대인관계 지능 책상에서는 협동 활동을, 자기성찰 지능 책상에서는 자기반성적 활동을, 자연탐구 지능 책상에서는 동식물을 관찰하는 활동 등을 할 수 있다. 학급 학생들을 8개 조로 나누고 각 조에 하나씩의 책상을 배정한다. 각 조는 정해진 시간 (5분 정도)만큼 활동할 수 있고, 시간이 끝나면 음악 신호(예: 벨)를 사용해서 다음 책상으로 이동해야 한다. 이 과정을 모든 학생이 모든 책상에서 각 활동을 경험할 때까지 계속한다. 그런 다음, 학생들의 선호 활동에 대해 이야기하고, 각 활동을 해당 주요 지능과 관련시킨다(7장에서는 각 활동에 다중지능을 반영할 수 있는 다양한 방법을 더 구체적으로 다루고 있다).

　지능 탐험(human intelligence hunt)　　당신이 다중지능 이론을 학년 초에 소개한다면 학생들은 서로에 대해 잘 모를 때 '지능 탐험'을 통해 서로를 더 잘 알게 될 수 있다. 또한 이 활동은 여덟 가지 지능을 가르칠 수 있는 재미있는 방법이다. 이 활동은 우리의 지능이 특별한 선물로 가득 찬 '보물상자'라고 가정하고 시작한다. 이 선물들은 곧 우리의 지능이다. 그러나 때때로 우리는 다른 사람이 가지고 있는 선물에 대해 잘 인식하지 못하고 있기 때문에 '보물 탐험'을 시작해야 한다. 이것은 곧 '지능 탐험'이 되는데, 즉 다른 사람의 '특별한 능력'을 발견하는 것이다. 고학년 학생은 〈자료 4-1〉에, 저학년 학생은 〈자료 4-2〉에 제시된 것과 같은 활동 목록을 받는다. 교사가 종소리 같은 신호를 주면, 학생들은 활동지를 펜이나 연필과 함께 가지고 가서 목록의 활동을 함께 할 수 있는 다른 학생들을 찾는다. 여기에는 세 가지 기본적인 규칙이 있다. 즉, 학생들은 목록의 활동을 할 수 있다고 말하는 것이 아니라 실제로 수행해야만 한다. 학생이 보물 탐험가로서 만족할 수 있게 활동을 수행하면 '보물 탐험가' 활동지의 해당 활동 옆 빈 공간에 이름을 적는다. 그리고 각 학생들은 활동지에 여덟 가지 다른 이름을 가져야만 한다(단, 한 사람은 한 가지 활동만 수행할 수 있다).

　당신은 〈자료 4-1〉에 제시된 활동을 학생들의 적성이나 능력에 맞춰 수정할 수 있다. 〈자료 4-2〉는 저학년 학생들은 어떤 활동을 실시해야 하는지 보여 준다. 막 읽기 시작한 학생들인 경우, 각 그림에 묘사된 활동을 즐기는 사람을 찾을 수 있도록, 그림에 기초한 보물 탐험을 제공할 수 있다. 보물 탐험이 끝난 후에는 학생들이 다른 사람들의 재능이나 지능에 대해 배운 것을 이야기해 보게 한다.

자료 4-1 고학년 지능 탐험

다음을 할 수 있는 사람을 찾아라!
- 베토벤 〈교향곡 5번〉의 몇 마디를 콧노래로 부르기(음악 지능 능력자)
- 간단한 춤 동작하기(신체–운동 지능 능력자)
- 시 4줄 이상 암송하기(언어 지능 능력자)
- 하늘이 왜 파란지 설명하기(논리–수학 지능 능력자)
- 최근 꾼 꿈에 대해 간단히 이야기하기(자기성찰 지능 능력자)
- 말(horse) 그리기(공간 지능 능력자)
- 이 활동을 즐기는지 말하기(대인관계 지능 능력자)
- 주변에서 찾을 수 있는 새의 이름을 다섯 가지 이상 대기(자연탐구 지능 능력자)

자료 4-2 저학년 지능 탐험

다음을 할 수 있는 사람을 찾아라!
- 〈생일축하합니다〉 노래 부르기(음악 지능 능력자)
- 손바닥 발 끝에 닿기(신체–운동 지능 능력자)
- 재미있는 농담이나 발음하기 힘든 어구 말하기(언어 지능 능력자)
- 다음에 올 숫자 말하기: 2, 4, 6, 8, ( )(논리–수학 지능 능력자)
- 자신이 정말 잘하는 것 한 가지만 말하기(자기성찰 지능 능력자)
- 이 방에서 파란색인 물건 다섯 가지 찾기(공간 지능 능력자)
- 진심으로 기쁨을 느끼는 사람의 표정으로 만들기(대인관계 지능 능력자)
- 주변에 사람은 아니지만 살아있는 것 이름 대기(자연탐구 지능 능력자)

보드게임(board games)   여덟 가지 지능을 기반으로 한 보드게임을 제작한다. 두꺼운 종이에 매직펜으로 여러 개의 작은 사각형이 이어진 굽은 길을 그린다. 각각의 지능에 색깔을 하나씩 지정하고, 게임판의 각 사각형에 각

지능을 상징하는 색을 적절히 배분하여 칠한다. 당신은 [그림 4-1]의 다중지능 피자를 사용하거나 스스로 만들어 낸 것을 사용할 수 있다. 그러고 나서 게임판의 색칠된 상징들과 짝지어지는 여덟 가지 다른 색종이로 5~8cm의 게임 카드를 8세트 만든다. 그리고 각 게임 카드 세트에는 특정 지능을 사용해야 하는 활동을 적는다. 다음은 기초적인 수준의 공간 지능 활동의 예다.

- 30초 안에 강아지 그리기
- 교실에서 원 모양의 물체 찾기
- 좋아하는 색 말하기
- 이 공간에서 찾을 수 있는 파란색 물건을 4개 말하기
- 눈을 감고 마음속의 그림을 설명하기

활동의 대부분은 학생들이 할 수 있는 것이어야 한다. 그리고 한 쌍의 주사위와 몇 개의 작은 플라스틱 모형을 가져와서 게임을 시작한다. 다중지능 활동을 포함하고 있는 상업적인 게임을 대안적으로 사용할 수도 있다(예: Cranium 보드게임).

다중지능 이야기, 노래, 놀이(MI stories, songs, plays)   다중지능의 개념을 가르치기 위해 당신 스스로 창의적인 이야기나 노래 혹은 놀이를 만들 수 있다(학생들이 도와줄 수도 있다). 예를 들어, 특정 지능의 전문가인 8명의 아이에 대한 이야기를 만들 수 있다. 즉, 그 아이들은 서로 사이가 좋지 않은데 어쩔 수 없이 함께 먼 마법의 나라로 모험을 떠나게 된다. 그리고 이야기의 각 부분에서 그들은 특정 아이의 특별한 지능을 통해서만 극복할 수 있는 역경에 닥치게 된다. 예를 들어, 아이들이 구멍으로 떨어졌는데 빠져나오려면 신체-운동 지능 능력자인 아이의 재능이 필요하다. 이야기의 마지막에는 8명의 아이가 모두 각자의 재능과 지능을 이끌어내어 자신들에게 주어진 과업을 전부 수행한다(보석을 되찾는 결론도 좋다). 이 이야기는 학급에서의 행

동에 빗대어 사용할 수 있다. 우리는 각 학생의 고유한 재능을 존중하고 그 것을 축복할 수 있는 방법을 찾을 필요가 있다. 이러한 이야기는 학교의 다른 학생들을 위해 연극이나 인형극, 음악 공연으로 쓰일 수도 있다.

이 밖에도 다중지능을 가르치기 위해 사용할 수 있는 활동은 많다. 이러한 활동은 일 년 내내 계속해서 개발해야 한다. 몇 가지 활동을 소개한 후에는 여덟 가지 지능 목록을 다중지능 피자와 같은 형식으로 만들어 눈에 띄게 게시해 놓는 것이 도움이 될 것이다. 그리고 이후 여덟 가지 지능 중 한 가지 이상과 관련된 일이 일어나면, 방금 일어난 일과 특정 지능 사이의 관련성을 강조하면서 그 게시물을 활용할 수 있다. 예를 들어, 몇몇 학생들이 협동 과제에 참여하고 그중 한 학생이 다른 학생들의 의견에 동의하지 못한다면, 당신은 다른 학생들은 대인관계 지능을 사용하길 원하는 데에 비해 한 학생의 자기성찰 지능을 사용하길 원한다고 설명할 수 있다(그리고 당신은 그 한 학생의 대인관계 지능을 발달시킬 기회라고 용기를 북돋아 주거나 혼자서 자기성찰 지능을 활용할 수 있는 기회를 제안한다). 당신은 학생이 자신의 공간 지능을 활용하여 적절한 시각적 그림을 그리도록 지시할 수 있다. 또한 일상 활동에서 다중지능의 실질적 활용을 모델링함으로써 학생들이 이론을 내면화하도록 도울 수도 있을 것이다. 그러면 어느샌가 학생들이 자신의 학습 과정을 설명할 때 그 용어들을 사용하고 있는 것을 보게 될 것이다.

더 생각해 볼 문제

1. 이 장에서 제시한 자료나 활동을 활용하여 다중지능 이론을 당신의 학생들에게 소개할 수 있는 방법을 개발하라. 학생들의 첫 반응을 기록한다. 그리고 뒤이어 보충 활동을 실시한다. 학생들이 그 용어를 스스로 사용하기까지 기간이 얼마나 걸리는가? 학생들이 자신의 학습 과정을 설명하기 위해 다중지능 이론을 사용한 2~3개의 예를 기록한다.

2. 다중지능 이론에 대한 강의를 포함하여 '학습에 관한 학습'을 다룬 특별한 과정이나 작은 활동을 만든다[나의 책 『You're Smarter than you think: A kid's guide to multiple intelligence(당신은 생각보다 똑똑하다: 아동을 위한 다중지능 안내서)』(Armstrong, 2014)를 활용해도 좋다]. 이때 학생들이 그들 자신의 학습 및 사고 과정을 이해할 수 있도록 도와주는 읽기, 운동, 활동 및 전략을 포함한다. 그것을 통해 학생들은 더 효과적으로 학습할 수 있게 된다.

3. 여덟 가지 지능이 존중받고 축하받을 수 있도록 전시를 위한 벽이나 특별한 게시판, 그 밖의 전시 구역에 게시한다. 유명한 인물의 포스터, 다중지능 활동에 참여하는 학생들의 사진, 다양한 지능을 반영하는 학생들의 창작물 예시, 혹은 여덟 가지 지능의 아이디어를 학생, 교사, 학부모 그리고 지역사회 구성원에게 전달하는 다른 방법의 예시를 포함한다.

05 다중지능 이론과 교육과정 개발

> 교실에서 이루어지는 학생들의 학습 활동을 보면 다양한 지능을 활용하여 지식을 탐구할 수 있는 기회를 제공하는 경우가 거의 없다. 눈물을 삼키며 꼼짝없이 자리에 앉아서 거의 반복적인 연습을 지속하는 학생이 과연 어떤 의미 있는 것을 배울 것인가? 매군(Magoun) 뇌의 영역은 신기성(novelty)에 의하여 자극을 받는다. 우리가 조사한 것과 같이, 반복적인 활동을 하게 하는 학교에서 12년의 시간을 보낸 학생들은 새로운 자극을 경험하지 못할 것이며, 뇌는 계속 잠들어 있을 것이다.
>
> -존 굿레드(John I. Goodlad)-

　　다중지능 이론은 교사가 미국 교실에서 주로 사용되는 전형적인 언어와 논리를 넘어서서 자신만의 기술, 도구 그리고 전략 레퍼토리를 확장할 필요가 있다고 제안함으로써 교육 분야에 큰 공헌을 했다. 연방정부의 「아동낙오 방지법」은 미국의 제각각인 학교 내 특성들을 포괄할 수 있는 표준화된 검사 풍토를 만들었고, 그 검사를 준비하기 위한 언어 및 논리-수학 지능에 입각한 방법도 만들었다(Ravitch, 2016 참고). 비슷하게, 공통핵심성취기준(CCSS)과 주(state)마다의 개별적 차이를 포함한 표준화 운동(standards movement)은 이러한 천편일률적 교육에 반하여 다양한의 반응을 용인하고자 하는 교육자들의 반발을 불러일으켰다(Strauss, 2014; 수학, 영어, 과학, 미술 교과의 CCSS와 기타 표준 기반 다중지능 수업 지도안 예시는 부록 A 참조). 이러한 맥락에서 다중지능 이론은 한 측면으로 치우친 교수법을 교정할 수 있을 뿐만 아니라 좁고 한 측면에만 국한된 학습법에서 벗어나도록 촉구하는 모든 교육적 중재를 종합·정리하는 '메타모델'로서의 역할도 한다. 즉, 다중지능 이론은 유리된 "로봇-학생들"(Connor & Pope, 2013)의 잠들어 있는 뇌를 깨우는 자극이 될 수 있는 넓은 범위의 교육과정을 제공한다.

다중양식 교수의 역사적 배경

교수법을 제안하는 이론으로서 다중지능 이론은 새로운 개념이 아니다. 심지어 어떤 연설에서 플라톤(Plato, 1952)은 "의도적으로 사용한 것은 아니지만 초기 교육은 오락과 같은 즐거움을 허용했다. 그때 비로소 당신은 천성을 발견할 수 있는 더 높은 가능성을 가지게 될 것이다."(p. 399)라고 기술하며 다중양식 교수(multimodal teaching)의 중요성을 강조하였다. 최근 현대 교육의 선구자들은 언어적(verbal) 교육학보다 더 근간에 기초하여 교수 체계를 발달시켰다. 18세기 철학자인 장 자크 루소(Jean Jacques Rousseau)는 교육에 관한 자신의 고전 논설인 『에밀(Emile)』에서 아동이 단어를 통해서가 아닌 경험을 통해서 학습해야 한다고 선언했다. "당신은 아이들이 어린 시절 아무것도 안 하며 시간을 보내는 것을 경계한다. 왜! 기쁠 게 없다고? 하루종일 뛰어놀고, 달리는 것이 아무것도 아닌가? 그 아이들은 그의 삶에서 그렇게 바쁜 순간이 없을 것이다".(Rousseau, 1979, p. 107) 스위스의 개혁론자인 요한 하인리히 페스탈로치(Johann Heinrich Pestalozzi)는 육체적·도덕적·지적 훈련은 구체적인 경험을 기반으로 하고 있어야 한다는 통합 교육과정을 강조했다. 또한, 현대 유치원 종일반을 창시한 프뢰벨(Friedrich Froebel)은 동물 돌보기, 정원 가꾸기, 노래하기, 게임하기뿐만 아니라 선천적인 '재능'과 더불어 실제 일어나는 경험들로 구성된 교육과정을 발달시켰다. 20세기에 들어서서 마리아 몬테소리(Maria Montessory, 1972)와 존 듀이(John Dewey, 1997) 같은 혁신가들은 몬테소리의 촉각으로 느낄 수 있는 문자와 자기 진도에 맞춰진 자료, 듀이의 축소된 민주사회로서 교실을 바라보는 시각을 포함하여 다중지능 이론과 유사한 기술에 기반을 둔 교수 체계를 발전시켰다.

동일하게, 최근의 대안교육 모델은 다른 언어를 사용하였지만 필수적으로 다중지능 체계를 다루고 있다(또한 서로 다른 지능에 대한 강조 수준도 다양하다). 예를 들어, 협동학습은 대인관계 지능을 강조하는 것처럼 보이지만 구체적인 활동은 다른 지능과도 연관이 있을 수 있다. 이와 유사하게, 프로젝트 기반 학습과 '실습 학습(maker movement)'은 학생들을 자기성찰적 계획, 공간적 설계, 논리-수학적 사고뿐만 아니라 신체-운동적 경험학습에도 참여시킬 수 있다.

다중지능 이론은 좋은 교사들이 자신의 교수에 있어 늘 해 왔던 것을 포함한다. 다시 말해, 학생들의 마음을 일깨워 주기 위하여 책과 칠판 이상의 무언가를 시도하는 것이다. 훌륭한 교사의 본보기가 되는 두 영화 〈스탠드 업(Stand and Deliver)〉(1987)과 〈죽은 시인의 사회(Dead Poets Society)〉(1989)를 추천한다. 실화에 기반한 〈스탠드 업〉에서는 고등학교 수학 교사인 제이미 에스칼란테는 분수를 설명하기 위해 사과를, 곱셈을 가르치기 위해 손가락을 그리고 음수를 명확히 하기 위해 표상과 은유를 사용한다. 또한 〈죽은 시인의 사회〉에서 문학 교사 존 키팅은 학생들에게 클래식 음악을 듣고 축구를 하는 동안 문학을 읽도록 한다.

다중지능 이론은 최선의 교수법을 교수에 반영하기 위하여 그리고 왜 이 방법이 효과적인지(혹은 왜 이 방법이 어떤 학생에게는 효과가 있고 다른 학생에게는 효과가 없는지) 이해하기 위하여 교사들에게 한 가지 방법을 제공한다. 더 광범위하고 더 확연한 차이를 보이는 학습자들을 위한 더 넓은 범위의 방법, 자료 그리고 기술을 포함하는 것은 교사들이 자신의 교수 형식 범주를 확장하는 데 도움을 준다.

🗣 다중지능 교사

다중지능 교실에서의 교사는 전통적인 언어적 · 논리-수학적 교실에서의 교사와 매우 대조적이다. 전통적인 교실에서 교사는 교실 앞에 서서 강의를 하고 칠판에 판서를 하며, 학생들에게 나눠 준 읽기 자료나 유인물에 대해 질문하고, 학생들이 교과서나 학습지에 다양한 유형의 글쓰기 과제를 완성하도록 안내한다. 다중지능 교실에서는 교사가 교육 대상을 확고하게 가슴에 새기며, 창의적인 방식으로 지능을 결합하면서 언어적인 것에서 공간적인 것으로, 또 음악적인 것으로 혹은 또 다른 것으로 자신의 강의 방식을 현명하게 변환한다.

다중지능 교사가 판서나 강의에 시간을 쏟는 것은 매우 괜찮은 방법이다. 이것이 바로 올바른 교수 기법이다. 다중지능 교사는 아이디어를 표현하기 위해 칠판에 그림을 그리거나 비디오 클립을 보여 주고, 특정 주제를 명확히 하기 위하여, 또는 그 주제를 학습할 수 있는 환경을 제공하기 위하여 낮 동안 음악을 연주하거나 그 주제에 대한 환경을 꾸민다. 다중지능 교사는 학생들이 일어나 움직이고 공부한 주제를 삶의 현장으로 가져올 수 있도록 인공적인 것을 배제하며, 학생들의 학습 목표에 대한 이해를 통합하기 위한 요소를 그들이 수립할 수 있게 실제적 경험을 제공한다. 다중지능 교사는 또한 또 다른 방법(예: 짝 · 소집단 · 대집단 활동)으로 학생들과 상호작용한다. 즉, 학생들의 자기반성 시간 계획하기, 자기 주도적 과제 시행하기, 또는 개인적 경험과 감정을 배우고자 하는 자료에 연결시키기, 살아 있는 것 혹은 체계와의 상호작용을 통해 나타나는 학습 기회 만들기 등을 한다.

그러나 다중지능 교사가 무엇을 하고 무엇을 하지 않는지에 관한 이와 같은 특징은 다중지능 이론의 교수적 차원을 견고히 하기 위해 반드시 수반되어야만 하는 것은 아니다. 이 이론은 교사가 직접적으로 학생을 가르치는 데 대부분의 시간을 보냈던 전통적인 환경에서 학생들이 스스로 학습할 수 있도록 조정하는 열려 있는 환경으로 더 광범위한 교수적 상황을 실시할 수 있다. 심지어 전통적인 언어 교수는 여덟 가지 지능을 자극하기 위해 고안된 다양한 방식으로 대체될 수 있다. 교사가 강의에서 리듬을 강조하는 것(음악적), 요점을 묘사하기 위해 칠판에 그림을 그리는 것(공간적), 말할 때 극적인 몸짓을 취하는 것(신체-운동적), 학생에게 자기반성 시간을 주기 위해 잠

시 쉬는 것(자기성찰적), 정신적 통합을 이끌기 위한 질문을 하는 것(대인관계
적), 강의에 자연물을 언급하는 것(자연탐구적)은 교사 중심적인 전통적 관점
에 다중지능 원리를 사용한 것이다.

🗣 다중지능 이론 교수의 주요 자료와 방법

　강사 모드의 전형적인 교수를 벗어나 다중지능 이론을 교수하는 수많은
도구들이 존재한다. 〈표 5-1〉은 다중지능 이론의 교수 방법을 요약하여 제
공하고 있다. 81~83쪽에 제시한 목록이 더 넓은 범위의 내용을 제공하고 있
지만, 다중지능을 통한 교수에 활용할 수 있는 자료와 기술에 대한 조사는
아직도 충분하지 않다.

표 5-1　여덟 가지 교수 방법 요약

예시 지능	교수 활동	교수 자료	교수 전략	교육적 움직임 (주요 지능)	교수 기술	수업 시작 활동
언어	강의, 토의, 단어 게임, 스토리텔링, 함께 읽기, 일기 쓰기	책, 녹음기, 도장 세트, 오디오북, 워드 프로세서	읽기, 쓰기, 말하기, 듣기	비판적 읽기/쓰기	스토리텔링을 통해 가르치기	길고 친숙하지 않은 단어 칠판에 쓰기
논리-수학	수수께끼, 문제 해결, 과학 실험, 암산, 숫자 게임, 소크라테스식 교수법	계산기, 수학 조작물, 과학 장비, 수학 게임	수량화하기, 비판적 사고하기, 논리적 틀에 넣기, 실험하기, 논리적 패턴 찾기	비판적 사고	소크라테스식 질문	논리적 모순 제기하기

공간	시각적 전시, 예술활동, 상상 게임, 마인드맵, 은유, 시각화	그래프, 지도, 비디오, 커넥터 세트, 예술 재료, 시각적 환상, 사진, 그림 모음집	보기, 그리기, 시각화하기, 색칠하기, 마인드맵, 비디오 만들기, 사진 찍기	표현적 예술 수업	그리기, 마인드맵	위쪽에 특이하고 재미있는 그림이나 사진 두기
신체-운동	실습 학습, 드라마, 춤, 스포츠로 가르치기, 촉각 활동, 이완활동	건축 도구, 점토, 스포츠 장비, 조작물, 촉각 학습재료	쌓기, 연기하기, 만지기, 춤추기, 고치기, 잡기, 발명하기	실습 학습	몸짓 사용하기, 극적 표현하기	수업 시간에 신기한 물건을 돌아가며 보기
음악	리듬학습, 랩하기, 노래로 가르치기	녹음기, 오디오 모음집, 악기	노래하기, 랩하기, 듣기, 구호 외치기, 연기하기, 춤추기	오르프 슐베르크 음악교수-학습법	목소리를 리듬감있게 사용하기	학생들이 교실에 들어올 때 관련된 배경 음악 틀어주기
대인 관계	협동학습, 동료 교수, 지역사회 학습, 모임 활동, 시뮬레이션	보드게임, 파티용품, 역할극 위한 소품, 사회적 거리, 소셜 미디어	가르치기, 협동하기, 존중하며 상호작용하기	협동학습	학생들과 역동적으로 상호작용하기	각 파트너가 오늘의 주제에 대해 어떤 생각을 하는지 짝지어 활동하기
자기 성찰	개별화 교수, 독립적 학습, 선택 과목, 자기 결정기술 계발	자기 점검 자료의 활용(예: 해설지), 개인적 일기, 프로젝트 기반 학습 도구와 장비	자신의 개인적 삶과 관련짓기, 고려하여 선택하기, 반성하기, 정서적으로 연결되기	개별화 교수	정서적 인상을 남기기 위해 교사의 개인적 삶의 경험을 공유하기	차시의 핵심 개념에 대하여 개인적 성찰을 해보기

자연 탐구	자연 학 습 , 생 태 계 인 식, 동물 돌 보기	식물, 동물, 자연탐구적 도구(예: 쌍 안 망원경), 원예 도구	생물이나 자 연적 현상/ 체계와 연결 하기	생태 학습	주제 문제를 자연현상과 연결하기	특 이 한 식 물, 돌, 조 개, 뼈, 곤 충, 동물들 로 논 의 를 시작하기

언어 지능

- 오디오 녹음
- 브레인스토밍
- 토론
- 개별적 독해
- 크고 작은 집단 토론
- 매뉴얼
- 출판
- 함께하는 시간(시간 공유)
- 학생 연설
- 쓰기 활동

- 서적
- 집단 독해
- 즉흥 말하기
- 일지 쓰기
- 강의
- 언어 정보 암기
- 수업 시간에 읽기
- 스토리텔링
- 책 이야기
- 단어 게임

논리-수학 지능

- 계산과 수량화
- 코딩
- 논리 퍼즐과 게임
- 주요 주제의 논리 순차적 프레젠테이션
- 논의의 소지가 있는 수학적 문제
- 과학적 사고 활동

- 분류와 유형화
- 발견법(heuristics)
- 논리적 문제해결 연습
- 피아제의 인지 활동
- 학문적 논증
- 소크라테스식 문답법

공간 지능

- 예술 감상
- 색 단서
- 건축 키트
- 그래픽 상징
- 가상 이야기하기
- 시각적 환상
- 사진
- 그림, 이미지를 통한 비유
- 시각 인식 활동
- 시각적 퍼즐, 미로
- 시각화
- 도표, 그래프, 지도
- 컴퓨터 그래픽
- 창의적 공상하기
- 아이디어 스케치
- 마인드맵과 다른 시각적 조직화
- 그림, 콜라주, 시각 예술
- 그림을 활용한 문해 경험
- 사진, 슬라이드, 영화
- 시각 패턴 찾기
- 시각 사고 훈련

신체-운동 지능

- 몸으로 응답하기
- 교실 연극
- 요리, 원예, 그 밖의 '혼잡한' 활동
- 창의적 운동
- 손으로 경험하는 학습
- 운동감각으로 개념 표현하기
- 마임(mime) 활동
- 촉각적 자료와 경험
- 몸짓 언어 사용, 수화로 소통하기
- 몸 지도
- 경쟁적 및 협력적 게임
- 공예
- 체험 활동
- 활동을 통한 사고
- 수학적 조작물
- 신체교육 활동
- 운동감각적 표상 활용
- 실질적인 현실 소프트웨어

음악 지능

- 개념에 대한 새로운 멜로디 만들기
- 합창하기
- 디스코그래피(음악 목록)
- 노래와 개념 연결하기

- 자기 안의 음악적 표상 듣기
- 음악 감상
- 음악적 개념
- 피아노, 기타 또는 다른 악기로
  즉흥 연주하기
- 녹음된 음악 재생하기
- 분위기에 맞는 음악
- 음악적 구성 프로그램
- 타악기 연주하기
- 리듬, 노래, 랩, 챈트
- 기억 촉진 배경음악
- 콧노래 또는 휘파람 불기

대인관계 지능

- 학문적 동아리
- 보드게임
- 사회관계
- 선후배 튜터링
- 상호적 프로그램 또는 인터넷 기반
  프로그램
- 학습 맥락으로서의 파티 또는 사회 모임
- 공동체 조각 작품 만들기
- 견습 기간
- 협동학습
- 갈등 중재
- 집단 브레인스토밍 회의
- 대인관계 상호작용
- 또래 나눔(토의) 활동
- 시뮬레이션
- 소셜 미디어

자기성찰 지능

- 재량 수업 시간
- 동기 부여적이고 영감을 주는
  교육과정에 노출시키기
- 개별화된 프로젝트 혹은 게임
- 1분 성찰 시간
- 개인적 의미-연계
- 자기존중 활동
- 감정의 순간
- 목표 설정 회기
- 독립적인 학습
- 흥미 중심
- 과제를 위한 여러 선택 사항
- 학습을 위한 개인적 공간
- 자기 주도적 교육

자연탐구 지능

- 수족관, 작은 육식동물, 다른 이동 가능한 생태계
- 원예
- 자연 연구 도구 (쌍안 망원경, 망원경, 현미경)
- 학교 동물원
- 학습을 위한 창밖 보기
- 학급 기상 관측소
- 생태교육
- 자연 지향 프로그램
- 자연 영상, 촬영본, 영화
- 자연 속 산책
- 교구로서의 식물

🗣 다중지능 강의 계획 만드는 방법

다중지능 이론은 하나의 수준에서 앞서 언급한 것과 같은 다양한 교수 전략의 모음으로 나타낼 수 있다. 이런 측면에서 다중지능 이론은 지능의 인지적 구성 요소와 학생들이 사용하는 영역(예: 수학, 과학, 문학 등)에 대한 구체적인 필요성에서 도출할 수 있는 요구 외의 명확한 규칙이 존재하지 않는 교수 방법을 보여 준다. 교사는 자신의 교육 철학에 들어맞고 자신만의 독특한 교수 유형에 적합한 이론을 실행할 때 앞서 언급한 활동을 선택할 수 있다(철학은 모든 학생이 정확히 같은 방식으로 배워 왔다고 말할 수 없을 만큼 긴 역사를 가진다).

그러나 더 높은 수준에서는 다중지능 이론은 교육자들이 새로운 교육과정을 만들 수 있도록 매개적 구성을 제안한다. 사실 이론은 교육자들이 특정 기술, 내용, 주제, 교수적 목적에 도달할 수 있도록 하는 상황과 그것을 가르치기 위해 여덟 가지 이상의 방법을 브레인스토밍할 수 있는 상황을 제공한다. 기본적으로 다중지능 이론은 일별 강의 계획 방법, 주별 단위, 연간 목표 주제 그리고 모든 학생이 최소한 그 시간에 가장 강력한 지능을 가질 수 있도록 돕는 프로그램들을 제공한다.

　다중지능 이론을 활용한 교육과정 발달에 접근하기 위한 가장 좋은 방법은 한 지능에서 다른 지능을 가르칠 수 있도록 자료들을 변환하는 방법을 생각하는 것이다. 다시 말해, 영어와 같은 언어적 상징 체계를 다른 지능, 즉 그림, 신체적·음악적 표현, 논리적 상징·개념, 사회적 상호작용, 자기성찰적 연계, 자연탐구적 연합 등으로 어떻게 변환할 수 있을까? 다음의 7단계는 구조화를 위한 틀로서 다중지능 이론을 활용한 강의 계획이나 교육과정을 만들기 위한 하나의 방법을 제안한다.

1. 특정한 목적 혹은 주제에 초점을 둔다.　큰 규모의 교육과정을 발달시키거나 특정한 교수적 목적에 도달하기 위한 프로그램[예: 개별화교육계획(IEP) 혹은 개별화교육 프로그램]을 만들고 싶을 수 있다. '생태 환경' 혹은 '모호한 발음'을 중점으로 두었든 아니든 그 목적을 명확하고 간결하게 명시할 것을 명심하라. [그림 5-1]에서 보여 주는 것처럼 유인물의 중심에 있는 목적 혹은 주제는 대체될 수 있다(Inspiration, Kidspiration 혹은 다른 마인드맵 애플리케이션을 활용할 수 있다).

2. 다중지능의 주요 질문을 사용한다.　[그림 5-1]은 특정한 주제 혹은 목적을 위한 교육과정을 개발할 때 사용할 수 있는 질문을 보여 주고 있다. 이러한 질문은 아주 창의적인 방식으로 다음 단계로 넘어가도록 도와줄 수 있다.

3. 가능성을 염두에 둔다.　[그림 5-1]의 질문들과 〈표 5-1〉에서 제시한 다중지능 기술 및 자료 목록 그리고 6장에서 제시하고 있는 구체적인 전략에 관한 설명을 보라. 어떤 방법과 자료가 가장 적절해 보이는가? 제안되지 않은 다른 가능성에 대해서도 생각해 보라.

4. 브레인스토밍을 한다.　[그림 5-2]에서 제시한 다중지능 계획서를 활용하여 각각의 지능에 대해 가능한 한 많은 교수 접근법을 목록화하라. 마지막에 [그림 5-3]에서 제시한 것과 같은 다중지능 학습지를 도출할 수 있을 것이다. 접근법을 목록화할 때는 당신이 도달하기 원하는 전략

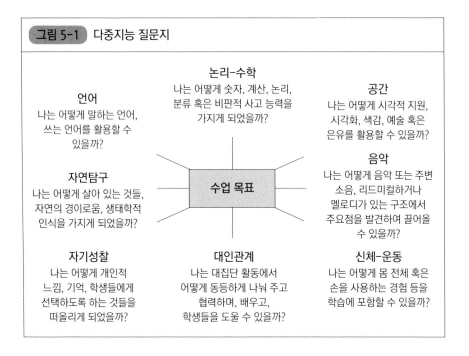

그림 5-1 다중지능 질문지

언어
나는 어떻게 말하는 언어,
쓰는 언어를 활용할 수
있을까?

논리-수학
나는 어떻게 숫자, 계산, 논리,
분류 혹은 비판적 사고 능력을
가지게 되었을까?

공간
나는 어떻게 시각적 지원,
시각화, 색감, 예술 혹은
은유를 활용할 수 있을까?

자연탐구
나는 어떻게 살아 있는 것들,
자연의 경이로움, 생태학적
인식을 가지게 되었을까?

수업 목표

음악
나는 어떻게 음악 또는 주변
소음, 리드미컬하거나
멜로디가 있는 구조에서
주요점을 발견하여 끌어올
수 있을까?

자기성찰
나는 어떻게 개인적
느낌, 기억, 학생들에게
선택하도록 하는 것들을
떠올리게 되었을까?

대인관계
나는 대집단 활동에서
어떻게 동등하게 나눠 주고
협력하며, 배우고,
학생들을 도울 수 있을까?

신체-운동
나는 어떻게 몸 전체 혹은
손을 사용하는 경험 등을
학습에 포함할 수 있을까?

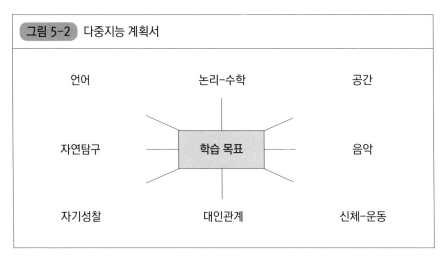

그림 5-2 다중지능 계획서

언어	논리-수학	공간
자연탐구	학습 목표	음악
자기성찰	대인관계	신체-운동

을 구체적으로 적어라(예: '열대우림에 대한 비디오 클립'이 그냥 '비디오 클립'보다 좋다). 브레인스토밍을 위한 최고의 방법은 마음속에 있는 것을 모두 꺼내어 목록화하는 것이다. 적어도 20~30개의 아이디어 혹은 각

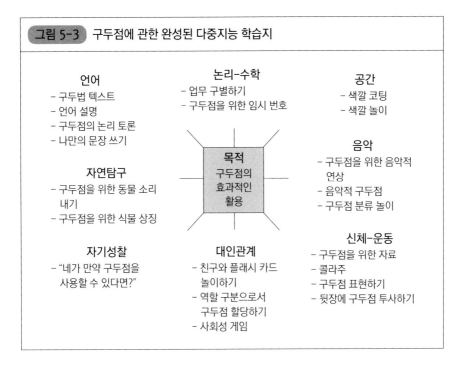

그림 5-3 구두점에 관한 완성된 다중지능 학습지

언어
- 구두법 텍스트
- 언어 설명
- 구두점의 논리 토론
- 나만의 문장 쓰기

논리-수학
- 업무 구별하기
- 구두점을 위한 임시 번호

공간
- 색깔 코팅
- 색깔 놀이

목적
구두점의
효과적인
활용

음악
- 구두점을 위한 음악적 연상
- 음악적 구두점
- 구두점 분류 놀이

자연탐구
- 구두점을 위한 동물 소리 내기
- 구두점을 위한 식물 상징

자기성찰
- "네가 만약 구두점을 사용할 수 있다면?"

대인관계
- 친구와 플래시 카드 놀이하기
- 역할 구분으로서 구두점 할당하기
- 사회성 게임

신체-운동
- 구두점을 위한 자료
- 콜라주
- 구두점 표현하기
- 뒷장에 구두점 투사하기

지능에 대하여 최소한 2~3개 이상의 아이디어를 목표로 하라. 동료와 함께 브레인스토밍을 한다면 사고를 자극하는 데 도움이 될 것이다.

5. 적절한 활동을 선택한다.　완성된 계획 활동지의 아이디어를 보고 당신의 교육 환경에 가장 잘 적용할 수 있는 접근법에 동그라미 표시를 하라. 당신은 또한 지식을 평가하는 마인드맵 기술을 활용할 수 있다(10장의 다중지능 이론을 활용한 평가 아이디어 참고).

6. 순차적인 계획을 구상한다.　당신이 취한 접근법을 활용하여 선택된 목적 혹은 주제와 관련한 강의 계획이나 단원(혹은 평가방법)을 떠올려 보라. 〈자료 5-1〉은 8일간의 강의 계획이 매 35~40분 수업에 목적에 따라 할당되었을 때 어떻게 구성될 수 있는지를 보여 준다.

7. 계획을 실행한다.　필요한 자료들을 모으고 적절한 시간표를 선택했다면 이제 강의 계획을 실행하라. 필요하다면 실행하는 동안 발생하는 변화를 받아들이기 위해 강의를 수정하라(예: 학생들의 피드백에 기반을

두고 수정한다). 부록 A에는 이와 같은 표준화된 다중지능 교수와 프로그램의 사례가 제시되어 있다.

다중지능과 간학문적 교수

교육자들은 다학문적 관점으로 학생들을 가르치는 것의 중요성을 인식하고 있다. 비록 학업 기술을 가르치거나 지식의 고립된 부분을 가르치는 것이 그들의 미래 교육에 있어 더 유용할 수도 있는 능력 혹은 배경지식을 제공할지 모르지만, 그와 같은 교수법은 학생들의 학교 밖 세계와 연관이 없을 수 있다. 결과적으로 교육자들은 더 근접하게 삶을 모방하거나 중요한 방식으로 삶을 반영하는 교수 방법으로 돌아설 것이다. 이러한 교수법은 자연(본능)적인 주제를 가진다. 이 주제는 전통적인 교육과정 경계에서 제한되고, 삶에서 자연스럽게 발견되는 주제와 능력은 함께 엮이며, 실제적인 방법으로 그들의 다중지능을 활용할 수 있도록 학생들에게 기회를 제공한다. 통합 주제별 교수 모델[Integrated Thematic Instruction(ITI) model; 지금은 매우 효과적인 교수법(Highly Effective Teaching: HET으로 불림)]을 발달시킨 수전 코발릭(Susan Kovalik, 1993)은 "지금 여기의 교육과정에서 가장 중요한 열쇠는 그것이 즉각 적절하고 의미 있는 것으로 인식되는 것이다. 또한 그것이 우리의 아이들에게 그 안에서 그리고 그것을 넘어서서 행동하게 하기 위한 필수적인 기술 및 그들만의 세계를 가르치는 것에 목적을 두고 있으므로 우리는 아이들이 스스로 빠르게 변화하는 미래의 삶을 준비하도록 해야 한다."(p. 5)라고 기술하였다. 코발릭의 주제별 모델은 연중(예: "무엇이 동기를 불러일으키는가?"), 1개월 단위(예: 시간, 전력, 교통수단) 혹은 주별(계절 변화, 지질 시대)로 구성된 주제들을 포함한다.

다른 교육과정 접근법은 3개월간의 주제 혹은 한 학기 단위와 같이 대체할 수 있는 구조에 중점을 두었다. 이러한 시간적 요소와는 상관없이, 다중지능 이론은 간학문적 교육과정을 세워 나갈 수 있는 상황을 포함하고 있다. 또한 여덟 가지 지능을 모두 기를 수 있는 주제와 관련하여 선택된 활동을 확실히 수행하는 방법을 제공하고 있기 때문에 아이들의 내적인 재능을 꺼낼 수도 있다.

〈표 5-2〉는 중재에 사용할 수 있는 활동의 유형을 보여 준다. 또한 여덟 가지 지능과 마찬가지로 전통적인 학업 주제에 도달하기 위하여 활동이 어떻게 통합되었는지도 보여 준다. 더불어 이 표는 과학 활동이 왜 논리-수학 지능에만 중점을 둘 필요가 없는지 그리고 언어 활동(읽기와 쓰기)이 왜 언어 지능에만 중점을 둘 필요가 없는지 잘 묘사하고 있다.

다중지능 이론은 다양한 방식으로 교육과정에 적용될 수 있음을 기억하라. 여기에는 표준화된 지침이 없다. 이 장의 아이디어들은 단지 제안일 뿐이다. 코발릭(1993)이나 헌터(Medeleine Hunter; Gentile, 1988 참고), 그랜트 위긴스와 제이 맥타이(Grant Wiggins & Jay McTighe, 2005), 캐롤 앤 톰린슨(Carol Ann Tomlinson, 2014) 그리고 로버트 마자노(Robert Marzano, 2017)와 같은 교육자가 개발한 것을 포함하여 다른 양식들을 결합하는 것을 추천하며, 주제별 발달과 강의 계획을 세우기 위해 다른 양식들을 새롭게 만들어 볼 것을 추천한다. 당신은 모든 아동이 학교생활에서 성공적인 기회를 가질 수 있도록 현재 가르치고 있는 지능에 도달하기 위한 최고로 성실하고 높은 수준의 시도를 해야만 한다.

자료 5-1	8일간의 다중지능 수업 계획 예시

학년: 1학년
과목: 언어 예술
목표: 네 가지 구두점(물음표, 마침표, 쉼표, 느낌표)의 기능과 차이점 이해하기

- **월요일(언어 지능):** 구두점의 기능에 대한 구두 설명을 듣고 각 구두점의 예가 제시된 문장을 읽는다. 그리고 구두점을 바르게 써야 하는 학습지를 푼다.

- 화요일(공간 지능): 교사가 칠판에 각 구두점의 의미와 모양을 반영한 시각적인 그림을 그린다. 학생들은 각자가 생각하는 그림을 그려서 문장에 위치시킬 수 있다.
- 수요일(신체-운동 지능): 교사는 학생들에게 그들의 몸을 이용해서 문장을 읽게 하고 필요한 구두점의 모양을 몸으로 만들어 보게 한다(예: 물음표를 만들기 위해 몸을 둥글게 구부리고, 느낌표를 만들기 위해 폴짝 뛰었다가 내려온다).
- 목요일(음악 지능): 빅터 보르게(Victor Borge)의 음성적 구두점에 대한 영상(www.youtube.com/watch?v=eixevXANKAo)을 보여 준다. 그리고 학생들은 각 구두점에 따라 다른 소리를 만들어 내고, 다른 학생이 구두점을 사용해야 하는 문장을 읽으면 알맞은 소리를 낸다.
- 금요일(논리-수학 지능): 학생 4~6명이 한 조를 이룬다. 각 조는 네 부분으로 나뉜 상자를 가지고 있고, 각 부분에는 각각 다른 구두점이 하나씩 들어 있다. 조별 학생들은 빠진 구두점이 무엇인지에 따라 문장을 분류하여 4개의 부분 중 하나에 넣는다.
- 월요일(대인관계 지능): 학생 4~6명이 한 조를 이룬다. 각 학생은 카드를 4개씩 가지고 있고, 각 카드에는 다른 종류의 구두점이 적혀 있다. 교사는 프로젝터 위쪽에 구두점을 사용해야 할 문장을 위치시킨다. 학생들은 문장을 보고 책상 가운데에 관련 있는 카드를 던진다. 조에서 가장 먼저 적절한 카드를 던진 학생은 5점, 두 번째 학생은 4점을 얻는다.
- 화요일(자기성찰 지능): 학생들은 스스로 각 구두점을 사용한 문장을 만들어 낸다. 각 문장은 그들의 개인적 삶과 연관이 있어야 한다(예: 누군가 대답해 주길 바라는 질문, 강렬한 느낌을 가지는 문장, 다른 사람들이 알았으면 하는 사실).
- 수요일(자연탐구 지능): 학생들은 동물들과 그것의 고유한 소리를 각 구두점에 배정하여야 한다(예: 마침표는 강아지의 짓는 소리, 쉼표는 오리의 꽥꽥거리는 소리, 물음표는 고양이의 야옹하는 소리, 느낌표는 사자의 으르렁대는 소리). 교사(혹은 학생)가 문단을 읽으면 학생들은 각 구두점이 나올 때마다 적절한 동물 소리를 낸다.

표 5-2 다중지능과 주제별 교수(예시 주제: 발명)

지능	수학	과학	읽기	쓰기	사회
언어	발명과 관련된 수식 읽기	발명품에 포함된 기본적 과학 원리에 대해 이야기 나누기	발명품의 역사에 대한 책 읽기	'유명한 발명가'로서 개인적 자서전 쓰기	특정 발명품이 생기게 된 사회적 상황에 대해 쓰기

논리-수학	발명의 기초가 된 수학 공식 배우기(예: $E=mc^2$)	새로운 발명품을 개발하기 위한 가설 세우기	발명품의 논리-수학적 원리에 대한 책 읽기	유명한 발명품에 대한 문장제 문제 쓰기	유명한 발명가의 연대표 만들기
공간	특별한 발명품의 기초가 되는 기하학 그리기	발명품의 모든 작동 부분이 보이도록 그림 그리기	발명품의 내부 작동에 대한 다이어그램이 많이 포함된 책 읽기	발명품과 개별 부품에 이름표 붙이기	사회적/역사적 맥락에서의 발명품을 보여 주는 벽화 그리기
신체-운동	특정한 신체 활동을 측정하는 발명품 만들기	과학적 원리에 맞게 자신의 발명품 만들기	기존 발명품들을 아우르는 교수법 읽기	고철을 이용하여 발명품 만드는 방법에 대한 지침서 쓰기	특정 발명품이 나타나게 된 과정을 연극하기
음악	악기의 발명과 관련된 수학 공부하기	기계음의 발명과 관련된 과학 공부하기	작곡의 배경에 대한 책 읽기[예: 존 헨리(John Henry)]	새로운 발명을 고무시킬 수 있는 노래 가사 쓰기	각 역사 시대의 발명품에 대한 음악 듣기(예: 존 헨리)
대인관계	발명품에 포함된 수학을 공부하는 조별 활동에 참여하기	발명품의 과학적 원리에 대한 토의 집단 만들기	발명에서 협동이 필요한 이유에 대한 책 읽기[예: 맨해튼 계획(Manhattan Project)]	학급 친구들과 발명에 대한 연극을 쓰고 다른 학급 친구들 앞에서 공연하기	특정 발명품이 어떻게 나타났는지에 대한 토의 집단 만들기
자기성찰	나의 삶의 영역(예: 돈, 체중)을 바꾸어 줄 수 있도록 발명하고 싶은 발명품에 대해 글쓰기	21세기의 가장 위대한 발명품은 무엇이라고 생각하는지 조사하고 발표하는 프로젝트 실행하기	유명한 발명가의 전기를 읽고 같은 나이에서의 나와 그의 삶을 비교하기	적합한 자원을 가지고 있다면 무엇을 발명하고 싶은지 글쓰기	만약 타임머신을 만든다면 어디로 가서 무엇을 하고 싶은지에 대해 생각해 보기
자연탐구	자연현상을 측정하는 데 사용한 발명품 조사하기	복제의 과학적 원리와 복제된 인간이 생물학적 발명품이 될 수 있는지 공부하기	환경과 관련된 발명품에 대해 읽기(예: 생물학적 소프트웨어, 유전자 변형 식품)	발명을 위한 실험에 동물을 사용하는 것에 대한 에세이 쓰기	지구의 생태학적 안녕에 기여하는 발명품 설계하기

더 생각해 볼 문제

1. 이 장에 제시된 교수 전략 목록을 검토한다. 이미 수업에서 사용하고 있거나 사용했던 전략을 동그라미로 표시한 후, 그중 가장 효과적이었던 것에 별표한다. 너무 많이 사용하고 있다고 생각하는 접근은 ×로 표시한다. 마지막으로, 시도해 보고 싶은 새로운 전략은 화살표로 표시한다. 다음 몇 주간 ×로 표시한 과용하고 있는 기술은 사용을 줄이고, 별표로 표시한 접근을 사용하는 시간은 계속 늘리면서 화살표로 표시한 기술은 수업에서 추가적으로 사용한다.

2. 특정 기술 혹은 많은 학생이 효과적으로 숙달하지 못하고 있는 교수 목표를 선택한다. 그리고 이 장에서 다중지능 수업을 개발하기 위해 제시하고 있는 7단계 계획 과정에 그 목표를 적용한다. 개발한 활동을 사용해 학생들을 지도한다. 이후에 차시를 검토한다. 어떤 전략이 가장 성공적이었는가? 어떤 전략이 가장 성공적이지 못하였는가? 학생들에게도 같은 방법으로 차시를 검토하도록 한다. 다중지능을 활용하여 가르치는 경험을 통해 학생들은 무엇을 배웠는가?

3. 학급의 기본이 될 수 있는 주제를 선택한다. 이 장에서 여덟 가지 지능과 각각의 학업 주제 영역을 포함하는 활동의 기본 틀로서 제시한 7단계의 수업 계획 과정을 사용한다(활동을 만들기 위한 지침은 〈표 5-2〉 참고).

4. 평소 가르칠 때 사용하지 않는 지능에 집중한다. 수업을 계획할 때 그것을 포함시키고, 학생들에게 수업을 실시한다.

chapter
06 다중지능 이론과 교수 전략

> 만약 지금 당신이 가지고 있는 것이 망치뿐이라면 주위에 있는 모든 것이 못으로 보일 것이다.

-에이브러햄 매슬로(Abraham Maslow)-

우리는 다중지능 이론을 통해 교실에서 쉽게 시행할 수 있는 다양한 교수 전략을 개발할 수 있다. 그러한 전략은 대부분 훌륭한 교사가 이미 오랫동안 사용해 온 전략과 같을 것이다. 한편, 다중지능 이론은 교사들에게 기존의 교육과는 다른 새롭고 혁신적인 교수 전략을 개발할 수 있는 기회를 제공한다. 다중지능 이론은 모든 학생에게 가장 적합하게 보이는 하나의 교수 전략은 없다고 본다. 모든 아동은 여덟 가지 지능 각각에 있어서 서로 다른 소질을 지니므로 특정한 전략이 한 집단의 학생들에게는 성공적이더라도 다른 집단의 학생들에게는 성공적이지 않을 수 있다. 예를 들어, 이 장에서 제시하는 것과 같이 교사가 리듬, 노래, 랩을 교육 도구로 사용하는 전략을 통해 지도한다면 음악적으로 강점이 있는 학생들에게는 효과가 있겠지만 그렇지 않은 학생들에게는 큰 반응을 얻지 못할 것이다. 마찬가지로 그림과 사진을 수업에 활용하는 경우 공간 지능 유형의 학생들에게는 효과가 있겠지만 신체-운동적이거나 언어적으로 뛰어난 학생들에게는 별 효과가 없을 것이다.

　　이러한 학생들의 개별적인 차이점 때문에 교사는 교실에서 다양한 교수 전략을 사용해야 한다. 교사는 다양한 지능 영역을 넘나들면서 수업을 하겠지만, 이때 각 학생의 학습과 관련하여 그들 자신의 가장 발달한 지능을 활용할 수 있도록 수업 활동을 계획하여 시행해야 할 것이다.

　　이 장에서는 40가지의 교수 전략, 즉 8개의 지능에 따른 각 5개씩의 전략을 다룰 것이다. 전략은 일반적으로 설계한 것이기 때문에 어떤 학년 수준에도 적용할 수 있다. 다만 이 전략들은 수많은 전략 가운데 몇 가지 예시에 불과하다(5장에서 제시한 목록 참고). 그러므로 기존 전략 외에 각자 자신만의 고유한 전략을 개발할 수 있기를 기대한다.

🗣 언어 지능 교수 전략

　　언어 지능은 이미 학교 교육에서 이미 강조해 왔던 것이므로 교수 전략을 개발하는 데 가장 쉬운 지능 영역이라고 볼 수 있다. 교과서, 연습지, 강의와 같은 전통적인 언어 전략은 이전에 너무 많이 사용했기 때문에 여기서는 언급하지 않을 것이다. 그렇다고 교과서, 연습지, 강의를 활용한 교수 전략을 절대 사용하지 않아야 한다는 뜻은 아니다. 이와 같은 기존의 교수 전략은 특정한 정보를 전달하는 데 매우 효과적이지만 전체 교수 전략에서는 매우 작은 부분을 차지하고 있으며, 가장 중요하거나 필수적인 것도 아니다. 전국의 학교에서 가장 널리 활용되고 있다 하더라도 '강의에 익숙하고 교과서에 익숙한' 극소수의 학생에게만 적합한 것이다. 반면, 앞으로 설명하는 다섯 가지 전략은 모든 학습자의 언어 지능을 활용하게 하는 개방적 언어활동을 강조하기 때문에 폭넓게 사용될 수 있다.

스토리텔링

스토리텔링(storytelling)은 전통적으로 공공도서관의 아동 대상 행사나 학급의 특별학습 시간에 주로 사용되었다. 그러나 이 방법은 중요한 교육 도구이며 수천 년간 전 세계에 문화적으로 녹아 있는 방법이다. 교실에서 스토리텔링을 사용할 때는 중요한 개념, 생각, 교수 목표를 포함하여 직접 이야기한다. 보통은 인문교양 관련 지식을 전달하는 데 사용하지만 수학이나 과학에도 충분히 적용할 수 있다. 예를 들어, 교사들은 곱셈의 개념을 무엇이든 손에 닿기만 하면 곱절이 되는 마법사 형제자매의 이야기를 통해서 지도할 수 있다(예: 첫 번째 아이는 2배, 두 번째 아이는 3배……의 형식으로). 또한 원심력의 개념을 전달하기 위해 모든 것이 중앙에서 밖으로 튀어 나가는 신비의 세계 이야기를 할 수도 있다.

언급해야 할 중요한 요소를 정리한 후 이것을 포함한 스토리텔링을 준비한다. 상상력을 발휘하여 신기한 나라와 다양한 등장인물, 예측 불허의 줄거리를 만든다. 처음에는 이야기를 시각화하여 보고, 전체 줄거리를 짝과 함께, 혹은 거울 속 자신을 보며 연습한다. 이야기가 아동에게 도움이 되도록 하기 위해 엄청나게 독창적이거나 대단해야 할 필요는 없다. 아동은 종종 교사의 창의적 의욕과 진심어린 이야기에 바로 감동을 받곤 한다.

브레인스토밍

러시아의 심리학자인 비고츠키에 따르면, 사고(생각)란 단어의 소나기를 내리는 구름과 같다. 브레인스토밍(brainstorming)을 하는 동안 학생들은 언어적 사고의 폭발을 경험하게 되고, 칠판 또는 OHP에 쓰거나 컴퓨터 소프트웨어(예: Inspiration, Kidspiration 등)에 기록할 수 있다. 브레인스토밍은 시에 대한 수업, 집단 프로젝트를 위한 제안, 이전에 배운 내용의 복습, 소풍에 대한 제안 등 어떤 주제로도 할 수 있다. 브레인스토밍의 일반적인 규칙은 다음과 같다. 참여자는 관련된 어떤 것이든 마음에 있는 것을 이야기해야 한다. 그 의견을 비판해서는 안 되며, 모든 생각은 중요하게 취급해야 한다. 칠판이나 컴퓨터로 제시한 의견은 그대로 적거나 마인드맵 혹은 다른 그래픽 조직자를 이용하여 조직화할 수 있다. 모든 사람이 생각을 이야기하도록 한 후 의견을 조직화해 보거나 모든 의견을 조직화하는 데 학생들을 참여하게 하고 특정한 프로젝트(예: 모둠별 시 쓰기)에 그 의견을 활용할 수도 있다. 모든 학생은 이 전략을 통하여 학생의 독창적 의견에 대하여 칭찬할 수 있다.

오디오 녹음

오디오 녹음 장치는 교실에서 가장 귀중한 학습 도구이며, 대부분의 스마트폰이나 태블릿에 포함된 일반적인 기능이다. 녹음기는 학생이 언어 능력을 개발하고 의사소통, 문제해결, 내적 감정 표현을 하는 데 필요한 언어 기술을 익힐 수 있도록 돕기에 매우 훌륭한 자원이다. 학생들은 녹음기를 활용하여 '큰 소리'로 해결할 문제나 역사 프로젝트에서 다룰 내용을 녹음할 수 있다. 이러한 방법으로 학생은 문제해결 과정을 메타인지적으로 성찰할 수 있다. 또한 녹음을 통해 주제에 대한 언어적 제약을 극복하고 아이디어를 정련하여, 글쓰기 준비에도 활용할 수 있다. 좋은 글쓰기 능력을 획득하지 못한 학생들은 표현의 대체적인 수단으로서 그들의 생각을 녹음하고 싶어 할 수 있다. 몇몇 학생들은 '녹음 편지'를 통해 교실의 다른 학생들과 개인적 경험을 나누고 피드백받을 수도 있다.

녹음기는 정보를 수집하는 수단(인터뷰 녹음)이자 정보를 표현하는 수단(읽어 주는 책)으로 활용할 수 있다. 예를 들어, 녹음기 애플리케이션이 설치된 태블릿을 학급 활동 센터의 중앙에 놓고 들으면, 학생들은 정보를 청취하고 활동에 대한 안내를 받을 수 있다. 따라서 교사는 모든 교실에 녹음기를 비치하여 학생들의 언어적 기술을 촉진할 수 있도록 이 도구를 적절히 사용해야 한다.

일지 쓰기

개인 일지 쓰기(Journal writing)는 특정 주제로 계속 기록을 해 나가는 것이다. 주제 영역은 다양하고 제한이 없으며("수업 도중 생각나거나 느낀 것이 있다면 어떤 것이나 써 보렴."), 꽤 구체적인 것("역사 수업에서 1800년대 농부로서의 삶에 대한 기사를 쓰는 데 활용한 일지를 써 보렴.")도 가능하다. 일지는 수학("이 문항을 풀기 위한 자신만의 전략을 써 보렴."), 과학("실험을 기록하고 가설을 검증하고 작업을 하면서 알게 된 새로운 사실을 써 보렴."), 문학("책을 읽고 그것에 대한 자신의 의견을 지속적으로 써 보렴.") 등 대부분의 교과 수업에서 활용할 수 있다. 일지는 전적으로 개인적인 것, 교사와 학생만 공유할 수 있는 것, 학급 전체와 나눌 수 있는 것이 있다. 또한, 그림이나 스케치, 사진, 이야기 등의 다른 비언어적 정보를 통합하여 다중지능 활동으로 개발할 수 있다(학생의 개인적인 활동과 자신의 삶을 성찰하는 데 일지를 주로 활용한다면 이 활동은 자기성찰 지능 활동으로 볼 수 있다).

출판

전통적인 학급에서는 학생들이 완성하여 제출한 과제가 점수를 받고 돌려받으면 그냥 버려진다(언어생태학자라면 학생들의 과제물이 어떤 순환의 과정을 겪는지 연구해야 할지도 모른다!). 매사가 이런 식이면 학생들은 틀에 박힌 이 쓰기 과제를 학교 밖 세상에 전혀 도움이 안 되는, 의미 없는 과정으로 볼 수 있다. 그러나 교사는 학생들에게 쓰기에 대한 다른 메시지를 전달할 수 있어야 한다. 쓰기는 생각을 나누는 강력한 수단이고 다른 사람과 사건에도 영향을 줄 수 있다. 따라서 학생들에게 그들이 쓴 과제를 출판할 기회를 제공하는 것은 이러한 관점에서 매우 효과적인 방법이다.

출판(게시, publishing)하는 방법은 여러 가지가 있다. 학생들은 자신의 작문 과제를 학급신문이나 교지, 지역 신문, 아동 잡지 등에 제출할 수 있다. 학생들의 글은 소프트웨어(예: Microsoft Publisher, Apple's Page)를 통해 편집하고 인쇄하여 교실이나 학교 도서관에 게시할 수 있다(많은 회사들이 Bookemon, Storybook, Lulu와 같은 자신들만의 책 만들기 서비스를 제공한다는 사실을 기억하라). 끝으로, 학생들은 트위터나 페이스북과 같은 소셜 네트워킹 채널을 통해 블로그나 웹사이트에 자신의 아이디어를 게시할 수 있다.

출판 후에는 저자와 독자 간 상호작용을 장려할 수 있다. 예를 들어, 학생들의 자서전 모임이나 독서토론 모임을 열어 줄 수 있다. 학생들이 자신의 글에 대한 다른 사람들의 관심을 통해 글을 다시 쓸 수도 있고 토의할 수도 있다면 그들의 언어 지능은 높아지고 글 솜씨를 높이는 동기 또한 얻을 수 있을 것이다.

🗣 논리-수학 지능 교수 전략

전형적인 논리-수학적 사고는 수학과 과학에 한정되어 있다. 그러나 논리-수학적 지능의 다양한 요소가 교육과정 전체에 적용되어 있다. 논리-수학 지능의 맥락에서 비판적인 사고의 중요성을 이야기해 보면 그것이 사회과학과 인문학과 통합되어 있다는 사실을 알 수 있다. 마찬가지로 우리는 (언어의 문해 능력과 같이) 수 개념(numeracy)이나 학교교육 전반에 걸친 수학을 강조함으로써 수학은 간학문적 프로그램과 학교 교육과정의 모든 부분에 적용됨을 알 수 있다. 다음에 제시한 논리-수학 지능 향상을 위한 다섯 가지 전략은 모든 교과 수업에서 활용할 수 있다.

계산과 수량화

교육혁신의 맥락에서 교사는 수학과 과학 교과를 넘어서서 폭넓게 수 개념을 지도한다. 역사나 지리 같은 과목에서도 수와 통계를 강조할 수 있다

(예: 전사자 수, 인구 등). 그러면 문학에서는 어떻게 계산과 수량화 활동을 해 볼 수 있는가? 그리 간단하게 할 수는 없지만 잘 살펴보면 소설을 비롯한 문학 작품에도 매우 많은 수의 계산과 수량화 문제가 등장한다. 예를 들어, 버지니아 울프(Virginia Woolf)의 소설 『등대로(To the Lighthouse)』(1927)를 보면 영국 화폐 50파운드로 온실 지붕을 고치는 것에 대한 내용이 나온다. 50파운드는 미국 화폐로 얼마인가? 소설이 출판될 당시인 1927년에는 미국 화폐의 가치가 어느 정도 되었을까? 노벨상 수상 작가 도리스 레싱(Doris Lessing)의 단편 『터널을 지나서(Through the Tunnel)』(2003)에서는 한 소년이 자신이 잠수하는 시간과 다이빙 전문가가 물에 잠긴 터널을 통과할 때의 잠수 시간을 비교하는 내용이 나온다. 이러한 내용은 논리–수학적 사고를 필요로 한다.

물론 문학 작품에서 수학 문장제 문제를 뽑아낼 필요는 없다. 그러나 가능하다면 이런 문학 작품에서 만나게 되는 계산과 수량화 문제에 대한 흥미를 일깨워 주는 것이 바람직하다. 수학이 아닌 과목에서 계산과 수량화에 관심을 가지면 논리–수학 지능이 높은 학생은 그 과목을 더욱 열심히 하게 되고, 다른 학생들도 수학 개념이 단순히 수학을 배우는 데만 필요한 것이 아닌 나머지 삶을 살아가는 데도 필요한 것이라는 사실을 알게 될 것이다.

분류와 유형화

자료가 언어적이거나 논리적이거나 시각적이거나 어떤 형태이든지 지적 틀을 지니면 논리적 사고를 발휘할 수 있다. 예를 들어, 문화에 영향을 미치는 기후의 효과를 다루는 수업에서 학생들은 각자 자신이 아는 지명을 브레인스토밍하여 나열해 보고 기후에 따라 지역으로 분류할 수 있다(예: 사막, 산, 평원, 열대 지방). 과학에서 물질의 상태를 다루는 수업 시간인 경우 교사는 기체, 액체, 고체라는 세 가지 유형의 표를 칠판에 먼저 써 두고 학생들에게 각 유형에 해당하는 물질의 사례를 제시하도록 한다. 그 밖의 다른 논리적 틀로는 벤다이어그램, (사람, 장소 등에 대하여 핵심 주제를 중심으로 바퀴살 모양으로 배열한) 개념도, 마인드맵, 육하원칙 등이 있다. 이런 틀은 대부분 공간적으로 조직화될 수 있다. 이런 접근은 파편화된 정보를 주요 주제를 중심으로 조직화하여 보다 용이하게 기억·토의하고 생각해 볼 수 있게 한다. 빈도와 중요성에 따라 글씨의 크기를 달리 보여 주는 워드 클라우드 생성기(예: Word It Out 참고)를 포함하여, 그래픽 조직자의 예시는 인터넷에서 확인할 수 있다.

소크라테스식 문답법

비판적 사고에 대한 강조는 지식의 전달자라는 전통적 교사상에 큰 변화를 가져왔다. 소크라테스식 문답법은 교사가 학생의 관점을 확인하는 질문자의 역할을 하는 것이다. 그리스의 철학자 소크라테스는 이러한 교수법의 대표적인 모델이었다. 교사는 학생들에게 일방적으로 지식을 전달하는 대신 학생들과 함께 대화에 참여하고, 그들의 신념의 정당성과 부당성을 밝히는 것을 목표로 하였다. 학생들은 세상이 움직이는 원리에 대한 자신만의 가설을 이야기하고 교사는 학생들의 이러한 가설을 검증(질문을 통한 명료성, 정확성, 논리적 일관성 확인)하도록 안내한다. 예를 들어, 만약 군인이 징집제도에 강하게 저항하였더라면 제2차 세계대전은 발발하지 않았을 것이라는 학생의 가설은 매우 진지한 점검을 받을 수 있다. 한 학생이 소설『허클베리 핀의 모험(The Adventures of Huckleberry Finn)』(1885)에 나오는 등장인물의 의도를 옹호하면 그 가설이 소설에 나오는 다른 사실에 의해 뒷받침되는지 질문한다. 문답법의 목적은 학생이 틀렸다는 것을 증명하거나 창피를 주는 것이 아니라 자신의 비판적 사고를 더 정교하게 다듬어서 순간적인 감정으로 자신의 입장을 함부로 정하지 않도록 하는 데 있다(Paul, 1992 참고).

발견법

발견법(발견적 교수법, heuristics)은 문제를 해결하기 위해 다양한 전략, 추측, 지침을 활용하는 것을 통칭한다. 이 방법은 정확한 정답을 유도하지는 않지만 '충분히 괜찮은' 해결책을 제시한다. 이 책에서 제시하는 가장 중요한 교수 방법이 바로 발견법이다. 발견법 원리는 문제해결을 위한 유사 사례 찾아보기, 문제를 다양한 부분으로 분해하기, 가능한 해결책 제시하기, 비슷하지만 더 쉬운 문제 찾아보기, 해결해 보기 그리고 더 어려운 문제에 그 방법을 적용해 보기 등이다.

대부분의 발견법은 수학과 과학에서 많이 활용하지만 다른 교과에도 적용될 수 있다. 예를 들어, 학생이 정부 폐기물 처리 문제의 해결책을 찾기 위해 먼저 폐기물을 만들어 내는 다른 주체의 예를 찾아볼 수 있다. 또한 주어진 글에서 중심 생각을 찾아 이해하기 위해 문장 단위로 분해하여 각각의 문장이 중심 생각을 제대로 반영하고 있는지 점검할 수 있다. 발견법은 학생들에게 비형식적인 논리적 지도를 제공하여 그들이 생소한 학문적 길을 찾아갈 수 있게 도와준다(Polya, 2014 참고).

과학적 사고 활동

교사들이 모든 교과 교육과정에서 수학적 사고를 중요하게 여겨야 하는 것처럼, 그들은 과학 교과뿐만 아니라 다른 교과에서도 과학적 사고의 중요성은 쉽게 발견할 수 있다. 과학적 사고를 활용하는 교수 전략은 특히 70% 이상의 성인이 과학적 과정에 대한 기본 이해가 부족하다는 점에 비추어 봤을 때 그 중요성이 더욱 크다(Recer, 2002). 학교 교육과정에서 과학적 사고를 적용하는 방법은 매우 많이 있다. 예를 들어, 학생들은 역사(예: 원자폭탄이 제2차 세계대전에 미친 영향)에서 중요한 과학적 사고의 영향력을 학습할 수 있다. 그들은 공상과학소설을 읽으며 거기에서 나타나는 실행 가능한 생각을 통해 시야를 확장할 수 있다. 그들은 과학적 배경지식이 필요한 에이즈나 인구 과잉, 온실효과와 같은 사회과학 이슈에 대해 배울 수 있다. 각 교과 교육과정에 적용된 과학적 사고는 학생들의 관점을 풍부하게 해 줄 대안적 사고를 제공한다.

🗣️ 공간 지능 교수 전략

선사시대의 동굴벽화는 공간 지능이 수만 년간 인류에게 매우 중요했다는 것을 보여 주는 증거다. 불행하게도, 시각적 · 청각적 양식으로 정보를 전달하는 '감각 전달 통로(sensory-channels)' 모델이 판서 수준으로 축소되었는데, 이는 그 자체가 언어적 전달 모형으로 한정된다. 공간 지능은 이미지와 그림, 즉 우리의 내적 심상뿐만 아니라 외적 세계에 존재하는 사진, 영화, 그림, 상징, 지도, 표의문자를 다루는 능력이다. 다음에서 소개하는 다섯 가지 교수 전략은 학생들의 공간 지능을 교육적으로 활용할 수 있게 돕는다.

시각화

학생이 책이나 수업 자료를 그림과 이미지로 바꾸는 데 도움이 되는 가장 쉬운 방법은 눈을 감고 그것을 심상화해 보는 것이다. 이 전략은 학생이 자신의 '심상'(마음 칠판, 마음 영사기, 마음 스크린)을 그려 보게 하는 것이다. 학생은 기억해야 하는 어떤 정보라도 심상화하고 그려 볼 수 있게 된다. 즉, 단어 철자, 수학 공식, 역사적 사실, 다른 자료와 같이 특정한 정보를 회상해야 할 때 학생은 자신의 심상을 떠올리고 그 이미지를 볼 수 있다.

이 시각화(심상) 전략의 다른 활용으로는 책이나 교과서 같은 교재를 읽고 난 후 눈을 감고 그 내용을 시각화하여 떠올리게 하는 것이다. 그리고 나서 학생은 자신의 경험을 그려 보거나 이야기할 수 있다. 교사 역시 보다 체계적인 '안내된 심상(guided imagery)' 교육활동을 통해 새로운 개념이나 자료를 학생에게 소개할 수 있다. [예: 해부학을 배우기 위해 순환계를 통한 '안내된 투어(guided tour)'를 이끎으로써, 역사 속 게티스버그 전투를 통해서, 혹은 셰익스피어(William Shakespeare)의 『로미오와 줄리엣(Romeo and Juliet)』의 배경이 되는 도시 베로나를 통해서] 이러한 교육활동을 하는 중에 학생은 복합적인 공간 개념(운동 이미지, 단어 이미지, 음악 이미지)을 경험하게 되고, 이는 경험을 더욱 풍부하게 만들 것이다.

색 단서

공간 지능이 높은 학생은 종종 색에 민감하다. 안타깝게도 학교 수업에서는 흑백의 글자, 단색으로 쓰인 책, 연습지, 칠판이 사용된다. 하지만 색깔을 활용하는 창의적인 방식으로 학습활동을 구성하여 그것을 학교 수업에서 사용할 수 있다. 예를 들어, 수업에서 다양한 색의 분필, 마커, 슬라이드를 활용할 수 있으며, 학생들에게 작문 과제를 줄 때 색연필과 색지를 사용하여 글을 쓰게 할 수 있다. 또한 학생들은 다른 색깔로 된 '색깔 코드'를 활용하여 다양한 유형의 자료를 표시할 수 있다(예: 주요 개념은 빨간색, 관련 개념은 녹색, 명료하지 않은 개념은 주황색 등으로 표시). 교사는 유형, 규칙, 범주를 표시할 때 색깔을 달리하여 강조한다(예: 그리스 역사에서 각 단계마다 다른 색깔로 표시). 그리고 학생들이 어려운 문제에 봉착했을 때 스트레스를 줄여 주는 수단으로 그들 자신이 가장 좋아하는 색깔을 이용하게 할 수도 있다(예: 단어나 문제를 이해할 수 없을 때 가장 좋아하는 색을 사용하면 정답을 찾거나 문제를 명확하게 하는 데 도움을 얻을 수 있다).

그림, 이미지를 통한 비유

비유는 서로 관련이 없어 보이는 하나의 개념을 다른 개념과 비교하여 연

관시키는 것이다. 그림을 활용하는 비유는 시각적으로 표현된다. 발달심리
학자는 어린 아동이 비유를 매우 자주 사용한다고 보고한다(Gardner, 1979).
그러나 아쉽게도 이러한 비유 능력은 종종 나이가 들면서 사라지기도 한다.
그래서 교사는 일찍부터 비유를 통해 학생들이 새로운 개념을 익히도록 돕
는다. 비유의 교육적 가치는 학생이 이미 아는 것과 배울 수 있는 것을 연계
함으로써 찾을 수 있다. 즉, 학생이 배워야 할 주요 개념을 한 번 생각하고
이를 시각적 심상으로 연결해 보는 것이다. 교사가 자신의 비유를 제시하고
학생들에게 완성해 보게 하거나(예: "미국의 영토가 확장되는 과정을 아메바의
성장에 비유하여 그려 보세요."), 학생들이 그들 자신의 독자적인 이미지 비유
를 제시하도록 한다(예: "인간의 내장 기관을 동물에 비유할 수 있다면 각각의 장
기는 어떤 동물에 해당할까요?").

아이디어 스케치

토머스 에디슨(Thomas Edison)이나 헨리 포드(Henry Ford), 찰스 다윈
(Charles Darwin) 등 역사적으로 유명했던 위인의 개인 노트를 살펴보면 위
대한 생각을 발전시키기 위해 간단한 아이디어 스케치(idea sketching)를 활
용했음을 알 수 있다. 교사는 이러한 시각적 사고 활동이 학생들에게 교과를
확실히 이해할 수 있도록 해 준다는 것을 알아야 한다. 아이디어 스케치 전
략에서는 학생들에게 수업 시간에 배운 핵심, 주제, 중심 내용, 주요 개념을
글로 적지 않고, 그려 보게 한다. 멋지고 정밀하게 그리는 것 대신 신속하게
스케치하여 아이디어를 표현하도록 한다.

이런 스케치 활동을 하기 위해 'Pictionary(또는 Pictionary Jr.)'라는 게임을
하는 것이 도움이 되는데, 이때 학생들은 중심 생각을 전달하기 위한 신속
한 그림 그리기에 익숙해지기 때문이다. 그리고 학생들에게 수업에서 중점
을 둔 개념이나 아이디어를 그려 보게 한다. 아이디어 스케치 전략에서는 중
심 아이디어에 대한 학생들의 이해를 평가할 수 있으며, 학생들에게 개념을

강조해 주거나 그들이 깊이 있게 사고하도록 충분한 기회를 제공할 수 있다. 이 활동을 위한 다양한 예시[대공황, 중력, 수학적 확률, 분수, 민주주의, 파토스(문학적 pathos), 생태계, 대륙 이동]가 있을 수 있다. 아이디어 스케치 활동 후에는 스케치 그림과 대상 개념의 관계를 토론해 보는 것이 중요하다. 이때 예술적 잣대로 스케치 그림을 평가하지 않는다. 그 대신 스케치를 시작점으로 활용하여 학생들의 이해도를 높이도록 한다(McKim, 1980).

그래픽 상징

가장 전통적인 교수 전략은 문자를 칠판에 쓰면서 가르치는 것이다. 초등학교 이후로는 흔한 경우가 아니다. 하지만 칠판에 그림을 그리는 것은 학생들이 개념이나 기술을 익히는 데에 중요할 수 있다. 그러므로 단어뿐 아니라 그림과 그래픽 상징(graphic symbols)을 활용하여 수업을 진행할 때 교사들은 다양한 능력을 지닌 학생들을 잘 가르칠 수 있다. 그래픽 상징 활용 전략에서는 수업 내용 중 적어도 한 가지 이상의 내용을 상징을 이용하여 제시한다. 즉, 배워야 할 개념을 그래픽 상징으로 표현해 본다. 예를 들면 다음과 같다. '물질의 세 가지 상태의 상징: 고체(굵게 그린 선), 액체(얇은 물결선), 기체(작은 점들)' '단어의 어근 아래에 식물 뿌리 상징을 그려 놓음' '시간(연대기) 직선 위에 사건을 표시하는 날짜와 사건의 이름을 쓰고 그 사건을 표현하는 상징을 그려 넣음' 등이다.

이 전략을 활용하는 데 우수한 그림 실력이 필요한 것은 아니다. 정교하지 않은 그래픽 상징이라도 좋다. 오히려 교사가 그린 불완전한 그림을 보여 주는 것은 자신의 그림을 수업 시간에 공유하는 것에 부끄러움을 느끼는 학생을 위하여 좋은 모델이 될 수 있다.

🗣 신체-운동 지능 교수 전략

학생들이 하교를 하게 되면 공부한 책과 자료집을 두고 가지만, 그들의 몸은 그대로 가지고 간다. 신체-근육이 기억할 수 있게 학습을 연계하는 것은 학생들의 기억력과 이해력, 학습 과정에 대한 흥미를 높이는 데 매우 중요하다. 전통적으로 신체-운동 교수 활동은 체육교육과 직업교육에서 중요하게 간주되어 왔다. 이와 더불어, 활동과 운동지각 중심 학습 활동을 국어 · 수학 · 과학 교과 학습과 쉽게 통합할 수 있는 교수 전략을 소개하면 다음과 같다.

몸으로 응답하기

수업 시간에 학생들에게 그들 자신의 몸을 의사 표현의 수단으로 이용하여 응답하게 한다. 가장 간단하면서 자주 사용할 수 있는 방법은 학생들에게 이해가 되거나 동의할 경우 손을 들도록 하는 것이다. 이 방법은 다양하게 변용될 수 있다. 손을 드는 것 대신 미소를 짓거나 윙크를 하거나 손가락을 치켜세우거나(예: 한 손가락은 조금 이해한 것, 다섯 손가락은 완전히 이해한 것), 팔을 사용하여 날갯짓을 하는 모습(이해하지 못한 상태를 표시하기 위해) 등이다. 학생들은 수업 시간에 몸으로 응답하기(body answers) 활동을 다음과 같이 할 수 있다. 수업에 대한 이해 정도(예: 이해가 되면 이마에 손을 대고, 모르겠으면 머리를 긁적이기), 의사 표시(예: 책을 읽다가 너무 오래된 내용이 나오면 눈살을 찌푸리기), 질문의 옳고 그름을 선택하는 것(예: 맞으면 두 손을 모두 올리고 틀리면 한 손만 올리기) 등이다.

교실 연극

학생들이 각자 배우의 역할을 맡아서 책, 쟁점, 다른 수업 자료를 기반으로 연극으로 꾸미거나 역할극을 만들 수 있다. 예를 들어, 수학 문제를 3막짜리 연극으로 만들어 총 3단계의 문제해결 과정을 극화할 수도 있다. 교실 연극(classroom theater)은 국어 시간에 비형식적으로 읽는 글을 이용하여 1분 정도 즉흥적으로 진행할 수도 있고, 한 학기의 핵심 수업 주제에 대한 넓은 이해를 바탕으로 종합하여 학기말에 1시간 정도 상연하는 형식적 연극의 형태를 취할 수도 있다. 또한 소품 없이 진행할 수도 있고 다양한 자료와 소품을 동원할 수도 있다. 학생들이 직접 배우가 되어 연극 무대에 설 수도 있지만 인형이나 모형, 소품을 이용하여 연극을 할 수도 있다(예: 전쟁 장면을 연출하기 위하여 색칠된 모형 병사들을 여기저기 옮겨 다니며 전투하게 된다). 처음에는 교실 연극에 참여하는 것을 꺼리는 고학년 학생들을 위해 다양한 준비 활동을 해도 좋다(Spolin, 1986 참고).

운동감각으로 개념 표현하기

몸짓 게임은 창의적인 방식으로 개념을 표현하는 것으로서 참가자들에게 도전감을 주는 것이므로 파티에서 자주 볼 수 있다. 마찬가지로, 운동감각으로 개념 표현하기(kinesthetic concepts) 전략은 학생들에게 수업에서 배운 구체적인 개념이나 용어를 신체로 표현하거나 팬터마임으로 해 보게 하는 것이다. 이 전략은 학생들이 정보를 언어적·논리적 상징체계에서 순수한 신체-운동 감각적 표현으로 전환하도록 한다. 표현 대상은 다양하며, 신체적 움직임이나 몸짓을 통해 표현할 수 있는 개념의 예로는 토양 침식, 세포 유사 분열, 정치 혁명, 수요와 공급, 감소, 하나님 현신(epiphany), 생물다양성 등이 있다. 간단한 팬터마임을 더욱 창의적인 움직임이나 춤으로 발전시켜 표현할 수 있다(예: 물질을 이루는 각 원소의 움직임을 춤으로 표현하는 것).

활동을 통한 사고

신체-운동 지능이 높아서 정교한 활동을 할 수 있는 근육이 발달한 학생들에게 손을 사용하여 사물을 조작하거나 만들어 보게 함으로써 학습할 기회를 많이 제공해야 한다. 많은 교사가 이미 교구[예: 탱그램(tangrams), 지오스틱스(geostix), 쿠세네어 숫자 막대기[1]]를 수학 교육에 접목시키거나 과학 시간에 실험하는 방식으로 학생들에게 직접 활동하는 기회를 제공하였다. 간학문적 프로젝트에서, 특정한 주제를 지닌 프로젝트를 통하여 학생들이 활동을 통한 사고(hands-on thinking)를 개발할 수 있다. 예를 들어, 미국 인디언 전통방식으로 아도비(adobe) 오두막을 세워 보거나 생태계를 표현한 열대우림 디오라마[2]를 만들어 보는 것이다. 이러한 전략은 다른 교과에도 확장할 수 있다. 기초적인 학습 수준에서 새로운 단어를 외울 때는 진흙이나 플라스틱 파이프를 이용하여 글자를 만들 수 있다. 심층적인 인지학습에서도 복잡한 개념을 진흙이나 나무, 콜라주 등을 통해 표현할 수 있다. 예를 들어, 학생들은 경제 용어인 '적자(deficit)'를 찰흙을 이용하여 표현하고, 그 결과물을 가지고 수업 시간에 토론을 할 수 있다.

---

1) 역자 주: 쿠세네어 숫자 막대기(Cuisenaire rods)는 벨기에의 교사인 쿠세네어(Cusenaire)가 창안한 수학 교구로서 나무로 만든 막대기다. 색과 크기로 숫자를 구분하는데, 1cm 입방체는 흰색으로 1을 대표하고, 가로 1cm, 세로 1cm, 높이 2cm의 빨간색 직육면체는 2를, 높이 3cm의 연두색 직육면체는 3을, 높이 4cm의 분홍색 직육면체는 4를, 높이 5cm의 노란색 직육면체는 5를, 높이 6cm의 초록색 직육면체는 6을, 높이 7cm의 검정색 직육면체는 7을 나타내며, 8은 높이 8cm의 고동색 직육면체, 9는 높이 9cm의 파란색 직육면체, 10은 높이 10cm의 주황색 직육면체를 대표한다. 이러한 숫자 막대기를 여러 개 섞어 주고 아동이 그것을 자발적으로 가지고 노는 동안 수 개념을 터득하도록 한다(교육학용어사전, 1995).
2) 역자 주: 디오라마(diodrama)는 상자 안의 판에 인형과 같은 모형을 실감나게 배치하여 만든 후, 조명을 설치하고 상자의 한쪽에 구멍을 내어 볼 수 있게 한 그림자 상자를 말한다.

몸 지도

인간의 몸을 특정한 영역을 공부할 때의 참조 도구 혹은 '지도'로써의 교육적 도구로 활용할 수 있다. 이러한 전략의 가장 흔한 예는 손가락을 수세기와 계산에 활용하는 것이다. 이는 학생들이 신체를 이용하여 여러 과목에서 적용해 볼 수 있다. 지리 교과에서는 신체를 이용하여 아프리카 지도를 표현할 수 있다(예: "머리가 알제리아를 나타낸다면 남아프리카의 위치는 발을 나타낸다."). 신체는 수학 문제해결 전략을 나타내는 데 사용할 수 있다. 예를 들어, 두 자릿수와 한 자릿수 곱셈의 답을 구할 경우에 발은 두 자릿수가 되고 오른쪽 무릎은 한 자릿수가 된다. 학생들은 문제를 해결하기 위해 다음과 같은 활동을 하게 된다. 즉, 숫자만큼 오른쪽 무릎을 두드리고 오른쪽 발을 두드리면 첫 번째 곱셈(일의 자릿수 곱셈)의 결과를 낼 수 있다(곱셈의 결과만큼 허벅지를 두드린다). 그다음, 오른쪽 무릎을 두드리고 왼쪽 발을 두드리면 두 번째 곱셈 결과를 얻게 된다(곱셈의 결과만큼 배를 두드린다). 마지막으로, 허벅지를 두드린 숫자와 다음으로 배를 두드린 숫자를 합하여 머리를 두드리고, 이 숫자가 최종 답을 나타낸다. 이런 구체적인 개념이나 절차를 표현하는 신체적 움직임을 반복함으로써 학생들은 점차 개념이나 절차를 내면화할 수 있게 된다.

● 음악 지능 교수 전략

수천 년 동안 인류의 지식은 노래(가요)를 통해 세대와 세대를 건너서 구전되어 왔다. 이미 현대의 홍보 전문가들은 음악이 고객에게 상품을 기억하도록 만든다는 것을 발견하였다. 그러나 교육자들은 학업에서 음악이 갖는 중요성을 최근에야 알게 되었다. 그 결과, 우리 대부분은 수많은 광고 음악은 기억하나 상대적으로 교육이나 학습과 관련된 음악은 장기기억에 거의 안

남아 있다. 다음 전략은 음악을 중핵 교육과정으로 녹여 내는 데 도움이 될 것이다.

리듬, 노래, 랩, 챈트

무엇이든 교사가 가르치고자 하는 중요한 것에 리듬감을 넣어 비트, 노래, 랩 등으로 재구성할 수 있다. 기초학습(암기) 단계에서는 암기하려는 단어의 철자를 메트로놈의 리듬에 따라 말할 수 있거나, 역사적 연대기를 적절한 노래 가락에 넣어서 기억할 수 있다(내가 가르칠 때, 나는 특수학급 학생들을 위해 '시간표 블루스'라는 노래를 만들었다). 교사들은 수업에서 강조하고자 하는 핵심, 이야기의 중심 내용, 핵심 개념을 리듬에 맞추어 노래 가사로 만들 수도 있다. 예를 들어, 존 로크(John Lock)의 자연법(Nature Law) 사상을 가르칠 때 학급의 절반은 "자연법, 자연법, 자연법……"이라고 반복해서 이야기하고 다른 절반은 "삶, 자유, 행복, 삶, 자유, 행복……"이라고 리듬을 타면서 반복해서 답하도록 할 수 있다. 학생들 스스로 자신이 공부하고 있는 수업을 요약하고 통합·활용해 보는 노래 가사, 랩 등을 만들도록 하는 것은 그들을 고차원의 학습으로 이끌 수 있다. 이 교수 전략은 다양한 현악기나 타악기를 함께 사용하여 더 확장할 수 있다.

디스코그래피(음악 목록)

특정한 학습 내용을 설명하고 구체화하고 확장하기 위해 녹음된 음악 작품 목록을 학습 참고자료로 보충할 수 있다. 예를 들어, 사회 교과에서 남북전쟁에 대한 수업을 준비할 때, 그 당시 역사와 관련된 음악(예: 〈조니가 행진하여 집으로 돌아올 때(When Johny Comes Marching Home)〉〈천막에서의 밤(Tenting Tonight)〉〈조국찬가(Battle Hymn Of The Republic)〉〈북군이 남부를 함락한 날의 밤(The Night They Drove Old Dixie Down)〉)을 같이 들어 볼 수 있다. 이러한 음악을 들은 후에 학생들은 음악(노래)의 가사와 단원의 주제를 연결하여 토론할 수 있다.

많은 녹음된 음악들은 수업에서 중요한 의미나 핵심을 강조하는 데에 활용될 수 있다. 예를 들어, 뉴턴(Isaac Newton)의 제1운동법칙(관성의 법칙으로 외부에서 힘이 작용하지 않으면 운동하는 물체는 계속 그 상태로 운동하려고 하고 정지한 물체는 계속 정지해 있으려고 하는 등 스스로의 상태를 계속 유지하려 한다는 것)을 설명하기 위해 새미 데이비스 주니어(Sammy Davis Jr.)의 〈무엇이라도(Something Gotta Give)〉의 첫 몇 소절을 들려 줄 수 있다. 이렇게 음악적으로 표현된 개념은 수업에 효과적인 연결고리가 된다. 유튜브에서는 학생을 가르치고 참여를 촉진하는 음악을 찾을 수 있다.

기억 촉진 배경음악

25년 전에 동유럽의 교육연구자들은 학생들이 특정한 배경음악을 들으며 교사의 수업을 들으면 좀 더 쉽게 그 내용을 기억한다는 것을 발견했다. 4/4 박자의 바로크음악(특히 〈캐논 D장조〉와 헨델, 바흐, 텔레만, 코렐리의 협주곡 중 느린 악장)은 특별히 더 효과적인 것으로 밝혀졌다. 학생들이 책상에 머리를 대고 있거나 바닥에 누워 있는 등의 매우 편안한 상태에서 배경음악이 흐르는 가운데, 교사가 외워야 할 지식(단어나 어휘, 역사적 사실, 과학적 용어)을 리드미컬하게 반복한다(Rose, 1987 참고).

음악적 개념

음조(톤, musical tones)는 다양한 개념, 패턴, 구조를 창의적으로 표현한다. 예를 들어, 원을 음악적으로 표현할 때 특정 톤에서 흥얼거림으로 시작하여 점점 톤을 낮추었다가 다시 원래 톤으로 점점 올라갈 수 있다(이는 선이 내려갔다가 올라가는 것을 표현). 비슷한 방식은 코사인과 타원, 다른 기하학적 형태를 표현하는 데에 활용될 수도 있다.

음악적 리듬을 이용하여 아이디어를 표현할 수도 있다. 예를 들어, 셰익스피어의 『로미오와 줄리엣』을 배울 때, 타악기를 사용하여 양가의 반대에 부딪힌 로미오와 줄리엣을 표현하기 위해서는 〈몬테규가와 캐퓰릿가(the Montagues and the Capulets)〉의 리듬을 활용할 수 있으며, 로미오와 줄리엣의 사랑을 표현할 때는 좀 더 조용한 음악 리듬으로 대조적인 분위기를 자아낼 수 있다. 이러한 전략은 교사와 학생 모두에게 풍부한 표현 기회를 제공할 것이다. 정치적 혁명, 지구온난화, 또는 『위대한 개츠비(The Great Gatsby)』에 나오는 개츠비의 변화는 음악적으로 어떻게 표현할 수 있을까?

분위기에 맞는 음악

특정한 수업을 위한 적절한 분위기와 감정적인 분위기를 만들기 위해 준비한 음악을 틀어 준다. 이러한 음악은 사운드 효과(음악 지능을 활성화하여 전달된다)를 지니는데, 자연의 소리, 특정 감정 상태를 촉진하는 고전음악이나 현대음악을 사용할 수 있다. 예를 들어, 학생들이 바다 근처에서 일어나는 이야기를 읽기 전에는 심상에 좀 더 풍부한 정보를 제공할 수 있도록 녹음된 바다 소리[파도가 해변에 부서지는 소리, 바다 갈매기 소리, 클로드 드뷔시(Claude Debussy)의 〈바다(La Mer)〉]를 듣는다(음악효과에 대한 정보는 Bonny & Savary, 1990; Sacks, 2007 참고).

🗣 대인관계 지능 교수 전략

어떤 학생들은 새로운 무언가를 배우기 위해 어느 정도 시간이 필요하다. 대인관계 지능이 높은 학생은 협동학습이 이루어질 때 가장 얻는 것이 많다. 모든 학생이 어느 정도는 대인관계 지능을 지니고 있기 때문에 교사는 다른 사람과의 관계를 통하여 학습하는 전략을 활용할 수 있어야 한다. 다음에서 소개하는 전략들은 학생의 소속감과 다른 사람과의 관계 욕구를 충족하는 데 도움이 될 것이다.

또래 나눔(토의) 활동

또래 나눔(토의) 활동(peer sharing)은 적용하기 가장 쉬운 다중지능 전략이다. 학생들에게 "가까이 있는 ○○를 보고 ○○에 대해 함께 이야기 나누세요."라고 말하면 된다. 당신은 학생들에게 수업에서 배운 것을 다루도록 요청할 수도 있다("선생님이 방금 가르쳐 준 것과 관련하여 질문을 함께 생각해 보세요."). 또는 수업을 시작할 때 학생들이 주제에 대한 선수 지식을 나누게 하는 방식으로 진행할 수도 있다("미국의 초기 정착자에 대해 알고 있는 세 가지를 함께 이야기해 봅시다."). 이때 또래 구성 방식은 학생들이 매번 같은 친구와 의견을 나누도록 하는 고정적 '짝(buddy)' 활동으로 만들 수도 있고 가능한 한 많은 친구와 만나 볼 수 있게 하는 형태로 계획할 수도 있다. 나눔 시간은 짧을 수도 있고(30초) 길 수도 있다(1시간 이상). 나눔 활동은 또래교수(한 학생이 다른 학생을 가르쳐 주는 것)나 선후배 튜터링으로도 실시할 수 있다.

공동체 조각 작품 만들기

여러 학생이 모여서 물리적 형태로 아이디어를 표현할 때 공동체 조각 작품(people sculptures) 활동을 할 수 있다(여기서 공동체 조각 작품이란 학생 각자가 부분이 되어 전체 조각 작품 형태로 모여 특정한 생각, 개념, 목표를 집단적으로 표현하는 것을 말한다). 생물에서 골격 구조를 배운다고 하면 학생들은 각자 특정한 뼈를 맡아서 전체 골격을 표현하는 공동체 조각을 만들 수 있다. 발명에 대한 단원을 공부할 때는 학생 각자가 부품이 되어 하나의 발명품을 구성해 볼 수 있고, 수학 수업에서는 각자 숫자와 기호가 되어 하나의 방정식 전체를 구성해 볼 수도 있다. 국어 수업에서는 학생들이 각자 특정한 글자가 되어 단어를 구성하거나 각자 단어가 되어 하나의 문장을 구성해 볼 수 있다. 식물에 대해 공부할 때는 각자 햇빛, 씨앗, 뿌리, 잎 등의 역할을 맡아 전체를 구성해 본다. 이때 학생들을 각 부분으로서 명료하게 지정할 수도 있고, 아니면 자유롭게 자기가 정해서 전체를 만들어 볼 수도 있다. 이 활동의 장점은 학생들이 이전에 책이나 수업에서 제시되었던 개념을 서로 모아서 재현해 볼 수 있다는 것이다(참고: 이 전략은 신체-운동 지능 개발에도 동일하게 효과적이다).

협동학습

협동집단을 활용하는 것은 협동학습(cooperative groups) 모델의 핵심이다. 이러한 소집단은 일반적으로 3~8명 정도로 구성할 때 매우 효과적이다. 협동집단에서 학생들은 다양한 방법으로 학업 과제를 다룰 수 있다. 예를 들어, 작문 과제를 협동학습으로 수행할 수 있는데, 각각의 구성원은 과학자가 실험 논문을 쓰거나 작가가 대본을 쓰는 것처럼 집단적으로 아이디어를 생성하여 공유할 수 있다. 대안적으로, 각 집단은 과제의 특징에 따라 책임을 분배할 수도 있는데, 글을 쓸 때 서론, 본론, 결론을 서로 나누어 작업할 수 있다. 그리고 '직소(Jigsaw)' 전략을 사용할 수 있는데, 각자 다른 하위 주제를 공부하여 나중에 합쳐서 이해하거나 역할분담을 통해 각기 다른 역할을 하게 된다.

협동학습은 다양한 지능적 강점을 보이는 학생들을 모두 포함하여 조직·운영되기 때문에 다중지능 교수활동으로서 적합하다. 예를 들어, 동영상 발표 프로젝트를 수행하는 협동학습 집단에서는 대인관계 지능이 높은 학생이 집단을 조직하는 데 기여할 것이고, 언어 지능이 높은 학생이 글을 쓰게 될 것이며, 공간 지능이 높은 학생이 그림을 그리고, 신체-운동 지능이 높은 학생이 소품을 준비하거나 지도자로서 솔선수범할 것이다. 협동학습 활동은 학생들에게 현실세계에서 성공적으로 기능하는 데 중요한 사회 공동체 활동에 참여할 기회를 제공한다.

보드게임

보드게임(board games)은 학생이 형식적이지 않은 게임 상황에서 흥미롭게 학습에 참여할 수 있게 하는 방법이 될 수 있다. 게임을 하면서 학생들은 서로 이야기를 나누고 규칙에 의논하며, 주사위를 던지고 즐겁게 시간을 보내면서 한편으로는 게임의 주요 규칙이나 주제에 서로 참여하여 배운다. 보드게임은 통상적으로 게임판(비닐 파일판), 매직펜(게임판 정보를 쓰거나 그리는 데 필요), 말로 구성되어 있다. 게임의 주제는 수학적 사실, 음운 기술부터 과학적 개념이나 역사적 질문까지를 포함한다.

배워야 하는 정보(예: '5×7' 수학 문제)는 두꺼운 종이로 만들어진 게임판과 카드 위에 놓인다. 게임판을 격자로 구분하여 여러 질문을 넣고, 정답은 각 질문 카드의 뒤에 적거나 따로 정답지를 만든 후 정답을 알려 주는 사람을 지정하여 제시할 수 있다.

당신은 다양한 보드게임 형식을 활용할 수도 있다. 개방형 질문 카드나 활동 카드를 만들어 쓸 수 있다. 즉, 카드에 질문-지시 사항이나 활동을 써 넣으면 된다[예: "당신이 대통령이 되면 공해 방지를 위하여 무엇을 할 것인가?" "사전에서 한계점(threshold)의 의미를 찾으시오."].

시뮬레이션

시뮬레이션(simulations) 활동은 가상 상황을 고안해 보는 협동적 집단 활동을 말한다. 이러한 가상 상황은 학습한 주제를 보다 직접적으로 면밀하게 알아보기 위한 것이다. 예를 들어, 역사 수업에서 다루는 그 시대의 의상을 차려 입고 교실을 시대 상황에 맞추어 변환함으로써 그 시대에 사는 사람처럼 행동할 수 있다. 마찬가지로 지리적으로 다른 지역이나 생태를 공부할 때 학생들이 교실을 가상의 정글이나 열대 우림으로 변환할 수 있다.

시뮬레이션은 순간적이고 즉흥적으로 할 수 있으며, 교사는 즉시 시행할 수 있는 시나리오를 제공할 수 있다. 즉, "너희는 1890년 유럽, 신세계를 발견한 배에서 막 내렸어. 모두 함께 서 있지. 자, 이제 어떤 일을 하게 될까? 시작!"과 같이 말할 수 있다. 특별한 시대나 공간을 반영하기 위해 학생들에게 소품과 의상을 준비하도록 할 수 있다.

이 전략은 다양한 지능(신체-운동 지능, 언어 지능, 공간 지능)을 포함한 활동으로 구성될 수 있지만, 우선 학생들이 새롭게 배우고 이해하게 하기 위하여 상호작용하는 것을 강조하기 때문에 대인관계 지능 활동에 포함한다. 즉, 상호 대화 및 다른 학생들과의 상호작용을 통하여 학생들은 학습 주제의 상황적 맥락을 이해하고 상황 내부자의 생각을 알게 된다.

🗣 자기성찰 지능 교수 전략

대부분의 학생은 일주일에 5일, 하루에 6시간 정도를 25~35명 정도의 다른 친구들과 함께 교실에서 보낸다. 자기성찰 지능이 높고 내성적인 학생에게는 이렇게 집중된 사회적 환경이 다소 힘들 수 있다. 그렇기 때문에 교사들은 학교 일과 중에 학생들의 개성을 존중하고 각 개인이 독특한 개인사를 지니는 자율적인 존재임을 체험하는 기회를 제공해야 한다. 다음의 전략은 이러한 자기성찰을 촉진하도록 돕는다.

1분 성찰 시간

수업, 토론, 팀 과제 등 여러 활동을 하는 동안 학생들은 자기성찰을 하거나 하나의 생각에 집중하기 위하여 하던 일을 잠깐 중지(time-outs)할 수 있다. 이러한 성찰 시간(reflection periods)은 학생들에게 제시된 정보를 이해하거나 이러한 정보를 생활 속에서 일어난 일과 연관시켜 볼 시간을 갖도록 한다. 또한 1분 동안의 자기성찰은 학생들이 각성 상태를 유지하고 다음 활동을 시작할 수 있도록 기분 전환의 기회를 제공한다.

1분 동안의 자기성찰 시간은 학교 일과 중에 언제든지 실시할 수 있지만, 특히 수업에서 중요한 주제나 어려운 내용이 제시된 후에 유용하다. 1분 동안(주의집중 시간에 적절하게 더 길어질 수도 있고 더 짧아질 수도 있다) 아무런 대화 없이 학생들은 제시된 내용에 초점을 맞추어 개인적인 성찰을 한다. 침묵은 종종 성찰을 위한 가장 최상의 환경이지만, 편안한 배경음악을 사용하는 것도 좋다. 비록 학생들에게 성찰시간에 생각한 것을 이야기하도록 강요할 필요는 없지만, 또래 나눔(토의)과 같이 활용한다면 대인관계 및 자아성찰 능력을 동시에 향상시키는 활동이 될 수 있다.

개인적 의미-연계

자기성찰적인 학생들이 학교생활을 하는 중에 갖게 되는 큰 질문 중 하나는 "이 모든 일이 나의 삶에 어떤 의미를 가지는가?"다. 대부분의 학생은 아마도 이 질문에 대하여 나름대로의 답을 가지고 있을 것이다. 학생들이 배우는 것과 개인적 삶을 연계하여 개인적 의미를 지닐 수 있도록 교사가 도울 수 있다. 이 교수 전략은 교사가 학생들의 개인적 연계성, 느낌, 경험을 수업에 녹여 내는 것이다. 교사는 질문하거나("너는 전에 몇 번이나 이랬던 적이 있니?"), 설명하거나("이것이 네 삶에 어떻게 관련되었는지 알아보자."), 요청할 수 있다("나는 너희가 ……했을 때로 되돌아가서 다시 생각해 보렴."). 예를 들어, 골격 구조에 관한 수업을 시작하기 위해 "뼈가 부러져 본 사람이 여기 몇 명이나 있지?"라고 물어볼 수 있을 것이다. 그러면 학생들은 본격적인 수업이 시작하기 전에 뼈가 부러진 경험 그 자체에 대한 이야기를 나누게 된다(갑자기, 뼈 이야기가 더 관련있는 주제가 될 수 있다). 또는 지리 수업을 위해 교사는 "다른 나라에 가 본 적 있는 사람 있나요? 어느 나라인가요?"라는 질문을 하고, 학생들은 방문해 본 나라를 지도에서 찾아서 이야기하게 된다.

재량 수업 시간

학생들에게 선택권을 주는 것은 훌륭한 기본적 교육 원리이자 좋은 자기 성찰 교수 전략이다. 기본적으로 재량 수업 시간(choice time)은 학생들이 자신의 학습 경험에 관하여 의사결정할 수 있는 기회를 제공한다. 선택한다는 것은 역기를 드는 것과 같다. 학생들이 여러 사항 중에서 선택을 하면 할수록 그들의 '책임감'은 점점 높아진다. 선택은 작고 제한적이거나(예: "12쪽과 14쪽에 있는 문제 중 풀고 싶은 문제를 선택하렴."), 크고 개방적일 수 있다(예: "이번 학기에 해 보고 싶은 프로젝트를 선택하렴."). 선택은 내용과 관련되거나(예: "탐구해 보고 싶은 주제를 선택하렴."), 과정에 대한 것일 수 있다(예: "프로젝트 결과물을 제시할 방법을 한 가지 선택하렴."). 또한 선택은 비형식적이고 즉흥적으로 할 수 있거나(예: "좋아, 이것에 대한 이야기를 지금 그만두겠니? 아니면 계속하겠니?") 매우 신중하게 구조화될 수도 있다.

당신은 현재 수업에서 제공하는 선택의 폭을 평가할 수 있다. 그다음, 수업에서 학생들이 선택하는 경험을 더 많이 가질 수 있는 방법을 고려해 보아야 한다.

감정의 순간

대다수의 교사는 학생들에게 무미건조한 방식으로 정보를 제시한다. 그럼에도 우리는 인간이 여러 하부피질로 이루어진 '정서적 두뇌'를 가지고 있음을 알고 있다(Armstrong, 2016 참고). 정서적 두뇌를 발달시키기 위해 교사는 '정서적으로' 수업을 할 필요가 있다. 이 전략은 교사가 학생들이 웃고, 화내고, 강하게 자기 의견을 주장하고, 한 가지 주제에 대해 열광하거나 여러 가지 감정을 느낄 수 있는 순간을 만들어 주어야 할 책임을 강조한다.

교사는 여러 가지 방법으로 감정의 순간(Feeling-Toned Moments)을 조성할 수 있다. 첫 번째로, 교사는 가르치는 동안 자신의 정서 상태를 보여 주고 학생들에게 모델링하게 한다. 두 번째로는 학생들이 교실에서 그들 자신의 정서 상태를 편하게 느끼도록 한다(충분히 허락하기, 비난하지 않기, 어떤 일이 발생했을 때 감정 알아채기). 마지막으로 정서적 반응을 불러일으킬 경험(영화, 책, 논쟁과 같은)을 제시한다.

목표 설정 회기

자기성찰적 학생의 특징은 바로 자신을 위한 현실적인 목표를 설정하는 능력이 있다는 것이다. 이 능력은 분명히 성공적인 삶을 이끄는 데 가장 중요한 기술이기 때문에, 결과적으로 교사가 학생들에게 목표 설정 기회를 제시함으로써 삶의 준비 과정에서 큰 도움이 된다. 목표는 단기적일 수도 있고(예: "모두가 오늘 배우고자 하는 목표를 세 가지씩 작성하세요."), 장기 목표일 수도 있다(예: "25년 후에 자신이 무엇을 하고 있을지 말해 보세요."). 목표 설정 회기는 단 몇 분 동안 진행할 수도 있고 수개월 동안 심층적으로 진행할 수도 있다. 목표는 좁게는 그 학기의 교과 성적(예: "이번 학기에 어떤 학점을 받을까?")이 되거나 더 넓은 맥락에서의 학업 성과(예: "졸업할 때 무엇을 해야 할지 알기 위하여 어떤 것을 해야 하나요?"), 인생 목표(예: '진로로서 직업은 무엇인가?')로 볼 수 있다. 학생들에게 매일 자신을 위한 목표를 설정할 시간을 제공하도록 한다. 또한 학생들에게 그들 자신의 목표를 표현할 다양한 방법과 목표에 대한 진전도를 나타낼 방법(예: 그래프, 차트, 일지, 시간표)을 제시한다.

🖤 자연탐구 지능 교수 전략

최소한 미국에서, 수업의 대부분은 학교 건물 안에서 진행되는데 이러한 형태는 자연을 통해 가장 잘 배우는 학생들에게는 학습의 가장 중요한 원천으로부터 그들을 차단하는 것이 된다. 이러한 문제 상황을 해결하기 위해서는 두 가지 방법이 있다. 첫째, 자연과 야외에서 학습할 기회를 제공한다. 둘째, 자연탐구 지능이 높은 학생들이 건물 안에서도 자연탐구 지능을 개발할 수 있도록 좀 더 자연탐구적인 재료, 산물을 교실과 학교 건물에 들여올 수 있다. 이와 같은 방법에 기반하여 도출된 전략은 다음과 같다.

자연 속 산책

노벨상 수상자인 물리학자 리처드 파인만(Richard Feynman)은 어릴 때 아버지와 함께 산책을 하면서 과학자의 길로 접어들기 시작했다고 회상하였다(Feynman, 2005). 그의 과학적 호기심을 형성하게 한 것은 바로 그의 아버지가 함께 걸으면서 건넨 질문이었다. 마찬가지로 자연 속 산책(nature walks, 학교에서 걸어갈 수 있는 거리에 위치한 숲 속 걷기)의 장점은 학습을 강화한다는 것이다. 실제로 어떤 교과목에서든 자연 속 산책 활동을 적용할 수 있다. 과학과 수학 교과에서는 식물의 성장, 날씨, 지구 변화, 돌아다니는 곤충과 동물에 내재하는 원리를 탐구할 수 있다. 또한 만약 교사가 어떠한 자연 상황을 포함하는 문학이나 역사를 가르쳐야 한다면 자연 속 산책을 하는 과정에서 그 상황을 그려 보고 이야기해 볼 수 있다["다킨스의 『픽윅 보고서(Pickwick Papers)』에서 픽윅 클럽이 우스꽝스러운 결투를 진행한 목초지를 상상해 보세요." 혹은 "군대가 도착하기 직전의 헤이스팅스 전투 상황을 그려보세요."]. 그리고 자연 속을 걸으면서 그 안의 소재나 제재를 살펴보면 작문이나 미술 수업을 사전에 준비할 수도 있다.

학습을 위한 창밖 보기

부주의한 학생들의 전형적인 이미지는 책상에 앉아 공상에 잠겨서 창밖을 내다보는 것이다. 왜 학생은 창밖을 바라보고자 할까? 이는 학생에게 창밖을 내다보는 것이 교실에서 하고 있는 것보다 더 흥미롭기 때문이다. 만약 그렇다면 이러한 활동을 긍정적 전략으로 활용하는 것이 필요하다. 다시 말해, 교사가 좀 더 나은 교육을 위해 '창밖 보기'를 사용할 수 있다. 그러면 창문 밖을 내다봄으로써 교육적으로 무엇을 할 수 있는가? 날씨(예: 학급 기상 관측소 만들기)나 들새 관찰, 계절 이해(예: 나무와 식물 등 계절의 영향), 작문(예: 자연 현상에 기반한 은유와 상징 만들기)을 포함하여, 창밖을 바라보는 것은 많은 교육학적 가능성을 제공해 준다. 자연 속 산책과 더불어 창밖 보기는 과학적 관찰하기나 문학 및 역사의 한 장면을 떠올리기에 필요하다. 다른 교과에서는 창밖의 사물을 수업 시작, 수업 중간 점검, 수업 종료에 활용할 수 있다. 지구과학 및 지리(예: "창밖의 수평선 너머 혹은 땅 속 모습은 어떠할까?"), 경제(예: "창밖에 있는 나무를 심으려면 얼마가 들까?"), 사회(예: "창밖에 보이는 지역은 주민을 위하여 얼마나 제대로 설계되었을까?"), 국어(예: "이 이야기를 읽고 나서 창밖을 바라보며 주인공이 저 멀리 나무 사이를 걷는 것을 상상해 보렴.") 등에 두루 사용할 수 있다.

교실에 창문이 없거나 창밖이 콘크리트 벽이어서 시야가 막혀 있다면(자연탐구 성향이 없는 설계사로 인한 슬픈 결과!) 이 활동을 하기 어려울 것이다. 이런 경우라도 교사는 공간 지능을 활용한 심상화 전략을 활용하여 학생들이 자연세계와 연결된 '상상의 창'을 가질 수 있게 도와주어야 한다.

교구로써의 식물

자연 속 산책을 위하여 건물 밖으로 나갈 수도 없고 자연을 바라볼 수 있는 창문이 없다면 한 가지 대안은 자연을 교실로 가져오는 것이다. 학습에 긍정적인 분위기를 조성하기 위하여 작은 실내용 화초를 선반이나 창틀에 두어 장식할 수 있는데, 이 식물을 교구로 활용하는 것도 가능하다. 예를 들어, 몇 개의 꽃대마다 핀 꽃잎의 수는 자연적 상황에서 곱셈 개념을 가르칠 수 있는 기회가 된다. 화초는 교실 연극이나 공동체 조각 만들기에서 배경으로 사용할 수 있는 유용한 교구가 된다. 예를 들어, 중앙정부의 각 부처에 대해 가르칠 때 자연적 비유로 나무줄기와 가지를 사용할 수 있다. 과학과 수학 교과에서는 식물의 성장을 측정하는 공부를 할 수 있고, 역사 수업에서는 식물이 약초, 음식, 독으로도 사용된 것을 배울 수 있다. 특별히 자연탐구 성향이 강한 학생에게는 교실에서 식물을 돌보는 역할을 부여함으로써 그들을 북돋을 수 있다.

나는 학생들이 배움에 있어 성장한 것을 식물의 성장에 비유하는 아이디어를 사랑한다. 학기 초에 싹을 틔우고 학기말에 그 싹이 얼마나 자랐는지 확인하면서 학생들도 그동안 많이 성장했다는 것을 비유적으로 설명할 수 있다.

학교 동물원

많은 초등학교 교실에서 이미 '학교 애완동물'을 키우고 있다. 학교 애완동물을 기르는 것은 자동적으로 자연탐구 성향이 강한 학생들에게 자연과 연계될 수 있는 안전한 공간을 만들어 주고 자연을 돌본다는 개념을 알게 한다(몇몇 학생들은 미래에 채식주의자가 될 수 있다!). 교실의 애완동물은 수많은 학습 기회를 위한 조건을 또한 창조한다. 이 활동에 기반을 두고 다양한 교수 전략을 개발할 수 있다. 학생들이 애완동물의 행동 패턴을 기록하면서 과학과 관찰 기술을 개발할 수 있다[제인 구달(Jane Goodall) 박사의 동물에 대한 사랑은 그녀가 5세 때 5시간 동안 닭장에 머물면서 어떻게 닭이 달걀을 낳는지 살펴본 사건까지 거슬러 올라간다; Rundle, 2016]. 학생들은 애완동물이 먹는 음식, 몸무게 등 숫자를 이용한 기록을 할 수 있다. 고등학교 수업 시간이라면 '또 다른 자아'로서 학교 애완동물을 활용할 수 있다("우리 토끼 알버트는 국제적인 기아 문제에 대해서 어떻게 느끼고 있다고 생각하나요?"). 동물애호를 통하여 세상을 바라보는 몇몇 학생은 의인화된 애완동물의 목소리를 통하여 이야기를 시작할 수 있다. 동물을 기르는 것은 교사와 학생들에게 '현실검증'의 기회를 제공할 수 있다. 즉, 인간과 동물의 교감을 확인하고 동물의 '지혜'로부터 배움을 얻을 수 있다.

생태 교육

이 전략은 우리가 가르치고 있는 모든 교과가 생태계와 연계되어 있다는 것을 기억하도록 만든다. 생태계가 단순한 교과나 독립된 단원이 아니라 학교의 모든 학습에 그것을 통합해야 한다는 것이다. 예를 들어, 단원의 주제가 나눗셈이나 백분율이라면 교사는 50년 전과 비교해 오늘날 존재하는 멸종 위기 종의 비율 또는 1900년대와 비교하여 오늘날 브라질에 남아 있는 열대 우림의 비율을 조사하도록 할 수 있다. 또한 단원 목표가 의회에서의 법안 통과 과정이라면 학생들은 법안을 통과시키기 위해 단계별로 이동하는 과정을 생태학적 차원에서 조사할 수 있다. 문학 수업에서는 입센(Ibsen)의 『사람들의 적(An Enemy of the People)』과 같은 작품을 제공할 수 있다. 이 작품은 우리의 환경문제에 대한 현재의 관점에 도달하기 이전에 쓰여진 생태 관련 연극이다. 환경 문제에 특별히 민감한 학생들은 이러한 자연환경 중심 활동을 통해 교과 수업에도 적극적으로 참여하게 될 것이며, 다른 모든 학생도 자원 고갈과 환경보호에 깊은 관심을 갖게 될 것이다.

더 생각해 볼 문제

1. 이 장에서 제시한 교수 전략 중 흥미롭거나 이전에 사용해 본 적이 없는 세 가지 전략을 선택한다. 필요하다면 관련 자료를 읽거나 동료들과 토의하면서 수업 계획 및 자세한 수업 방법을 작성한다. 그리고 계획된 수업을 진행해 본 후 평가한다. 잘된 점과 아쉬운 점은 무엇인가? 어떻게 수정하면 보다 성공적으로 진행할 수 있는가?

2. 수업에서 자신이 보통 잘 다루지 않는 지능 영역을 선택하여 이를 촉진하는 다양한 추가 교수 전략을 새롭게 개발한다(5장에서 제시한 자료 참고).

3. 이 장에서 제시한 다중지능을 위한 교수 전략을 한 가지 이상 활용하여 수업 한 차시를 개발한다. 예를 들면, 공동체 조각 작품 만들기, 분위기에 맞는 음악, 감정의 순간, 브레인스토밍, 색깔 코딩, 수량화, 교수로써의 식물을 포함한 수업 계획을 작성한다. 이러한 활동은 혼자 진행하거나, 다른 교과와 협력하여 진행한 뒤에 그 결과를 평가한다. 당신은 다른 그룹에 속하는 학생들이 여덟 가지 전략들에 다른 방식으로 반응하는 것을 확인였는가?

07 다중지능 이론과 학급 환경

> (믿을 수 없게도) 학교라는 곳은 많은 학생을 그렇게 오랜 시간 좁은 장소에 몰아 놓고는 매우 어려운 과제를 서로 사이좋게 가장 효율적으로 해결해 갈 것을 기대한다.
>
> -캐롤 와인스타인(Carol Weinstein)-

교실(학급)이라는 단어는 교사가 서류로 가득 찬 큰 책상에 앉아 있거나 학생들을 가르치는 칠판 옆에 서 있고, 교실의 앞으로 줄 맞추어 정돈된 책상에 학생들이 앉아 있는 모습을 생각나게 한다. 물론 이것도 학급을 조직하는 한 가지의 방법이지만 유일한 방법이거나 최선의 방법은 아니다. 다중지능 이론에 따르면, 학생의 지능을 수용하기 위해 학급 환경을 근본적으로 재구조화할 필요가 있다.

🗣️ 다중지능과 학습의 생태적 요소

다중지능 이론은 교사가 학습의 중요한 생태적 요인을 바라볼 수 있는 템플릿(틀)을 제공한다. 실제로 다중지능은 학습을 촉진하거나 방해하는 교실 환경 요인이나 학생의 성취 및 참여를 촉진하기 위하여 꼭 있어야 할 환경

요소를 살펴볼 수 있도록 도와준다. 여덟 가지 지능과 관련된 교실 환경의
생태적 요소를 살펴보기 위한 질문 목록은 다음과 같다.

언어 지능

- 교실에서 어떠한 말을 사용하는가? 교사가 사용하는 말은 학생의 이해
  수준에 비추어 너무 복잡하지 않은가? 너무 간단하지는 않은가? 아니면
  적절한가?
- 글은 어떤 형태로 제시되었는가? 글이 벽에 제시되어 있는가(예: 포스터
  등)? 일차적 원자료(예: 소설, 신문, 역사적 문서)로 접하게 되는가? 아니면
  이차 자료(예: 교과서, 워크북)로 접하게 되는가?
- 교실의 언어 공해(linguistic pollution: 반복적이고 바쁘게 계속 언어 관련 과
  업에 끝없이 노출되는 것) 수준이 높은가?(예: 학습지나 강의에의 끊임없는
  노출) 아니면 학생들이 권한을 갖고 자신의 언어 과제를 직접 개발하도
  록 북돋는가?

논리-수학 지능

- 교실에서 수업 시간이 어떻게 구조화되는가? 학생들이 장기 프로젝트
  를 수업 종소리의 계속 방해 없이 수행할 수 있는가? 아니면 일정 시간
  내에만 과제를 수행하고 새로운 수업 혹은 새로운 교실로 건너가는가?
- 학교 수업 시간이 학생들의 주의집중 특성(예: 오전은 학습에 집중하는 데
  좋고, 오후 시간은 자유 활동에 적합할 수 있다)을 고려하여 배치되어 있는
  가? 아니면 변동하는 집중력 주기를 고려하지 않고 수업이 배치되어 있
  는가?
- 학교에서의 일과(예: 시간표, 행사, 규칙, 이동시간 등)가 일관성 있게 구성
  되어 있는가? 아니면 정해진 기준이 없어 혼란스럽거나 매번 새롭게 정
  해지는가?

공간 지능

- 교실의 가구와 책상은 어떻게 배치되어 있는가? 다양한 학습활동의 특성에 맞게 가구가 배치(예: 작문을 하는 책상, 토의하거나 교구를 사용할 수 있는 책상, 자율학습을 할 수 있는 책상)되어 있는가? 아니면 한 가지 방식으로만 배치(예: 한쪽 방향으로 정렬된 책상)되어 있는가?
- 교실이 멋지게 꾸며졌는가(예: 미술 작품 등으로 장식)? 아니면 시각적으로 비어 있거나 지루하거나 어수선하거나 산만해 보이는가?
- 학생들은 다양하고 풍부한 시각적 체험(예: 만화, 삽화, 영화, 유튜브 영상, 예술 작품)을 할 수 있는가? 아니면 교실 환경이 메마르고 단순하게 보이는가?
- 교실의 벽, 바닥, 천장의 색 구성은 학습에 대한 참여도를 높이는가? 아니면 낮추는가?
- 어떤 종류의 조명(예: 형광등, 백열등, 자연 채광)을 사용하는가? 조명이 학생들을 집중하게 해 주는가? 아니면 산만하거나 피곤하거나 방전되게 하는가?
- 교실의 공간적 여유가 충분한가? 아니면 너무 빽빽하여 학생들이 스트레스를 받는가?

신체-운동 지능

- 교실에서 학생들이 대부분의 시간에 일어나서 활동적으로 움직이거나 참여할 수 있는 기회가 많이 주어지는가? 아니면 학생들이 책상에 그대로 앉아서 거의 움직이지 않고 지내는가?
- 학생들이 학교에서 균형 잡힌 식사와 건강한 간식을 먹는가? 아니면 패스트푸드와 저단백질-고열량의 식사를 하는가?
- 학생들이 직접 조작하고 만져 보고 느낄 수 있는 교구와 학습 자료가 풍부한가? 아니면 '교구에 손대지 마시오'라는 느낌이 팽배하여 조심해야 하는가?

음악 지능

• 교실의 청각적 환경(예: 배경음악, 백색소음, 정숙)이 학습을 촉진하고 있는가? 아니면 학습을 방해하는 소음(예: 벨소리, 비행기 소리, 자동차, 기계 소리)이 자주 나타나는가?

• 교사는 어떤 어조로 이야기하는가? 목소리는 강렬하고 높낮이가 분명한 어조로 이야기하는가? 아니면 따분하고 단조로운 소리[영화 〈페리스의 해방(Ferris Bueller's Day Off)〉의 벤 스타인 목소리와 같은]로 학생들을 졸리게 하는가?

대인관계 지능

• 교실 안에 소속감과 신뢰감이 넘치는가? 아니면 서로 소외되고 멀어지며 불신감을 갖는가?

• 교실에서 친구들끼리 갈등을 해결하기 위한 구체적인 절차가 있는가? 아니면 다른 권위자(예: 교장, 경찰)에게 문제를 가지고 가서 해결책을 구해야 하는가?

• 학생들은 빈번하게 긍정적으로 상호작용하는 기회(예: 또래교수, 토의, 조별 프로젝트, 협동학습, 학기말 파티를 통해서)를 갖는가? 아니면 학생들이 서로 어울리지 않고 홀로 있는가?

자기성찰 지능

• 학생들이 독립적으로 공부할 기회를 갖고 자기 진도에 맞는 프로젝트를 진행하며, 사생활을 보호할 시간과 공간을 가질 수 있는가? 아니면 서로 지속적으로 상호작용하도록 되어 있는가? 아니면 대인관계와 관련된 요구가 해결되지 않고 쌓여 있는가?

• 학생들은 자신의 자아개념을 고양할 수 있는 체험(예: 마음챙김 명상 활동, 진정성 있는 칭찬, 긍정적 강화, 학업에서의 빈번한 성공 경험)을 하고 있는가? 아니면 무시당하거나 실패하거나 부정적 정서를 체험하는가?

- 학생들은 교실에서 자신의 정서에 대하여 이야기할 수 있는 기회를 갖는가? 아니면 속 깊은 이야기를 하지 못하고 벌을 받게 되어 있는가?
- 정서장애 위험 학생을 정신의학과 전문의에게 의뢰할 수 있는가? 아니면 학생 스스로 문제를 다루도록 내버려 두는가?
- 학생들은 자신이 배우는 방법에 대하여 진정으로 선택할 수 있는가? 아니면 오직 두 가지 선택지(교사의 방식과 정해진 방식)만 있는가?

자연탐구 지능

- 학생들은 학교 건물 밖의 자연에서 학습할 기회(예: 현장학습, 원예, 야외 수업을 통하여)를 가질 수 있는가? 아니면 대부분의 수업 시간에 자연에서 격리되어 건물 안에서 머무는가?
- 교실에 다양한 동식물(예: 애완동물, 물고기, 햄스터, 화초)이 존재하는가? 아니면 교실 안에 파리를 제외하곤 다른 생물은 없는가?
- 교실에 하늘, 구름, 나무, 잔디 등 야외를 관찰할 창문이 있는가? 아니면 창문이 없거나 자연과 완전히 차단되어 있는가?

　앞에서 제시한 질문들에 대한 답은 학생들에게 제공되는 학교 학습 환경의 질에 대한 전반적인 설명이 될 것이다. 만일 전체적인 학교 환경이 생태학적으로 부정적인 방향을 향하고 있다면 배움에 열정적인 학생들이 교실에서 제대로 된 학습을 할 수 없게 된다. 이와 반대로 긍정적인 학교 학습 환경에서는 학습·인지·정서상의 어려움을 지닌 학습자라 하더라도 학습에 적절한 자극을 받아 많은 성취를 이룰 수 있다.

🗣 다중지능 활동 센터

　학생들은 자기 책상에 앉아서 다중지능 수업에 참여할 수 있다. 하지만 긴 시간 동안 그냥 한자리에 앉아 있기만 하는 것은 다양한 다중지능 활동을 하기 어려운 구조다. 교실을 재구성하여 특정 지능 친화적 환경을 만들거나 특정 지능 활동 센터를 제공하면 다중지능의 각 영역을 탐구하는 데 매우 유리할 것이다. 활동 센터는[그림 7-1]과 같이 지속적-일시적 축(축A)과 개방적-특정적 주제 축(축B)상에 놓일 수 있다.

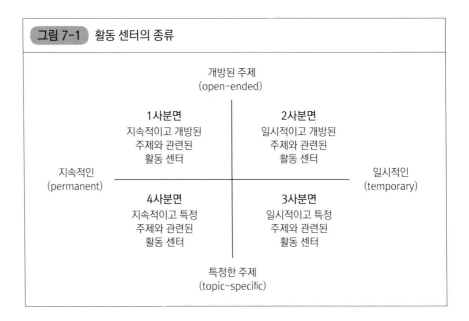

그림 7-1　활동 센터의 종류

지속적이고 개방된 주제와 관련된 활동 센터

[그림 7-1]의 첫 번째 사분면인 지속적인(보통 1년 정도) 센터는 학생들에게 넓은 범위의 개방된 지능 경험을 제공할 수 있게 설계되었다. 각 지능을 위한 1사분면에 해당하는 센터의 예는 다음과 같다(각 센터에서 발견할 수 있는 요소의 매우 일부만 제시하였다).

언어 지능
• (편안한 의자가 있는) 책 공간이나 도서관 공간

- (음성 및 녹음 장치, 이어폰, 말하는 책이 있는) 언어 관련 공간
- (워드 프로세싱 앱, 다양한 종이와 글쓰기 도구, 자석으로 된 글자가 있는) 글쓰기 공간

논리-수학 지능

- (계산기, 수학 관련 기계, 측정 도구가 있는) 수학 공간
- (화학 장비, 현미경과 슬라이드, 생물학 및 물리학 관련 교구가 있는) 과학 공간

공간 지능

- (색칠 도구, 콜라주 자료, 그리기, 그리기 앱이 있는) 예술 공간
- (비디오와 녹음 장치, 만화 앱, 사진 도구가 있는) 시각적 미디어 공간
- (지도, 그래프, 시각적 퍼즐, 그림 모음집, 3D 건축 입체 자료가 있는) 시각적 사고 공간

신체-운동 지능

- (작은 트램펄린과 저글링 용품, 짐볼이 있는) 창의적 운동을 위한 열린 공간
- (점토, 목공 도구, 블록과 블록 연결 장치가 있는) 손으로 하는 활동 공간
- (선명한 지도, 다양한 질감 재료가 있는 미스터리 상자, 사포 종이가 있는) 촉각 학습 공간
- (공연할 수 있는 공간, 인형 극장이 있는) 드라마 공간

음악 지능

- (음성과 녹음 장치, 이어폰, 음악 녹음, 작곡 앱이 있는) 음악 공간
- (타악기, 음성 녹음기, 메트로놈이 있는) 음악 연구 공간
- (청진기, 워키토키, 흔들 때 의문의 소리가 나는 여러 물질이 들어 있는 작은 병이 있는) 듣기 공간

대인관계 지능

- 조별 토의를 위한 둥근 책상
- 또래교수를 위해 두 명이 앉을 수 있는 책상
- (보드게임, 격식 없는 사교 모임을 할 수 있는 편안한 가구가 있는) 사회 공간
- 소셜 네트워킹, 스카이프 회의 등이 갖추어진 컴퓨터 공간

자기성찰 지능

- 개인 작업을 할 수 있는 개인 열람실
- (사생활 보호를 위한 구석진 자리가 있는) 개인 공간
- (자기 진도 공부를 할 수 있는) 컴퓨터 책상

자연탐구 지능

- (씨앗, 원예 도구와 물품이 있는) 식물 공간
- (우리, 유리그릇, 개미굴이 있는) 동물 공간
- (수족관과 물속 생물을 관찰·측정할 수 있는) 물속 공간

다중지능 명명법(예: 언어 지능 활동 센터, 공간 지능 활동 센터, 자연탐구 활동 센터)을 사용하는 이러한 각 활동 센터의 확실한 표시는 학생들의 다중지능 이론에 대한 이해를 강화할 것이다. 따라서 각각의 센터에서 가장 많이 사용된 지능의 이름을 센터에 붙이는 것이 좋다. 우리는 1장을 통해 지능은 언제나 상호작용한다는 것을 알았다. 그러므로 언어 지능 센터에 있는 학생들이 사진을 글쓰기에 첨가하고자 한다고 해서 그들이 활동 센터를 바꿀 필요는 없다.

일시적이고 개방된 주제와 관련된 활동 센터

[그림 7-1]의 2사분면은 빠르게 만들거나 자유롭게 제거할 수 있는 탐구

활동 센터를 나타낸다. 이러한 종류의 센터에서는 8개의 책상을 드문드문 학급에 배치한다. 그리고 각 책상에 정확한 지능의 이름을 명시하고 학생들을 초대하여 개방된 활동을 할 수 있도록 구체적인 지능의 재료를 준비한다. 게임은 그들에게 일시적이고 개방된 주제와 관련된 활동 센터에서 특별히 잘할 수 있도록 도움을 준다. 각 센터에서 참여할 수 있는 다음과 같은 게임을 준비한다.

- 언어 지능: 스크래블(Scrabble)
- 논리-수학 지능: 모노폴리(Monopoly)
- 공간 지능: 픽셔너리(Pictionary)
- 신체-운동 지능: 트위스터(Twister)
- 음악 지능: 앙코르(Encore)
- 대인관계 지능: 패밀리 퓨드(Family Feud)
- 자기성찰 지능: 언게임(The Ungame)
- 자연탐구 지능: 프랭크의 동물원(Frank's Zoo)

일시적이고 개방된 주제와 관련된 활동 센터는 학생들에게 다중지능의 아이디어를 소개해 주고 각 지능을 설명해 주는 경험의 기회를 제공하기에 특별히 유용하다.

일시적이고 특정 주제와 관련된 활동 센터

[그림 7-1]의 3사분면은 특정한 주제나 대상에 맞춰지면서 빈번하게 변경되는, 특정한 주제를 다루는 활동 센터를 나타낸다. 예를 들어, 학생들이 집의 구성 단위를 공부한다면 교사는 학생이 참여할 수 있는 각 지능에 의미 있는 여덟 가지의 다른 센터를 만들어야 한다. 집의 구성 단위를 알기 위한 활동은 다음을 포함할 수 있다.

- 언어 지능: '읽기 센터'는 학생이 집에서 책을 읽고, 읽은 것에 대해 글을 쓰는 곳이다.
- 논리-수학 지능: '계산 센터'는 학생이 주택(집) 가격, 면적 등을 계산하는 곳이다.
- 공간 지능: '그리기 센터'는 학생이 미래에 자신이 살 집을 그리는 곳이다.
- 신체-운동 지능: '만들기 센터'는 학생이 나무와 접착제를 이용해서 집 모형을 만드는 곳이다.
- 음악 지능: '음악 센터'는 학생이 집과 관련된 음악[예: 〈오래된 집과 노란 잠수함(This Old House, Yellow Submarine)〉]을 듣고 스스로 노래를 만들어 보는 곳이다.
- 대인관계 지능: '사회 센터'는 학생이 집에 관한 연극을 하는 곳으로, 친구들과 함께 최대한 각자 집의 환경과 비슷하게 만드는 곳이다.
- 자기성찰 지능: '성찰 센터'는 학생이 살았던 집에 대한 개인적인 경험을 생각하고, 글 쓰고 그리고 연기를 하는 곳이다.
- 자연탐구 지능: '풍경 건축 센터'는 학생이 집의 자연적인 모습(예: 잔디, 분재 정원, 분수, 식물, 수족관)을 보완하며 설계하는 곳이다.

지속적이고 특정 주제와 관련된 활동 센터

마지막으로 [그림 7-1]의 4사분면은 근본적으로 1사분면(지속적이고 개방된 주제를 다루는 활동 센터)과 3사분면(일시적이고 특정한 주제를 다루는 활동 센터)의 조합으로 설명할 수 있다. 지속적이고 특정한 주제를 다루는 활동 센터는 교사가 코발릭(Kovalik, 1993, 2001)의 높은 효과교수(Highly Effective Teaching: HET) 모델[일반적으로 주제중심 통합수업(Integrated Thematic Instruction: ITI)] 방식을 따라 1년 정도의 기간에 필요한 주제에 가장 적절하다. 각각의 센터는 연중으로 존재하고 영구적인 자료를 갖는다(예: 공간 센터의 미술 재료, 신체-운동 센터의 만들기 재료 등). 그러나 각 센터 안에서 탐구하면서 연간 주제에 따라 매달 바뀌는 구성 요소 또는 주별 주제를 갖고, 이에 따라 움직인다. 예를 들어, 연간 주제가 '모든 것은 바뀌는가?'라면 1개월 정도의 기간에 배분하는 구성 요소는 계절을 다루고, 각 주마다 한 계절에 집중한다. 활동 센터는 아마도 한 주 동안은 겨울 그리고 다음 주는 바꾸어서 봄 그리고 이어지는 주들에 여름과 가을을 한다. 각각의 센터에는 학생들이 특정한 종류의 것을 혼자 혹은 협동해서 해 볼 수 있게 해당 주제와 관련된 활동 카드를 안내판에 붙여 놓는다. 예를 들어, 주제가 '여름'일 때는 다음과 같은 활동 카드가 있을 수 있다.

- 언어 지능: '여름 동안의 계획이 무엇인지에 대한 시를 씁니다. 만일 이것이 조별 활동이면 첫 번째 글 쓸 사람을 정하고 시를 받아 적습니다. 그리고 각자 시를 행에 맞게 이어서 씁니다. 마지막에는 한 명이 학급에서 시를 낭송합니다.'
- 논리-수학 지능: '우선 얼마나 많은 날이 여름휴가 때 있는지를 알아봅니다. 그리고 얼마나 많은 분 단위 시간이 여름휴가 때 있는지 알아봅니다. 마지막으로 여름휴가를 초 단위로 계산합니다. 만일 이것이 조별 활동이면 다른 조원들과 함께 답을 찾습니다.'
- 공간 지능: '여름 동안에 어떤 계획이 있는지를 그림으로 그립니다. 만일 이것이 조별 활동이면 긴 벽화 종이에 조원들이 함께 그립니다.'
- 신체-운동 지능: '점토 한 덩이로 여름에 대한 자신의 묘사에 따라 작품을 만들어 봅니다. 만일 이것이 조별 활동이면 다른 조원들과 점토 작품을 만들거나 좋아하는 여름 활동이 포함된 짧은 즉흥극을 만듭니다.'
- 음악 지능: '여름에 관련된 랩, 구호나 노래를 만듭니다. 만일 이것이 조별 활동이라면 조원들이 학급에서 협동하여 노래를 부르거나 여름과 관련된 몇 가지 노래를 생각하고, 학급에서 부를 수 있도록 준비하는 묘안을 떠올립니다.'

- 대인관계 지능: '멋진 여름을 만들기 위해 필요한 것에는 어떤 것이 있는 지 논의하고, 학급에서 결과를 요약 발표할 사람을 선출하기 위해 조별 토의를 합니다.'
- 자기성찰 지능: '여름과 관련된 좋아하는 모든 것의 목록이나 스케치 모음집을 만듭니다.'(참고: 학생들은 이 센터에서 혼자 작업한다.)
- 자연탐구 지능: '눈을 감고 이번 여름에 볼 수 있는 모든 종류의 동물과 식물 그림을 마음속에 그려 봅니다. 그리고 눈을 뜬 후 떠올린 모든 것을 그리거나 그것과 관련한 이야기를 만듭니다.'

활동 센터의 선택

학생들이 어떤 활동 센터를 활동할지 선택하는 것은 활동 센터의 종류(센터가 사분면의 어디에 있는지)와 각 센터의 목적에 달려 있다. 일반적으로 1사분면과 2사분면 활동 센터(두 활동 센터는 개방된 주제를 다루는 경험과 관련이 있음)가 선택 활동에서 최고의 구조라고 할 수 있다. 다시 말해서, 쉬는 시간, 휴식 시간, 또는 방과 후 특별 활동 시간을 활용하여 가능하게 만들 수 있다. 이 방법을 사용할 때 활동 센터는 학생의 여덟 가지 지능의 강점에 대한 훌륭한 정보를 제공한다. 학생들은 자신이 가장 자신 있는 지능 영역의 센터를 선호하게 된다. 예를 들어, 반복적으로 '공간 지능 활동 센터'에 가고 그림 활동에 관심을 보이는 학생은 자신의 삶에서 공간 지능이 차지하는 중요성에 대해 교사에게 강한 메시지를 보내는 것이다.

3사분면과 4사분면의 활동 센터는 직접적인 학습을 강조한다. 결과적으로 이러한 종류의 센터를 사용할 때 학생들은 자신이 시작할 센터만 선택하고자 하지만 센터와 센터를 시계 방향으로 이동하여 모두가 여덟 가지 센터를 전부 경험하게 해야 한다(나는 종을 이용하여 다음 센터로 넘어갈 수 있도록 신호를 준다). 1사분면과 2사분면의 활동 센터에서 시간에 따른 회전 방식을 사용하는 것은 학생들이 넓은 범위의 지능을 모두 경험하도록 만든다.

   활동 센터는 학생들에게 활동을 통한 관심을 갖게 하는 기회를 제공한다. 그것은 책상에 앉아서 하는 지루한 연습문제지, 강의, 표준화 검사 외에 다른 어떤 것에 대한 목마름을 갖는 많은 학생에게 오아시스가 된다. 다중지능 이론은 학생들이 넓은 범위의 학습 잠재력을 활성화하도록 활동 센터를 구조화하게 한다. 앞서 서술한 내용은 개인의 지능을 기반으로 한 센터들에 한정되지만, 이 센터들을 다른 방법 안에서 여러 지능을 결합하기 위해 구조화할 수도 있다. 이런 의미에서 보면 사실상 간단한 읽기, 쓰기, 계산하기 활동을 넘어서는 어느 활동 센터라도 다중지능 센터로서의 자격을 지닌다. 예를 들어, '정비 공간'은 논리–수학 지능, 공간 지능, 신체–운동 지능이 결합되어 있고, '작곡가의 작은 공간'은 언어 지능과 음악 지능이 결합되어 있다.

 더 생각해 볼 문제

1. 128~131쪽에 있는 질문들을 이용해서 학습 환경에 대해 조사한다. 학급의 생태적 요소에서 만들고 싶은 변화 목록을 만들어 본다. 바꾸고 싶은 항목의 우선순위를 매기되, 우선순위가 낮은 것을 목록에서 빼지는 않는다. 그런 다음 한 단계씩 변화를 만들기 시작한다.

2. 교실에서 다중지능 활동 센터를 준비한다. 우선 어떤 종류의 활동 센터(즉, 1사분면, 2사분면, 3사분면, 4사분면)를 시작할 것인지 결정한다. 그러고 나서 센터를 준비하기 위해 필요한 재료의 목록과 계획표를 만든다. 필요하다면 부모 자원봉사자, 학생들, 동료들에게 도움을 요청한다. 만일 지속적인 센터를 만든다면 프로젝트를 2~3주 후에 평가하고, 일시적인 센터를 만든다면 학생들이 경험한 후에 성공 여부를 바로 평가한다. 평가를 미래의 센터를 설계하기 위한 지표로 사용한다.

3. 학급에 활동 센터의 아이디어를 소개하기 위해 모두가 참여할 수 있는 주제(예: 패스트푸드)를 선택한다. 교실 곳곳에 다중지능 표식(상징)을 붙인 8개의 활동 센터를 각각 만든다. 그리고 각 표식에 활동 카드를 붙인다. 그러고 나서 학생들에게 그들 자신이 가장 편안하게 느끼는 지능 쪽으로 움직이게 한다(활동을 시작하

기 전에 다중지능을 어떻게든 소개한다. 3장 참고). 대안적으로는 임의로 여덟 가지 지능의 상징을 쓰게 할 워크북을 나누어 주거나, 학생들이 워크북과 센터가 일치하는지 확인하고 센터로 가게 한다. 그런 다음 학생들은 그들 자신의 영역 활동을 읽고 함께 활동을 시작할 수 있다. 그들이 각 활동 센터에서 배운 것을 발표하기 위해서 끝나는 시간을 정한다. 예를 들어, 패스트푸드와 관련된 활동으로는 다음과 같은 것이 있다.

- 언어 지능: '학생들의 패스트푸드 관련 성명서(진술의 기본 원칙) 만들기'
- 논리-수학 지능: '패스트푸드 매장에서 제공하는 영양소 목록을 사용하여 패스트푸드 아침 · 점심 · 저녁을 먹을 때 지방이 가장 적게 포함되는 메뉴와 가장 많이 포함되는 메뉴 두 가지를 비교해 보여 주기'
- 공간 지능: '사람들의 패스트푸드 먹는 습관에 관련된 벽화 만들기'
- 신체-운동 지능: '(대사가 있거나 없는) 연극이나 광고를 통해서 사람들의 패스트푸 먹는 습관을 예행 연습한 후 학급에서 보여 주기'
- 음악 지능: '사람들의 패스트푸드 먹는 습관에 관련된 광고 노래 또는 랩을 쓰고 학급 전체에게 선보이기'
- 대인관계 지능: '소집단으로 패스트푸드 먹는 습관에 대해 토의한 후 집단 밖으로 나가서 나머지 학급 구성원들의 패스트푸드 먹는 습관을 조사하기, 결과를 기록하고 발표할 사람 선출하기'
- 자기성찰 지능: '질문(만일 당신이 패스트푸드가 된다면 어떤 것이 되고 싶은가? 그 이유는?)을 생각하기, 생각을 기록하는 방법(예: 그리기, 쓰기, 무언극)을 한 가지 선택하기, 혼자 하거나 조별로 함께 하기'
- 자연탐구 지능: '패스트푸드를 만들기 위해 쓰인 모든 식재료(식물, 동물)의 목록 만들기, 패스트푸드 소비가 전 세계의 생태계에 미치는 잠재적 영향에 대해 토의하기(예: 햄버거 패티를 만들기 위해 필요한 소들이 먹어 치우는 초목의 손실과 이에 따른 환경오염 문제)'

chapter
08 다중지능 이론과 학급 관리

> 자연은 아동에게 질서에 대한 민감성을 부여한다. 이는 내적 감각의 하나로서 사물 그 자체보다 다양한 사물 사이의 관계를 구별하게 한다. 따라서 이는 전체 환경을 형성하는데, 각각의 부분은 상호 의존적이다. 한 사람이 이러한 환경에서 비롯되었을 때, 그 사람은 목표를 성취하기 위해 자신의 행동을 통제할 수 있다. 이러한 환경은 통합된 삶의 기저를 제공한다.
>
> -마리아 몬테소리(Maria Montessori)-

학급은 학생 시민으로 이루어진 작은 사회이며, 대다수는 상충되는 요구와 이해관계를 갖는다. 결과적으로 규칙, 일상생활, 규제 및 질서의 요소인 절차는 학급을 이루는 기본적인 부분이다. 다중지능 이론은 그 자체가 학급 관리 계획을 제공하지는 않는다. 그러나 다중지능 이론은 그것을 필요로 하는 교사에게 학급의 '질서를 유지'하고 학습 환경을 부드럽게 운영하는 데 사용할 수 있는 다양한 학급 관리 전략에 대한 새로운 관점을 제공한다.

🗣 학생의 주의 집중시키기

아마도 학급 관리에 있어 다중지능 이론의 가장 큰 유용성은 교사에게 수업이나 새로운 학습 활동의 시작 단계에서 학생들의 주의를 얻을 수 있는 방법을 제공한다는 것이다. 다음은 학급 질서를 유지하려는 한 교사의 시도에 대한 코미디 앨범(comedy record)이다[(예: 치치와 총(Cheech & Chong)의 〈Sister Mary Elephant〉]. 교사는 학생들이 집중하도록 일반적인 방법("여러분? 여러분?")을 사용한 뒤에, "조용히 해!"라고 소리 높여 외친다. 학생들은 조용해졌고, 교사는 안정된 목소리로 "고마워요."라고 말한다. 하지만 다시 수업을 진행하자 학생들은 다시 떠들고, 교사는 다시 한번 "조용히 해!"라고 외친다. 그러자 교실은 다시 조용해지고, 교사는 "고마워요."라고 말하는 순환을 계속해서 반복한다.

교사들은 이러한 상황을 많이 경험했기 때문에 웃을 수 있다. 그러나 다중지능 관점에 따르면, 언어적 접근에서 학생들을 조용히 시키기 위한 한 단어의 사용은 학생들의 주의를 얻는 최소한의 효과만을 나타내는 방법이다. ['전경(figure)'으로서] 교사의 언어적 요청이나 명령은 ['배경(ground)'으로서] 학생들의 언어적 표현에 섞인다. 학생들은 교사의 목소리를 다른 주변의 소리로부터 쉽게 구분해 내지 못한다. 결과적으로 그들은 지시에 집중하는 데 실패한다. 이러한 현상은 특히 주의력결핍 과잉행동장애(ADHD) 진단 아동에게서 명백하게 나타나며, 대다수의 학생에게서도 어느 정도 발견된다.

교사가 과거에 학생의 주의를 집중시키는 데 사용할 수 있는 보다 효과적인 기술은 다른 지능으로 이동하는 것이다. 예를 들어, 조용히 시키기 위한 유치원 교사의 피아노 화음 연주(음악 지능), 학생들의 질서를 유지시키기 위한 4학년 교사의 불 켜고 끄기(공간 지능), 자기 책임감에 대해 경고하기 위한 고등학교 교사의 침묵(대인관계 지능) 등이 그 방법이다. 다음의 내용은 학급에서 학생들의 주의를 얻기 위한 전략들이다.

- 언어 지능: 칠판에 '조용히 하세요.'라고 적기
- 음악 지능: 운율감 있게 박수를 치고 학생들이 박수로 응답하기
- 신체-운동 지능: 한 손가락은 입에 대고 다른 한 팔은 든 채 조용히 하라고 말하고, 학생들은 모두가 이 행동을 똑같이 따라할 때까지 행동을 유지하기

- 공간 지능: 집중하고 있는 학급 학생들의 사진을 칠판이나 스크린에 붙이기 .
- 논리-수학 지능: 스톱워치를 사용하여 낭비된 시간을 측정하고 30초 간격으로 낭비된 시간을 칠판에 적기
- 대인관계 지능: "이제 시작할 시간이에요. 뒤로 전달하세요."라고 학생의 귀에 속삭이기, 그리고 나서 학생들이 이 전달 사항을 모든 학급에게 전할 때까지 기다리기
- 자기성찰 지능: 수업을 시작하고 학생들이 그들 자신의 행동에 책임을 지며 집중할 것이라고 가정하기
- 자연탐구 지능: 날카로운 휘파람 소리를 내거나 (가능하다면) 살아 있는 동물을 가져오기(일반적으로 동물이 교실에 있으면 주의를 집중할 것임)

당신은 전이 준비하기, 활동 도입하기, 지시하기, 모둠 조직하기 등과 같은 방법으로 비슷한 전략을 활용할 수 있다. 특히 이러한 각 학급 상황의 기제는 여덟 가지 지능에서 비롯한 한 가지 이상의 상징을 구체적인 지시 및 행동과 연결하는 방법으로 학생들에게 단서를 제공한다. 교사는 단순히 말로 지시하는 것이 아니라 사진이나 시각적 상징(공간 지능), 몸짓과 신체 움직임(신체-운동 지능), 음악적 표현(음악 지능), 논리적 패턴(논리-수학 지능), 사회적 신호(대인관계 지능), 감정(자기성찰 지능) 그리고 생명체(자연탐구 지능)를 활용해 학생들이 집중력을 유지하는 방법을 발견할 필요가 있다.

🗣 전이 준비하기

학생들의 전이(transition)를 돕기 위하여 그들에게 각 전이 유형에 따른 구체적인 단서를 제공할 수 있다. 음악 지능을 예로 들면, 각 전이마다 각각 다른 음악을 사용하여 설명할 수 있다. 쉬는 시간에는 베토벤의 〈심포니

6번 '전원'(Pastoral Symphony No. 6)〉, 점심시간에는 영화 〈올리버(Oliver)〉의 삽입곡인 〈Food, Glorious Food〉, 하교 시간에는 드보르작의 〈심포니 9번 '신세계'(New World Symphony No. 9 'Goin' Home')〉을 사용하는 것이다. 만약 공간 지능에 초점을 맞춘다면 수업을 준비할 시간임을 알리기 위하여 시각적 상징이나 사진을 활용할 수 있다. 쉬는 시간에는 아이들이 노는 사진, 점심시간에는 급식실에서 식사하는 아이들의 모습 사진, 하교 시간에는 학교 버스에 오르거나 집에 가는 아이들의 모습 사진을 보여 줄 수 있다. 신체-운동 지능과 관련해서는 수업 시간이 다가옴을 알리기 위해 구체적인 몸짓이나 신체 움직임을 활용할 수 있다. 이와 같은 전략에서는 교사가 행동을 시작하면 학생들이 그 행동을 완성함으로써 그들이 메시지를 '받았다'는 것을 나타낼 수 있다(예: 쉬는 시간에는 기지개를 켜고 하품하기, 점심시간에는 배를 문지르고 입술을 핥기, 하교 시간에는 눈 위에 손을 얹고 교실 밖을 응시하기). 논리-수학 지능과 관련해서는 학생들이 교실 어디에서나 볼 수 있는 큰 디지털 '카운트다운' 시계를 걸어 놓고, 남은 시간을 설정하여 학생들이 수시로 이를 인지할 수 있게 하는 방법을 사용할 수 있다. 대인관계 지능으로는 전화-나무 모델(telephone-tree model)을 활용할 수 있다. 이것은 교사가 한 학생에게 단서를 주면 그 학생이 두 학생에게 말하고, 두 명의 학생 또한 각각 두 명의 다른 학생들에게 말하는 과정을 반복하는 방법으로, 모든 학생이 메시지를 받을 때까지 이어진다.

🗣 학급 규칙 이야기하기

다중지능 접근을 활용하여 학교 내에서, 혹은 학급 규칙상 예의 바른 행동에 관해 논의할 수 있다. 여기에는 다음과 같은 방식이 포함된다.

• 언어 지능: 규칙을 작성해 학급에 게시하기(가장 전통적인 방법)

- 논리-수학 지능: 규칙에 숫자를 부여하고 숫자로 규칙을 이야기하기(예: "규칙 4번을 매우 잘 따랐구나!")
- 공간 지능: 작성된 규칙 옆에 해야 할 것에 대한 시각적 상징 기록하기 (예: '학급 친구 존중하기'는 두 사람이 손을 잡고 있는 이미지로 표현)
- 신체-운동 지능: 각 규칙에 구체적인 몸짓을 부여하고, 학생들은 자신이 규칙을 안다는 것을 각각 다른 몸짓으로 표현함으로써 보여 주기(예: '학급 친구 존중하기'는 학급 친구들에게 손을 흔들며 웃는 이미지로 표현)
- 음악 지능: 각 규칙을 음악으로 표현하거나(학생들이 규칙을 직접 쓰거나 기존 곡의 멜로디로 표현) 관련 있는 노래로 연상하기[예: '학급 친구 존중하기'는 아레사 프랭클린(Aretha Franklin)의 노래인 〈Respect〉와 연관됨]
- 대인관계 지능: 각 규칙을 각 소그룹에 할당하면 이 소그룹은 할당받은 규칙의 시작과 종결을 알리고 규칙을 해석하며 강화하는 데 책임 갖기
- 자기성찰 지능: 학생들이 학기 초에 학급 규칙을 만드는 데 책임을 지며 (교사도 당연히 투입된다), 규칙에 관해 서로 이야기할 수 있는 독특한 방법을 개발하기
- 자연탐구 지능: 각 규칙에 동물을 짝짓기(예: '존중하는 토끼'), 학생들은 동물의 소리나 행동을 모방함으로써 규칙을 배움

　학생들에게 학급 규칙을 만들도록 하는 것은 규칙에 대한 지지를 얻는 보편적인 방법이다. 유사하게, 학생들이 그들 자신의 다중지능을 개발하도록 하거나 학급 절차에 대한 단서를 개발하게 하는 것은 효과적인 단서를 만드는 유용한 방법이다. 학생들은 학급 내의 각 활동, 전이, 규칙 또는 절차를 만드는 것에 기여하기 위해 자신의 음악을 제안하고, 스스로 동작을 만들고, 시각적 이미지를 그리고, 자신의 동물을 제안하고자 할 것이다.

🗣 모둠 조직하기

학급 관리에서 다중지능 이론은 모둠을 조직할 때도 적용할 수 있다. 교사가 임의로 모둠을 만들 수도 있고("너, 너 그리고 네가 한 모둠이야.") 학생들의 내적 요소에 따라 모둠을 만들 수도 있지만(예: 흥미나 능력에 따른 모둠 조직), 이질적인 특성으로 조직된 모둠이 협동학습에서 지니는 가치에 대한 교육자들의 인식이 증가하고 있다. 이때 다중지능 이론은 각 지능과 관련하여 부수적인 특성에 기초한 이질적인 모둠을 조직하는 다양한 기술을 제시한다. 다음의 내용 중 일부는『플레이페어: 조엘 굿맨과 맷 바인슈타인의 모두를 위한 비경쟁적 놀이 안내서(Playfair: Everybody's Guide to Noncompetitive Play By Joel Goodman and Matt Weinstein)』(1980)에서 발췌한 것이다.

- 언어 지능: "네 이름의 모음 소리를 생각해 보렴. 자, 이제 그 모음 소리를 크게 말하며 교실을 돌아다니면서 이름이 너와 같은 모음 소리를 가진 친구를 3~4명 정도 찾아보렴. 그러면 그들이 너와 한 조가 될 거야."
- 논리-수학 지능: "내가 신호를 주면 1~5개의 손가락을 펴 보렴. 시작! 자, 그대로 손가락을 들고, 편 손가락의 수를 모두 더했을 때 홀수가 되는 친구를 3~4명 정도 찾아보렴."
- 공간 지능: "자기와 똑같은 색의 옷을 입고 있는 친구를 3~4명 정도 찾아보렴."
- 신체-운동 지능: "한 발로 깡충깡충 뛰어 보렴. 이제 똑같은 쪽의 발로 뛰고 있는 친구를 3~4명 정도 찾아보렴."
- 음악 지능: "모두가 알고 있는 노래가 있니?"라고 묻고 교사는 4~5곡을 칠판에 쓴다(예: 노를 저어라〈Row, Row, Row Your Boat〉, 생일축하합니다〈Happy Birthday to You〉 등). "좋아, 여러분이 내 옆을 줄지어 지나가면 나는 이 노래들 중 하나를 귀띔해 줄 거야. 그러면 그 곡을 기억하고 있

다가 내가 신호를 주면 그 노래를 부르고, 자기와 똑같은 노래를 부르고 있는 다른 친구들을 찾아보렴. 시작!"

- 자연탐구 지능: "초원의 양, 돼지, 소를 상상해 보렴. 갑자기 큰 소리가 나서 그중 두 마리가 도망가고 단 한 마리의 동물만 남았어. 지금부터 남은 그 동물의 소리를 흉내 내고, 같은 동물의 소리를 흉내 내는 친구를 3~4명 정도 찾아보렴."

학급 관리 계획을 세우면서 모든 지능을 활용할 필요는 없다. 그러나 전통적인 언어적 접근을 넘어섬으로써 그리고 기타 지능들(최소한 두세 가지)을 사용함으로써 교사는 학생들에게 학급 일상을 재미있는 방식으로 내재화할 보다 다양한 기회를 제공할 수 있을 것이다.

🗣️ 개별 행동 다루기

교사가 얼마나 학급 규칙, 학급 일상, 절차 등에 대해 효과적으로 의사소통하고 있는지와 상관없이, 생물학적 · 정서적 · 인지적 차이 또는 어려움 등으로 인해 그것을 준수하는 데 어려움을 겪는 학생은 언제나 존재한다. 이러한 소수의 학생에게 (여러 지능을 통해) 제자리에 앉도록, 물건을 던지는 것을 그만두도록, 때리지 않도록 그리고 행동을 시작하도록 상기시키는 것은 교사에게 수업 시간의 많은 부분을 소비하게 한다. 비록 다중지능 이론이 이러한 문제에 완벽한 답을 제공하진 못하지만 문제 행동에 효과적이라고 입증된 다양한 훈육 시스템을 찾을 수 있는 맥락을 제공할 수는 있다. 자연스럽게, 다중지능 이론은 '모든 학생에게 최선인 단 하나의 훈육 방법은 없음'을 암시한다. 사실 다중지능 이론에서는 교사가 서로 다른 훈육 방법을 다양한 학생에게 각각 맞출 필요가 있다고 이야기한다. 여덟 가지 지능에 따른 다양한 훈육 방법은 다음과 같다.

- 언어 지능: 학생들과 이야기하기, 문제와 해결책이 제시된 책을 읽도록 학생에게 제공하기, 학생에게 스스로를 통제하기 위한 전략으로 '자기 대화'를 사용하도록 돕기
- 논리-수학 지능: 드레이커스(Dreikurs, 1993)의 논리적 결과 접근(logical-consequences approach) 활용하기, 학생에게 부정적·긍정적 행동의 발생을 도표화하고 수량화하도록 하기
- 공간 지능: 학생에게 적절한 행동을 그리거나 시각화하게 하기, 학생에게 어려움이 닥쳤을 때 활용할 수 있는 은유적 표현 제공하기, 학생에게 문제를 다루거나 적절한 행동의 모범을 보여 주는 비디오를 보여 주기
- 신체-운동 지능: 부적절한 행동과 적절한 행동에 대한 역할 놀이를 하고 차이를 토론하기, 학생들에게 힘든 상황을 다루기 위한 신체적인 단서 사용 방법을 알려 주기(예: 크게 숨 고르기, 스트레칭)
- 음악 지능: 학생이 직면할 수 있는 문제를 다루기 위한 음악적 선호 찾기(영상으로 만들 수 있음), 스트레스를 받는 상황의 시작을 알리는 위험 신호(예: 가슴의 답답함, 숨이 가빠짐)를 학생들에게 가르치기, 자기조절 전략(예: 숨 깊게 들이마시기, 근육 긴장과 이완)을 제공하기
- 대인관계 지능: 또래 집단상담 제공하기, 역할 모델과 짝 맺기, 더 어린 친구를 돌보거나 가르치기, 학생의 에너지를 이끌어 내기 위해 기타 사회적 발산 수단 제공하기(예: 모둠 이끌기)
- 자기성찰 지능: 학생이 스스로 통제할 수 있게 하기 위해 자발적으로 비처벌적인 방법인 '타임아웃(time-out)' 공간으로 가도록 가르치기(Nelsen, 1999 참고), 일대일 상담 제공하기, 행동 계약 맺기(학생들도 참여), 학생들에게 그들이 관심 있는 프로젝트에 참여할 수 있는 기회 제공하기, 자기효능감 증진 활동 제공하기
- 자연탐구 지능: 부적절하거나 적절한 행동에 대해 가르칠 수 있는 동물 이야기를 해 주기(예: 끊임없는 거짓말과 관련된 '양치기 소년' 이야기), 곤란한 행동의 영향과 관련된 동물 비유 활용하기(예: 공격적인 학생에게 어

떤 동물이 좋은지 묻고 '길들이는' 법을 배울 수 있는지 묻기), 사회적 · 정서
적 · 인지적 기능을 돕기 위한 동물 보조 치료(animal-assisted therapy)
사용하기

　행동 전략은 특정한 종류의 어려움을 가지고 있는 학생들의 요구에 부합
할 수 있다. 〈표 8-1〉은 몇몇 중재를 보여 준다.

표 8-1 　개별 행동을 다루기 위한 다중지능 전략

지능	공격적인 학생	내성적인 학생	과잉행동 학생
언어	분노 관리에 대한 주제를 담은, 적절한 아동 문학작품을 읽도록 한다.	토론, 웅변, 스토리텔링에 참여한다.	과잉행동에 관한 도서를 추천한다(예: The Boy Who Burned Too Brightly).
논리-수학	드레이커스의 자연적 결과와 논리적 결과 접근을 활용한다.	체스, 코딩, 과학 동아리에 참여한다.	시간이 정해진 과제에 대한 자기 모니터링 방법 혹은 타이머 앱을 제공한다(예: Time Timer).
공간	공격적인 상황에 있는 학생과 적절한 비공격적 상황에 있는 학생을 녹화하고, 비판단적인 형태로 비디오를 보여 준다. 그리고 각 상황에 대하여 어떻게 느끼는 논의한다.	같은 연령의 다른 친구와 사귀는 내성적인 학생에 대한 영화를 보여 준다.	집중, 통제, 작업기억의 발달을 돕는 비디오 게임을 추천한다.
신체-운동	공격성을 표출할 수 있는 무술 강의를 제공한다.	산책, 스포츠, 게임 활동에 믿을 만한 멘토와 짝을 지어 준다.	학생에게 점진적인 이완, 요가, 마음챙김 명상을 가르친다. 더 많은 야외 놀이, 운동, 레크리에이션을 추천한다.

음악	자신을 통제할 수 없다고 느낄 때 부를 수 있는, 갈등을 다루는 비공격적 방법에 대한 노래를 가르친다.	밴드, 오케스트라, 합창단이나 다른 음악 동아리에 참여하도록 장려한다.	그가 집중하는 데에 도움이 된다면 이어폰을 통해 학생이 좋아하는 음악('음악 각성제')을 들려준다.
대인관계	공격적 행동에 대한 역할극을 제안하고 학생과 교사의 피드백을 기반으로 대안적인 행동을 연기해 본다.	집단 상담에 학생을 의뢰한다.	학생에게 더 어린 학생을 가르치도록 요청한다.
자기성찰	학생이 감정이 붕괴되는 듯한 기분을 느낄 때 긍정적인 멈춤(Nelson, 1999)을 제시한다.	1대1 상담/심리치료에 학생을 의뢰한다.	학생에게 정서적 자기조절 전략을 가르친다.
자연탐구	학생이 자신을 동물과 동일시하도록 제안하고, 그의 공격적 행동에 대한 해결방안으로서 동물을 어떻게 길들이면 좋을지 생각해 본다.	돌봐 줄 동물과 짝 지어준다.	학생에게 자연에서 많은 시간을 보낼 수 있도록 장려한다.

관점 넓히기

물론 이 전략들은 학생들의 정서적 문제나 행동적 어려움에 관한 포괄적인 전문가 팀 접근을 대체하는 것은 아니다[예: 긍정적 행동 중재와 지원(Positive Behavioral Interventions and Supports: PBIS)]. 그러나 다중지능 이론은 교사들에게 다양한 행동적 전략과 훈육 체계 수단을 제공하며, 한정된 중재 방법들 중 학생들의 선호에 근거하여 선택하도록 하는 지침을 제시한다는 점에서 가치가 있다.

때때로 가장 좋은 전략은 단점 지능에 초점을 맞추는 것이다. 예를 들어,

한 학생이 미발달된 대인관계 지능으로 인해 행동 문제를 가지고 있다면, 아마도 이 학생은 사회적 기술을 발달시키기 위한 활동을 통해 가장 큰 효과를 볼 수 있을 것이다. 그러나 다른 경우 최선의 전략은 학생의 강점에 초점을 맞추는 것일 수 있다. 예를 들어, 교사는 읽기 문제와 좌절에 '대응'하는 것을 어려워하는 학생에게 읽기 과제를 제공하고 싶지 않을 수 있다. 뿐만 아니라 이 전략은 오히려 상황을 악화시키는 방법이 될 수 있다. 반면, 이 학생이 읽기 문제를 극복하도록 돕기 위해서는 그 학생의 교실 내 행동을 개선시키는 것이 중요한 요소일 것이다. 이 학생이 인쇄된 단어를 통해 쉽게 지식을 얻는다면, 이러한 강점에 맞춰서 행동 전략을 조정하여 제공하는 것이 가장 적절한 방법이 될 것이다.

결과적으로, 학급 관리와 함께 활용되는 다중지능 이론은 구체적인 행동 전략과 기술을 제공하는 것 이상이다. 다중지능 이론은 일과 시간에 개인의 요구가 인지되고 주의가 집중되는 환경을 만듦으로써 교실 내 학생들의 행동에 큰 영향을 미칠 수 있다. 학생들은 지속적인 성공과 참여의 경험을 얻었을 때 혼란을 보다 덜 느끼고 덜 좌절하며 스트레스 역시 덜 받을 것이다. 결과적으로, '행동적인 속임수(behavioral tricks)'에 대한 필요가 적어지거나 훈육 체계를 정교화하게 되며, 이는 종종 학생들의 학습 환경이 무너졌을 때 시작한다. 레슬리 하트(Leslie Hart, 1981)는 다음과 같이 지적하였다. "학급 관리, 훈육, 교사 소진, 학생 '실패'와 같은 것은 교사가 모든 것을 하는 접근(teacher-does-everything)에서 비롯된 것이다. 학생들이 학습할 때 자신의 뇌를 활발하게 쓸 수 있도록 장려하라. 그러면 놀라운 결과가 나타날 것이다."(p. 40)

더 생각해 볼 문제

1. 학생들이 현재 적응하는 데 어려움을 겪는 학급 일과를 선정한다(예: 하나의 활동에서 다른 활동으로 이동하기, 학급 규칙 배우기). 그리고 학생들이 어려움을 극복하도록 돕기 위해 각각의 다른 지능 특정적 단서를 개발한다.

2. 학생들의 주의를 끌 수 있는 음악 지능, 공간 지능, 신체-운동 지능, 대인관계 지능, 논리-수학 지능, 자연탐구 지능 혹은 자기성찰 지능과 같은 비언어적 방법을 시도해 본다. 이 장에서 논의한 것과 같은 대안적인 단서를 개발한다.

3. 특별히 학급에 방해가 되거나 다루기 어려운 행동 문제를 가지고 있는 학생을 선정한다. 언제 학생의 문제가 해결되고 크게 완화되는지 판단할 수 있는 기준을 정립한다. 그리고 그 학생의 강점 지능을 확인한다(확인하는 전략은 3장 참고). 다음으로 학생의 강점 지능과 잘 부합하는 행동 전략을 선택하고 활용한다. 또한 약점 지능에 대한 전략도 고려한다. 당신이 미리 정립한 기준에 의거하여 결과를 평가한다.

4. 학교 혹은 학급에서 현재 사용하는 행동 체계를 검토한다. 각 지능이 잘 다루어지는지 확인하고, 어떻게 그것을 맞출 수 있을지 혹은 학생들이 가진 강점과 어떻게 부합하지 않는지 확인한다.

5. 이 장에서 구체적으로 다루지 못한 학급 관리 문제들(예: 짜증, 욕설, 지각)을 확인하고, 다중지능 이론과 그 문제들을 연관시킨다. 학급 관리를 하는 데 있어 다중지능은 어떤 점에서 유용한가? 한계점은 무엇인가?

09 다중지능 학교

> 우리는 학교가 몇 가지 핵심적인 훈련을 통해 학생들을 심층적으로 이해하는 데 전념하기를 기대한다. 이는 학생들이 문제를 해결하고, 보다 넓은 지역사회에서 직면할 수 있는 과제를 완수하기 위해 지식을 활용하도록 돕는다. 이와 동시에 학교는 다중지능에 기반을 둔 방법으로 학생들의 발달을 정기적으로 측정하면서 각 학생이 가지고 있는 독특한 지능의 조화를 추구한다.
>
> -하워드 가드너(Howard Gardner)-

다중지능 이론의 영향력은 학급 지도를 넘어 확장되었으며, 학교가 구조화되는 방법의 근본적인 변화를 요청하였다. 이는 교육자들에게 학교 학생들이 지능을 자극하고 발달시키기 위한 경험을 할 권리가 있다는 강한 메시지를 전달하였다. 학교 일과에서 모든 학생은 수십 년에 걸친 모든 형태의 인간 성취를 고양하기 위해 표준화된 언어적·논리–수학적 활동에 참여해야 한다. 뿐만 아니라 그들이 각 지능을 개발하기 위해 초점을 둘 필요가 있는 과목, 프로젝트 그리고 프로그램에 노출되어야 한다.

다중지능 학교와 전통적인 학교

오늘날 대부분의 미국 학교에서 경시되어 온 지능들(음악 지능, 공간 지능, 신체–운동 지능, 자연탐구 지능, 대인관계 지능, 자기성찰 지능)에 초점을 둔 프로그램은 선택과목 혹은 적어도 주요과목 외의 중요치 않은 과목으로 생각되는 경향이 있다. 학교구가 재정 위기에 직면하면 예산 담당자는 예산을 아끼기 위해 제거해야 할 대상으로 읽기나 수학 프로그램보다는 음악 · 미술 · 체육 프로그램을 고려한다(Hawkins, 2002 참고). 설사 이 프로그램들이 지속된다 하더라도, 그들은 언어와 논리에 대한 요구를 미묘하게 강조한다. 굿레드(Goodlad, 2004)가 학교 운영과 관련한 자신의 기념비적인 연구인 『학교교육에 대한 연구(A Study of Schooling)』(1979)에서 언급한 것에 따르면, "영어, 수학 그리고 학문적인 교과가 예체능 수업을 좌지우지하고 있다는 사실이 매우 유감스럽다……. 그런 교과들은 교육에서 전향적인 방식으로 우리를 이끄는 개인적 표현성 및 예술적 창의성과는 거의 관계가 없기 때문이다."(pp. 219-220). 굿레드는 체육 수업에서도 유사한 문제점을 발견하였다. 즉, 그는 "이 프로그램에서 요구되는 것은 사실상 존재하지 않는 것이다. 체육 수업은 교사가 감독하는 휴식 시간(teacher-monitored recess)인 것처럼 보인다."(p. 222)라고 하였다.

학교에서 프로그램을 구조화하기 위해 노력하는 관리자나 행정가들은 각 학생이 매일 세부 과목(예: 미술, 음악, 체육)에서 두드러지게 요구되는 여덟 가지 지능과 직접적인 상호작용을 할 수 있도록 기회를 제공하는 체제로서 다중지능 이론을 활용할 수 있다. 〈표 9-1〉은 일반 전통적인 수업, 보충 프로그램 및 교육과정 외 활동을 포함하여 학교에서 여덟 가지 지능을 활용할 수 있는 몇몇 프로그램을 설명하고 있다.

표 9-1 전통적인 학교 프로그램에서의 다중지능

지능	과목	보충 프로그램	교육과정 외 활동
언어 지능	• 읽기 • 언어 • 문학 • 영어 • 역사 • 외국어 • 말하기	• 창의적인 쓰기 • 의사소통 기술 • 기사 쓰기 • 대중 연설 • 수화	• 토론 • 학교신문 • 졸업앨범 • 언어 동아리 • 아너 소사이어티(미국 우등생 클럽) • 학생 라디오 방송
논리- 수학 지능	• 과학 • 수학 • 경제 • 회계 • 전기공학	• 비판적 사고 • 코딩 • 재정 관리 • 비즈니스 수학	• 과학 동아리 • 컴퓨터 (코딩) 동아리 • 수학 동아리 • 체스 동아리
공간 지능	• 영화 제작 • 사진 • 제도 • 미술사 • 미술 감상	• 시각적 사고 수업 • 웹 디자인 • 애니메이션 수업 • 인테리어 디자인 • 조각 • 건축 • 도예	• 사진 동아리 • 시청각 보조 • 체스 동아리 • 학생 TV 방송
신체- 운동 지능	• 체육 • 자동차 정비 • 연극 • 운전 교육 • 개인위생 교육	• 피트니스 프로그램 • 도예 • 춤 • 요가 • CPR 훈련 • 영양 • 보석 제작	• 팀 스포츠 • 개인 스포츠 • 치어리딩 • 걷기 프로그램 • 무예
음악 지능	• 음악 감상 • 기악 • 음악사 • 성악	• 오르프(Orff Schulwerk) 프로그램 • 코다이(Kodaly) 방법 • 스즈키(Suzuki) 훈련 • 달크로즈 유리드믹스 (Dalcroze Eurhythmics)	• 밴드 • 오케스트라 • 합창단 • 음악 동아리 • 성가대 • 음악 제작 동아리(컴퓨터 기반)

대인 관계 지능	• 사회과학 • 가정 • 비즈니스 • 미디어 연구 • 사회학 • 인류학 • 정치학	• 사회성 기술 훈련 • 물질 남용 예방 • 다양성 훈련 • 상담 • 학교폭력 예방	• 합창단 • 학생회 • 모의 국제 연합 • 미래 건축가들 • 서비스 조직 • 인권 동아리

자기
성찰
지능
	• 심리학
	• 경력 개발
	• 인터넷 검색 기술
	• 개인 연구 기술
		• 자기계발 프로그램
		• 상담 서비스
		• 철학
		• 종교
		• 직업 상담
			• 관심 있는 동아리 활동
			• 취미 동아리
			• 아너 소사이어티(미국 우
			  등생 클럽)
			• 마음챙김 명상 동아리
			• 기업가 동아리
			• 블로그, 웹사이트 제작
			  워크숍

자연 탐구 지능	• 생물학 • 동물학 • 식물학 • 지질학 • 기상학 • 해양학	• 정원 가꾸기 수업 • 캠핑 원정(expedition) • 조경 수업 • 원예 연구 • 농업 연구	• 미국 농업교육 진흥회 (Future Farmers of America) • 정원 가꾸기 동아리 • 조류 관찰 동아리 • 생태학 동아리

🗣️ 다중지능 학교의 구성 요소

　단순히 학생들에게 다양한 과목에 대한 평가를 제공하는 것만으로 다중지능 학교가 구성되는 것은 아니다. 가드너는 자신의 저서인『다중지능: 이론과 실제의 새 지평(Multiple Intelligence: New Horizons in Theory and Practice)』(2006a)에서 이상적인 다중지능 학교에 대한 비전을 제시하였다. 특히 가드너는 두 가지 비학교 모델(nonschool model)을 제안했는데, 여기에는 다중지능 학교가 어떻게 구성될 수 있는지 잘 나타나 있다.

- 현대의 어린이 박물관(contemporary children's museum): 아동에게 융합적 (interdisciplinary)이고 실제 일상생활 맥락을 기반으로 직접 체험을 통해 학습할 수 있는 환경을 제공한다. 또 아동이 새로운 요소와 상황에 대해 자유롭게 묻고 답할 수 있는 편안한 분위기를 촉진한다.
- 청소년을 위한 도제교육(apprenticeship) 모델: 숙련자가 어린 후배들이 진행하는 지속적인 프로젝트를 감독하는 것이다.

가드너는 다중지능 학교에서 학생들에게 아침 시간을 전통적인 교과목을 비전통적인 방법으로 학습하는 데 보내도록 제안했다. 특히 가드너는 프로젝트 중심 교수법을 활용할 것을 강조하였다. 학생들은 특정한 분야(역사 갈등, 과학 원리, 문학 장르)를 깊이 탐구하고, 한 주제에 관한 여러 차원을 이해할 수 있는 지속적인 프로젝트(포토 에세이, 실험, 저널)를 수행한다. 그리고 나서 학생들은 일과 중 두 번째 시간에는 지역사회로 들어가서 그들이 학교에서 배운 주제에 대한 이해를 확장시킨다. 어린 학생들은 정기적으로 어린이 박물관, 미술관 혹은 과학 박물관 및 직접적인 체험학습을 할 수 있는 장소에 방문하고, 도슨트를 비롯한 전문가 가이드들과 상호작용하며 놀이 활동에 적극 참여한다. 3학년 이상의 학생들은 그들 자신의 지적 성향, 흥미, 활용 가능한 자원의 평가에 기반을 둔 도제교육을 선택할 수 있다. 이들은 지역사회의 예술, 기술, 기능, 신체 활동 등의 영역 전문가와 함께 공부하는 데 오후 시간을 보낼 수 있다.

다중지능 학교에 대한 가드너의 근본적인 비전은 현재 대부분의 학교에는 존재하지 않는 역할을 수행하는 핵심적인 세 구성원의 활동에 근거한다. 가드너의 모델에서 모든 다중지능 학교는 다음과 같은 역할을 하는 구성원이 존재한다.

1. 평가 전문가(assessment specialist): 이 구성원은 지속적인 '심상(picture)'을 발전시키거나 각 학생의 여덟 가지 지능에서의 강점, 약점, 흥미를 기록

한다. 지능 기반 방법(intelligence-fair-ways)을 활용함으로써 평가 전문가는 각 학생의 학교에서의 경험을 다양한 방법(관찰, 비형식적 평가, 멀티미디어 기록)으로 기록하며, 부모, 교사, 행정가 그리고 학생들에게 여덟 가지 지능 각각에 대한 그들 자신의 전반적인 성향을 개관해 준다(다중지능 관점에서의 검사 및 평가에 관한 내용은 10장 참고).

2. 학생-교육과정 중개인(student-curriculum broker): 이 구성원은 학생의 여덟 가지 지능에서의 재능 및 능력과 학교에서 이용 가능한 자원들 사이를 연결하는 역할을 한다. 학생-교육과정 중개인은 학생과 세부 과목 및 선택과목을 연결하고, 교사에게 학생마다 가장 적합한 과목을 제시해 줄 수 있는 방법에 대한 정보(예: 비디오, 직업 체험, 책, 음악 등)를 제공한다. 이 구성원은 활용 가능한 교재, 방법, 인적 자원 등을 제시함으로써 학생의 학습 잠재력을 극대화하는 데 책임을 진다.

3. 학교-지역사회 중개인(school-community broker): 이 구성원은 학생의 지적 성향과 큰 지역사회에서 활용 가능한 자원을 연결한다. 학교-지역사회 중개인은 도제교육, 조직, 멘토십(mentorships), 튜토리얼(tutorials), 지역사회 과정(community courses), 주변 지역의 이용 가능한 그외의 학습 경험 등에 대한 풍부한 정보를 가지고 있어야 한다. 그러고 나서 이 구성원은 학생의 흥미, 기술, 능력을 학교를 벗어난 활동과 적절하게 연결하는 것을 추구한다(예: 첼로에 흥미를 갖기 시작한 학생을 도와줄 수 있는 첼로 연주자 찾기).

가드너에 따르면, 다중지능 학교의 설립은 유토피아가 아니지만, 이는 ① 학생을 각 지능의 실제적인 내용 및 상징과 연결시키는 평가, ② 실제 생활의 기술과 경험을 반영하는 교육과정 개발, ③ 확고한 교육적 원리를 반영하며 교육에 깊이 종사하는 전문 교사(master teacher)를 배출하는 교사교육 프로그램, ④ 더 나아가 부모와 사업가, 박물관 및 기타 교육기관과의 높은 지역사회 연계성 등을 포함하는 여러 가지 요소의 접합이다.

🗣 다중지능 학교 모델: 새로운 도시 학교

첫 번째로 다중지능교육을 전면 실시하였지만 2016년에 그 문을 닫은 인디애나폴리스의 핵심 학습공동체—더 높은 표준화 검사 점수로 압박한 미국 교육의 희생양—는, 미국에서 다중지능 이론이 적용된 두 번째 학교인 세인트 루이스에 위치한 새로운 도시 학교(New City School)에 많은 영감을 주었다. 1988년 가드너의『마음의 틀』을 읽은 뒤 핵심 학교(그 당시에는 이렇게 불렸다)에 방문했던 새로운 도시 학교의 교장 톰 호에르(Tom Hoerr)는 정기적으로 그의 선생님들과 함께 가드너의 연구물을 공부하기 시작했고, 또 어떻게 하면 학교에서 그의 이론을 가장 잘 실행에 옮길 수 있을지를 고민했다. 곧바로, 그들은 여덟 가지 지능을 반영하기 위해 교수법과 평가방법을 수정하기 시작했다. 1990년에, 그들은 다중지능 이론에 관한 전국적 회담을 개최하고, 그 구성원들은 다중지능에 관한 책 두 권—『다중지능: 성공을 위한 가르침(Celebrating Multiple Intelligence: Teaching for Success)』(1994)과 『다중지능으로 성공하기: 개인적 지능을 통한 교수(Succeeding with Multiple Intelligences: Teaching Through the Personal Intelligences)』(1996)—을 저술했다.

20년이 지난 지금, 모든 사회경제적 계층의 만 3세부터 6학년까지의 학생들의 매우 다양한 요구를 맞추는, 새로운 도시 학교는 잘 성장하고 있으며, 다음과 같은 방식으로 다중지능 이론을 실현해 왔다.

- 다중지능 통합교육과정: 유치원 수준을 예로 들면, "학생들은 자신의 몸, 찰흙, 분필, 페인트와 연필을 활용하여 역할놀이를 하고, 글자를 연습하며, 수를 배웁니다(신체 지능). 아이들은 문자와 숫자 노래를 부르고 듣습니다(음악 지능). 아이들은 교실 안팎에서 자연을 관찰하고 자연과 상호작용합니다(자연 지능). 아이들은 예술적 스타일을 연구하고, 자신만

의 이야기와 수학 문제를 그리며, 퍼즐을 만들고, 촉각으로 읽을 수 있는 글자나 숫자를 만듭니다(공간 지능). 학생들은 또한 자신의 작품을 성찰하고, 선택하며, 서로를 가르쳐 줍니다. 아이들은 혼자서, 파트너와 함께, 또는 집단으로 학습합니다(자기성찰 지능과 대인관계 지능)."라고 학교 웹사이트에 적혀 있다.

• 다중지능 도서관: 높은 수준의 아동문학 13,000권을 소장하는 이 도서관은 하워드 가드너의 영향을 받았으며, 언어 지능을 넘어서 다른 일곱 가지 지능들과도 많은 관계를 맺는다. 이곳에는 스토리텔링이나 연극을 위한 원형극장, 마르면 지워지는 벽, 싱크대, 미술 프로젝트나 다른 '지저분한' 작업을 할 수 있는 타일 바닥으로 이루어진 체험관, 체커스, 체스, 오델로(Othello), 보글(Boggle) 등의 게임을 즐기는 동안 다중지능 문제해결 전략을 사용하도록 하는 게임 프로그램 등이 있다. 매주 다양한 주제를 선보이는, 도서관 내 다중지능 센터는 이미 읽은 이야기를 토대로 구성한 작은 공연, 특정 일러스트레이터에 의해 영감을 받은 미술 프로젝트 그리고 이야기를 더 깊이 탐험할 수 있도록 퍼즐의 사용 등을 준비한다.

• 에반 델라노(Evan Delano) 갤러리: 이곳은 다중지능 도서관 밖 미술 갤러리로 학생들, 부모들 그리고 공동체의 다른 창의적인 구성원들이 만든 작품을 위한 장소다. 전시 주제들에는 교육에서의 과학과 예술(STEAM)의 영향을 받은 학생작품을 위한 'Full Steam Ahead', 알파벳에 영향을 받은 작품을 위한 'AlphaART', 학생이 만든 부드러운 조각과 직물공예를 전시하는 'Sew Loved' 등이 있었다.

• 서비스 학습: 새로운 도시 학교의 자기성찰 지능과 대인관계 지능에 대한 전념은 지역사회와 전 세계적 공동체에의 막강한 기여에서 드러난다. 어린이집 아이들은 지역 퇴직 센터의 어르신을 위해 미술작품, 글, 노래를 만든다. 2학년 학생들은 공동체 봉사활동 프로그램에 참여하여 잡초를 제거하고, 구근 식물 심을 준비를 위해 땅을 고르며, 'Forest park'에 채소를 심는데, 그 채소들은 세인트 루이스 대도시 지역의 저소

득 가정에게 음식을 나누어 주는 기관인 Operation Food Search로 기부된다.

새로운 도시 학교는 열정적인 교사들과 의욕 넘치는 교장이 여덟 가지 지능 모두를 갖고 있는 아이들에게 학습 기회를 제공하기 위해 지역사회와 힘을 합치면 무엇이 가능한지를 보여 준다. 학교가 어떠한지를 알고 싶다면, 호에르의 책『다중지능 학교가 되는 법(Becoming a Multiple Intelligences School)』(2000)을 읽길 추천한다. 학교에 대한 더 많은 정보를 얻고 싶다면 trhoerr@newcityschool.org로 직접 연락해도 좋다.

🗣️ 미래의 다중지능 학교

새로운 도시 학교는 다중지능 학교를 설립하기 위한 유일한 방법도, 추구해야 하는 방법도 아니다. 다중지능 학교에는 얼마든지 가능한 여러 개의 다양한 유형이 있으며, 다중지능 이론을 실제로 적용하고자 하는 교육자, 부모, 관리자 및 지역사회 리더 집단 또한 다양하게 존재한다. 그들이 어떻게 구성되어 있는지와는 별개로, 미래의 다중지능 학교는 학생들이 지닌 모든 지능의 잠재성을 끌어올릴 수 있는 가능성을 지속적으로 확장해 나가야 한다. 어쩌면 미래의 다중지능 학교는 지금의 학교보다 실제 세상과 더 가까운 모습을 지닐 가능성이 있다.

전통적인 학교는 학생들이 지역사회에서의 의미 있는 경험으로 나아갈 수 있는 일시적인 통로가 된다. 그리고 한 가지 이상의 지능을 개발하도록 돕는 프로그램을 만들 수도 있다(이미 과학이나 예술 분야의 중점학교는 존재한다). 여기에서 우리는 다중지능을 가진 개별 학생의 강점 지능을 조기 발견하여 그것을 남용하거나 학생들을 너무 일찍 좁은 분야로 제한한 사회를 만들어서는 안 될 것이다.

궁극적으로 다중지능의 발전을 가능케 하는 것은 점점 복잡해지는 사회의 끊임없이 변화하는 요구를 반영하기 위한 간학문적 방법을 적용하는 것이다. 사회가 변하면서 그리고 이러한 변화에 대처할 수 있는 새로운 지능을 발견해 가면서 미래의 다중지능 학교들은 그저 꿈같은 요소들을 현실에서 실현하고 있을지 모른다.

더 생각해 볼 문제

1. 다중지능 이론에 근거하여 학교를 평가해 본다. 스스로에게 물어보자. [단지 교수 방법(teaching academics)으로서가 아니라] 수업 시간에 학생에게 고유한 다중지능 영역을 개발할 수 있는 학습 기회를 제공하고 있는가? 다중지능 개발 프로그램, 교과, 활동, 학습 경험이 있으면 확인해 본다. 다중지능의 넓은 스펙트럼을 보다 잘 반영하는 프로그램을 어떻게 개발할 수 있을지 생각해 본다.

2. 예산과 자원을 필요한 만큼 얼마든지 쓸 수 있는 상황이라고 가정한다면, 어떤 종류의 다중지능 학교를 세우고 싶은가? 당신이 생각하는 이상적인 다중지능 학교를 계획해 본다. 건물의 설계도는 어떠한가? 학교의 설계도를 그려 본다. 어떠한 교과가 개설될 수 있는가? 교사의 역할은 무엇인가? 학생들의 학습 경험은 어떠한가? 그 학교의 학생이 어떻게 하루를 보내는지 가상 시나리오를 제시해 본다.

3. 다중지능 이론에 근거한 교육을 실천하는 학교들을 찾아보고(웹사이트 검색창에서 '학교' '다중지능' 등의 검색어 활용), 그 학교들의 유사성과 차이점을 조사해 본다. 어떤 측면이 자신의 학교나 학급에 적용될 수 있는가? 또한 어떤 측면은 적용하기 어려운가?

4. 교육 혁신의 한 가지 방식으로서 다중지능 이론에 근거하여 학교를 운영할 때 어떠한 문제가 생길 수 있는지 토론해 본다(예: 더 높은 표준화 시험 점수에 대한 압박). 학교 재구조화에 최적화하기 위하여 다중지능 이론을 어떻게 적용해야 하는가? 보다 성공적으로 학교에 적용하기 위해서는 교사 연수에 어떤 요인을 포함해야 하는가?

> 나는 특정 검사나 그것이 내포하고 있는 정보보다 세상 사람들이 자신의 삶에서 중
> 요한 기술을 어떻게 개발하는지 보여 주는 자연적 정보(naturalistic sources of information)
> 가 더 중요하다고 믿는다.
>
> -하워드 가드너(Howard Gardner)-

　학습 과정의 평가도 9장에서 설명한 교수적 실천의 변화에 상응하는 수정
을 필요로 한다. 학생들에게는 여덟 가지 지능을 두루두루 경험하도록 요구
하면서 정작 교사 자신이 언어 또는 논리-수학 지능과 같이 제한된 영역에
만 초점을 둔 검사로만 측정한다는 것은 매우 위선적이다. 이는 교육자들이
이 두 지능이 다른 것보다 더 우선순위를 가지고 있다는 메시지를 전달하는
것과 다를 바 없다.

　따라서 다중지능 이론은 학생의 학습 과정 평가 방법의 근본적인 재구성
을 제안하면서, 평가는 표준화 검사나 다른 공식적 유형의 검사(규준지향 또
는 전통적인 평가)보다 학생 자신의 과거 수행과 비교하거나[내준(ipsative) 평
가], 학생 학습과정의 의미 있는 표현을 드러내는 참(authentic)평가, 또는 학
생 스스로가 평가 과정의 중요한 부분을 차지하는 [학생의 목소리(student
voice)] 평가 체계에 더 많이 의존해야 한다고 말한다.

　다중지능 평가의 철학은 참평가가 객관식이나 빈칸 채우기 검사보다 학생들의 이해를 더 확실히 측정한다고 주장하는 교육자들의 관점과 일치한다(Gardner, 1993b, 2006a; Popham, 2008; Ravitch, 2016 참고). 특히 수행평가는 학생들이 상황을 통해 배운 것을 보여 준다. 즉, 수행평가는 학생들이 실생활에서 배운 것을 보여 줄 것으로 예상할 수 있는 환경과 밀접하게 연관되어 있다고 볼 수 있다. 반면, 표준화된 평가들은 실생활과는 관련이 없는 인위적인 환경에서만 학생들을 평가한다. 〈자료 10-1〉에서는 교육의 질을 높이는 데 있어서 참평가가 표준화 검사보다 우수함을 증명할 수 있는 여러 가지 방법을 나열하였다.

또 다른 중요한 논의점은 총괄평가와 형성평가의 차이다. 총괄평가의 목적은 주어진 기준점이나 표준과 비교하여 학생의 숙달도를 측정하는 것이다. 총괄평가는 고부담 표준화 검사, 표준-정렬 검사 그리고 학기말에 주어지는 등급을 포함한다. 형성평가는 학생 자신의 학습과정의 일부로서 피드백을 줄 뿐만 아니라, 학생과 교사 둘 모두 교수의 수준, 속도와 질을 향상하도록 돕기 위한 목적으로 학생의 학습에 대해 정보를 수집하는 데에 초점을 둔다(Fisher & Frey, 2014; Moss & Brookhart, 2009).

총괄평가는 표준화 검사를 학생을 비교하기 위해서가 아니라, 다뤄진 교육자료에 대한 학생의 이해를 살피기 위해 사용함으로써 형성적으로 이루어질 수 있다. 형성평가가 총괄적인 방식으로 이루어질 수도 있는데, 예를 들어 학생의 학습 포트폴리오를 기준점과 비교하여 평가하거나 기말 과제의 점수를 매김으로써 그렇다. 형성평가와 총괄평가 모두 참평가로 사용될 수 있는데, 그들의 학습 과정을 따라 일지나 포트폴리오를 작성하는 경우(형성평가), 학기말이나 연말에 수행의 정점을 보여 주는 기말 프로젝트나 공연을 창작하는 경우(총괄평가)가 그 예다. 형성평가와 총괄평가 둘 모두 가평가(nonauthentic)나 전통적인 방식으로 활용될 수 있는데, 깜짝 퀴즈가 학생의 주제에 대한 이해를 알아보기 위해 사용되는 경우(형성평가)와 그 퀴즈의 결과가 수업의 최종 성적을 결정하는 데에 도움을 주는 경우(총괄평가)가 그러하다. 〈표 10-1〉는 평가의 네 가지 카테고리 간의 관계들을 보여 준다.

자료 10-1 표준화 검사와 참평가

표준화 검사
- 점수, 백분위 또는 성적에 의해 학생들의 풍요롭고 복잡한 삶이 단순화됨
- 학생의 수행에 부정적 형향을 미치는 스트레스를 제공함
- 실패하는 학생들의 특정 비율은 가상의 기준이나 표준에 의해 결정됨
- 교사에게 시험 위주의 교과과정을 제공해야 한다는 부담을 가중함
- 특정 순간의 지식을 평가하는 단 한 번의 시험을 강조함
- 오류, 실수, 낮은 점수와 같이 학생들이 할 수 없는 것에 대한 해석에 초점을 두는 경향이 있음
- 단일 정보의 중요성을 강조하여 교육적 결정을 내리는 경향이 있음
- 균일한 방식으로 모든 학생을 대함
- 다른 문화적 배경과 학습 선호도의 차이를 가진 학생들을 평가하지 못함
- 학생의 실력을 향상시키기 위한 정보를 전혀 제공하지 않고 그들을 평가하기만 함
- 검사와 교육을 별도의 활동으로 간주함

참평가
- 교사에게 각 학생이 가지고 있는 학습자로서의 독특한 경험에 대한 정보를 제공함
- 흥미롭고 활발하며 활동적인 경험을 제공함
- 모든 학생에게 성공의 기회를 제공하는 환경을 조성함
- 교사가 교육자료의 맥락에 맞는 의미 있는 교육과정을 개발하고 평가할 수 있도록 함
- 학생의 성취를 정확히 이해하기 위해 지속적인 평가를 실시함
- 학생의 강점에 초점을 두고, 그들이 할 수 있는 것과 하려고 노력하는 것에 대한 정보를 제공함
- 학생의 진전도를 조금 더 정확하게 검사할 수 있는 다양한 평가 자료를 제공함
- 모든 학생을 각각 특별한 한 명의 사람으로 대함
- 문화적 배경에 상관없이 학생의 수행을 평가할 수 있는 공정한 평가를 제공하고, 모든 학생이 성공할 수 있는 동등한 기회를 제공함
- 학습 과정에 유용한 정보를 제공함
- 평가와 교육을 동전의 양면으로 간주함

표 10-1   평가 사분면과 그 예시

	형성평가	총괄평가
전통적 평가	학생에게 어떤 재교육과 안내가 필요한지 교사에게 정보를 제공하는 교사-제작 깜짝 퀴즈	고부담 표준화 검사
참평가	계속적인 학습 진전도를 나타내는, 학생이 제작한 포트폴리오	학기말 '배움의 축제' 발표

평가 경험의 다양성

참평가는 넓은 범위의 도구, 측정 및 방법을 다룬다. 이 평가의 가장 중요한 전제조건 중 하나는 관찰이다. 가드너(1993a, 1993b, 2006a)는 우리가 각지능의 상징 체계를 조작하는 학생들을 관찰할 때 그들의 다중지능을 가장 잘 평가할 수 있다고 지적했다. [예를 들어, 우리는 학생들이 어떻게 보드게임(logical board game)을 하는지, 어떻게 기계를 다루는지, 어떻게 춤을 추는지, 어떻게 협동학습에서 일어나는 분쟁에 대처하는지 등을 관찰할 수 있다.] 이와 같이 학생들이 실생활에서 문제를 해결하는 과정이나 결과를 산출하는 과정을 관찰하는 것은 학교에서 배운 과목의 범위에서 학생의 능력을 가장 정확히 예측할 수 있는 정보를 제공한다.

참평가의 실행을 위해 두 번째로 가장 중요한 요소는 학생들이 결과를 산출하는 과정과 문제를 해결하는 과정을 기록하는 것이다. 학생 수행 기록의 효과적인 방법에 대한 몇 가지 예가 여기 있다.

- 일화 기록: 각 학생의 일지에 중요한 학문적·비학문적 성과, 또래 관계, 학습 자료와의 상호작용, 그 밖의 기타 관련 정보 등을 기록한다.
- 작업 표본(샘플): 교사가 담당하는 교과 영역에서 각 학생이 작업한 작품의 샘플을 보관하는 파일을 만든다. 학생이 작품의 원본을 보관하기 원

하는 경우에는 복사본을 보관하도록 한다.

- **오디오 파일:** 학생으로 하여금 오디오 녹음기에 들리도록 큰 소리로 이야기를 읽고 요약하도록 한다. 농담, 이야기, 수수께끼, 추억, 의견 등과 같은 학생의 일상어 등을 녹음할 수도 있다. 또한 학생의 음악적 능력(예: 노래, 랩, 악기 연주)을 녹음하여 기록할 수 있다.

- **비디오:** 다른 방법으로 문서화하기 어려운 영역에서 보이는 학생의 능력(예: 학교 연극에서 연기하는 능력, 축구 경기에서 공을 받는 능력, 기계 수리 능력, 생태 프로젝트를 소개하는 능력)을 기록하고자 할 때 그리고 학생의 완성된 총괄 프로젝트를 기록하고자 할 때 비디오를 사용한다.

- **사진:** 오래 보관하기 어려운 학생의 작품(예: 3차원 입체 구조물, 발명품, 과학/미술 프로젝트)을 사진으로 보관할 수 있도록 스마트폰을 사용한다.

- **학생 일지:** 학교에서 있었던 자신의 경험을 글, 다이어그램, 낙서, 그림 등을 기록하게 하여 계속적인 일지를 작성할 수 있다.

- **학생 기록 차트(student-kept charts):** 학생들은 자신의 학업 진전도 차트와 그래프 기록물을 보관하도록 독려한다(예: 독서량, 교육 목표 성취 정도).

- **사회도(sociogram):** 협력 관계, 부정적 상호작용 그리고 중립적 관계를 나타내는 기호를 사용하여 학급에서 학생의 상호작용을 묘사할 수 있는 시각적 자료를 만들고 보관한다.

- **교사-제작 비공식(형성)평가:** 특정 영역에서의 아동의 능력에 대한 정보를 이끌어 내는 비표준화 검사를 만들 수 있는데, 이 평가는 학생의 이해를 나타내는 질적 그림을 구축하기보다는 특정 과목에서의 학생의 무지를 드러낼 수 있는 방법을 고안하는 데 초점을 둔다.

- **표준화 검사와 같은 총괄평가의 비공식(형성적) 사용:** 엄격한 행정 절차를 따르지 않는 표준화 검사를 실시한다. 총점보다는 영역별 점수에 집중한다. 여유로운 검사 시간을 제공하고, 학생들에게 지침을 읽어 주며, 그들이 자신의 답을 명확히 할 수 있도록 한다. 또한, 학생들이 그들 자신

의 답을 사진, 3차원 입체 구조, 음악 혹은 다른 방법을 사용하여 설명할 수 있는 기회를 제공한다. 그리고 오류 분석을 통해 학생의 사고를 파악하고 학생이 정확히 알고 있는 것이 무엇인지 알아낸다. 더불어 학생들을 특정 주제에 대한 대화에 참여하도록 유도할 수 있는 자극으로도 표준화 검사를 사용할 수 있다.

- 학생 면담: 학생들과의 정기적인 면담을 통해 그들의 학교생활적응력(school progress), 폭넓은 관심과 목표 그리고 관련 문제들을 논의한다. 면담장면은 또한 녹화될 수 있다.

- 준거지향 검사: 집단의 평균점을 기준으로 학생을 평가하는 것이 아니라 학생 개인의 기술과 능력에 비추어 그들을 평가하는 방법으로(예: 주 공통 핵심 학업성취표준), 학생이 할 수 있는 것과 할 수 없는 것을 구체적으로 제시해 주는 검사다(예: 수학에서 받아올림을 할 수 있는 능력, 자신의 관심 주제에 대해 세 장 분량의 이야기를 만들 수 있는 능력). 이러한 종류의 평가는 학생들이 다른 지능을 통한 이해를 보일 때 증명되는 참평가다(표준기반 다중지능 수업 모형에 대한 부록 A 참고).

- 체크리스트: 교실에서 사용되는 중요한 기술이나 내용 영역에 대한 체크리스트를 만들어, 학생들이 이를 달성하였을 때 역량을 확인한다.

🗣️ 다중지능 평가 프로젝트

다중지능의 기본 철학에 부합하는 여러 평가 프로젝트가 전국적으로 시작되었는데, 이 중 몇몇이 하버드 대학교의 '프로젝트 제로(Project Zero)'에서 일하던 가드너와 동료들에 의해 수행되었다. 프로젝트 제로에서 나온 두 개의 괄목할 만한 연구는 '프로젝트 스펙트럼(Project Spectrum)'과 '아츠 프로펠(Arts PROPEL)'이다.

- 프로젝트 스펙트럼(Project Spectrum): 이것은 매사추세츠 주 메드퍼드 소재 터프즈 대학교에서 시범 시행된 유치원 프로그램이다. 이 프로그램은 실생활에 밀접하게 연관된 활동에서 평가 도구를 사용함으로써 스펙트럼 교과과정에 필수적인 평가 방법을 확립하였다. 이 프로그램은 창조적인 운동 경험(신체-운동 지능, 음악 지능)을 하고, 학생들이 작은 3차원 입체 세계를 창조하고(논리-수학 지능), 그에 대해 이야기할 수 있는 스토리보드 활동을 포함한다(공간 지능, 언어 지능). 또한, 미술 포트폴리오와 다른 센터의 교사들이 활동에 참여하는 학생들을 관찰한 자료를 활용하였다(예: 스토리텔링 영역, 건축 영역, 자연탐구 영역). 교사들은 여덟 가지 지능의 '성향'을 찾는 것뿐만 아니라 학생들이 다른 학습 상황에서 자신감 있게 혹은 망설이며, 쾌활하게 혹은 심각하게, 신중하게 혹은 충동적으로 접근하는지 살피고, 각 학생의 '작업 형태' 특성을 평가하였다(프로젝트 스펙트럼의 평가도구, 학습활동, 강점쌓기 전략에 대한 정보는 Gardner, Feldman, & Krechevsky, 1998a, 1998b, 1998c 참고).

- 아츠 프로펠(Arts PROPEL): 아츠 프로펠은 미국 펜실베이니아 주 피츠버그 공립학교에서 시범 시행된 고등학교 5개년 프로젝트다. 이 프로젝트는 두 가지 요소에 초점을 두었다. ① 영역 프로젝트(domain projects)는 학생들의 창작에 대한 민감성을 발달시키기 위해 운동, 활동, 시각 예술 작품, 음악, 창작 작품 등의 영역으로 구성되었다. ② 과정 포트폴리오(process-folios)는 학생들이 그림, 회화, 음악 작곡, 창작과 같은 프로젝트에 참여하면서 만든 초안, 수정안, 최종 작품을 보관한 자료다. 평가 절차는 자기평가(자기성찰 필요), 학생들의 기술과 상상력, 자기성찰과 다른 사람의 비판으로부터 배울 수 있는 능력을 탐색한 교사 평가를 포함한다(Foote, 1991; Scripp, 1990 참고).

🗣 여덟 가지 방법의 평가

　다중지능 이론의 가장 큰 공헌은 학생들의 평가를 위한 다양한 참평가 방법을 제공한 것이다. 표준화 검사를 포함한 가장 전통적인 검사들의 가장 큰 단점은 학생들이 한 해 동안 배운 내용을 제한된 방식으로만 검사할 수 있다는 것이다. 표준화 검사를 하기 위해서는 일반적으로 착석을 하고 주어진 시간 내에 시험을 완료해야 하며, 시험 중에는 정숙해야 한다. 검사는 일반적으로 학생들이 OMR 답지에 동그라미를 표시해야 하는 언어 지능/논리-수학 지능 관련 질문을 많이 포함하고 있다. 반면, 다중지능 이론은 학생들이 특정 기술, 주제, 교육 내용 또는 다양한 방법 중 하나의 영역에서 그들 자신의 능력을 보여 줄 수 있어야 한다는 신념을 가지고 있다. 그리고 다중지능 이론이 모든 교육은 적어도 여덟 가지의 방법으로 교수될 수 있다고 제안하는 것은 평가 또한 적어도 여덟 가지의 방법으로 이루어질 수 있다는 의미를 함축한다.

　예를 들어, 학생들이 마크 트웨인(Mark Twain)의 소설인 『허클베리핀의 모험(Adventures of Huckleberry Finn)』(1885)에 등장하는 허클베리 핀의 특성을 이해한 후 설명하는 것을 교육 목표로 삼는다고 할 때, 총괄평가는 학생들이 시험에서 다음과 같은 작업을 완료하도록 요구할 것이다.

　소설 속 허클베리 핀을 가장 잘 설명하는 단어를 선택하시오.
　a) 민감함
　b) 질투가 많음
　c) 박식함
　d) 침착하지 못함

　이러한 항목은 학생들이 네 가지 단어 각각의 의미를 알고, 허클베리 핀에 대한 그들 모두의 해석이 시험 출제자의 해석과 일치할 것을 요구한다. 예를 들어, 시험 출제자들이 원하는 답이 '침착하지 못함'이라고 할지라도 다양한 사회 문제에 대한 허클베리 핀의 개방적 면모를 통해 '민감함'이 이 문제에 더 적합한 답이라고 해석할 수 있는 여지를 갖는다. 하지만 표준화 검사는 이러한 해석에 대해 논의하거나 탐구할 수 있는 기회를 제공하지 않는다. 특히 어휘력(word-sensitive)이 뛰어나지 않은 학생들은 허클베리 핀에 대한 지식을 많이 가지고 있어도 그것을 검사에서 표현하기가 어려울 것이다.

다중지능 이론은 다음과 같이 학생들의 이해를 표현할 수 있는 다양한 방법을 제안한다.

- 언어 지능: "구두로, 혹은 자유로운 방식으로 허클베리 핀에 대하여 기술하시오."
- 논리-수학 지능: "만약 허클베리 핀이 과학의 원리라고 한다면 법칙과 이론 중 어느 것에 해당하는가? 설명하시오."
- 공간 지능: "허클베리 핀이 좋아할 것 같지만 소설에 나오지 않은 것을 간단하게 그려 보시오."
- 신체-운동 지능: "허클베리 핀이 학급에서 어떻게 행동할지 팬터마임으로 표현해 보시오."
- 음악 지능: "허클베리 핀을 음악으로 표현한다면 어떤 소리 또는 노래인가?"
- 대인관계 지능: "허클베리 핀은 자신의 삶에서 어떤 사람을 생각나게 하는가?"
- 자기성찰 지능: "허클베리 핀에 대한 자신의 개인적인 감정을 간단하게 표현해 보시오."
- 자연탐구 지능: "허클베리 핀이 동물, 식물이나 날씨 패턴이라면 무엇이었을까? 설명하시오."

허클베리 핀을 이미지, 신체 활동, 음악, 과학 공식, 사회관계, 개인 감정 혹은 동물과 연결시킴으로써 학생들은 다중지능을 사용해 허클베리 핀이라는 등장인물에 대한 이해를 명확히 할 수 있는 더 많은 기회를 가질 수 있다.

표준화 검사와 같은 총괄평가에서 잘 수행하길 기대받는 많은 학생들은 학교에서 습득한 자신의 능력을 나타낼 수 있는 검사가 언어 지능이나 논리-수학 지능에 초점을 맞춘 검사뿐일 때 그들 자신이 배운 것을 보여 줄 수 있는 방법이 없다. 〈표 10-2〉는 학생들이 특정 과목의 능력을 드러낼 수 있는 방법의 다른 예를 보여 준다. 평가의 다양한 방법들은 다음과 같다:

- 학생들이 여덟 가지 지능에 해당하는 모든 수행 활동에 참여하도록 하여 그들의 강점 영역을 찾아낸다.
- 교사는 학생의 가장 발달된 영역이라고 생각되는 지능에 부합하는 수행 과제를 할당한다.
- 학생들에게 평가받고 싶은 방법을 직접 선택하도록 한다. 〈자료 10-2〉는 학생들이 특정 주제 영역에서 자신의 평가 방법을 선정하고 '계약'하는 과정을 보여 주는 예시 양식이다.

표 10-2 특정 주제에 대한 자신의 능력을 보여 줄 수 있는 여덟 가지 방법 예시

지능	남북전쟁에서 남쪽이 패배한 요인	소설 속 인물의 성장	분자 결합의 원리
언어	구두 또는 서면 보고서 제공	소설에 대한 논평을 포함한 구두 해석	구두 또는 서면으로 개념 설명
논리-수학	사망자, 부상자, 이용가능한 물자나 무기에 대한 통계 자료 제시	인물의 성장을 보여 주는 시간의 흐름에 따른 인과관계 차트 제시	적절한 화학 공식을 적고 이것이 어떻게 파생되는지 보여 줌
공간	주요 전쟁들의 지도를 그림	인물의 기복을 나타낸 흐름도나 그림 제작	여러 가지 분자 결합 패턴을 보여 주는 다이어그램 작성
신체-운동	3D 입체지도를 만들고 군인 모형을 이용해 연기	소설의 처음부터 끝까지 일어나는 태도, 전망, 성격상의 변화를 팬터마임으로 표현	다양한 색의 구슬을 사용하여 여러 분자구조 구축
음악	남북전쟁의 인과 요인을 나타내는 노래 정리 (assemble)	인물의 성장과정을 악보로 표현	다른 결합 패턴을 보여 주는 춤 연출
대인관계	중요한 전쟁의 학급 시뮬레이션 제작	인물의 발달에 영향을 미친 동기와 정서 상태 논의	학급 친구들을 원자에 빗대어 분자 결합 설명
자기성찰	자신의 능력을 입증할 수 있는 자신만의 방법 개발	인물의 성장 과정을 개인의 삶에 적용	분자 결합 이해에 대한 능력을 나타내는 스크랩북 제작
자연탐구	북쪽과 남쪽의 지리적 특성이 결과에 어떤 영향을 미쳤는지 검토	소설 속 인물의 성장을 인류의 진화론이나 생태 역사의 발달과 비교	동물의 비유를 사용하여 결합 역학을 설명 (예: 짝짓기를 위해 다른 동물들을 유혹하는 동물과 그렇지 않은 동물, 자연공생 관계)

자료 10-2 '배움의 축제(Celebration of Learning)' 참가 신청서

나는 _____에 대해 학습한 내용을 다음의 방법을 사용하여 나타낼 것이다.

- 리포트 작성
- 포토에세이 제작
- 스크랩북 제작
- 모형 구축
- 발표
- 그룹 프로젝트 제작
- 통계 차트 제작
- 대화형(interactive) 컴퓨터 프레젠테이션 개발
- 일지 쓰기
- 인터뷰 녹음
- 벽화 디자인
- 디스코그래피(discography) 제작
- 강연
- 시뮬레이션 제작
- 일련의 그림, 다이어그램 제작
- 실험 설계
- 토론, 토의 참여
- 마인드맵 작성
- 비디오 제작
- 생태학 프로젝트 개발
- 뮤지컬 제작
- 랩, 노래 제작
- 다른 사람에게 가르쳐 주기
- 댄스 연출
- 기타:

나의 계획에 대한 간단한 설명:

_____   _____
학생 서명   날짜

_____   _____
교사 서명   날짜

🗣️ 평가 상황

다중지능 이론은 다양한 상황에서 학생들이 특정 영역의 능력을 표현할 수 있도록 참(authentic) 형성평가와 총괄평가를 확장한다. 이러한 평가의 프레젠테이션 방식과 응답 방식은 학생들의 능력을 평가하는 데 아주 중요한 역할을 한다. 만약 공간 지능이 발달된 학생이 언어 지능 전략으로만 새로운 학습을 해야 한다면, 그 학생은 아마도 새로운 주제에 대해 숙달하는 것이 어려울 것이다. 같은 맥락에서 신체 지향적인 학생의 경우(신체-운동 지능), 지필 시험을 통해서는 자신이 아는 것을 드러내기 어려울 것이다. 〈표 10-3〉는 다양한 상황에서의 프레젠테이션 방식과 응답 방식의 가능한 조합들을 보여 주고 있다.

미국 학교의 전형적인 검사 환경은 〈표 10-3〉에 제시된 64개의 평가 상황 중 오직 한 가지의 상황으로 설명할 수 있다(왼쪽 상단에 표기된 것: "책을 읽고 답변을 적는다."). 하지만 〈표 10-3〉에 나열된 상황들은 평가를 목적으로 한 잠재적 구조의 일부라는 것을 기억해야 한다. 예를 들어, 여러 다른 평가 상황의 구성을 위해 '토킹북(talking book)을 듣는다.'는 '책을 읽는다.'로 대체될 수 있고, '이야기한다.'는 '답변을 적는다.'로 대체될 수 있다. 또한 〈표 10-3〉에 제시된 하나의 조합 안에서도 다양한 상황이 생길 수 있다. 예를 들어, '견학을 다녀온 후 모형을 구축한다.'를 선택한 학생들의 경험은 견학을 어디로 가는지, 견학 중에 제공되는 경험은 무엇인지 그리고 어떻게 모형 구축 활동이 구성되었는지에 따라 변할 수 있다. 이러한 요인들은 학생들의 능력을 나타내기에는 좋지만(예: 학생이 관심 있는 장소 혹은 학생이 이전에 가 본 장소로 가는 견학) 다른 영역에서는 좋지 않은(예: 학생이 싫어하는 모형 자재의 사용이나 친하지 않은 학급 친구들과의 협력) 다양한 상황을 야기할 수 있다.

물론 교사가 평가를 위해 64개의 모든 상황을 만들 수는 없다. 하지만 〈표 10-3〉는 프레젠테이션(입력)과 표현 수단(출력)의 다양한 접근 방법을 포함한 평가 경험을 학생들에게 제공해야 한다고 제안한다. 다중지능 이론의 평가 경험(특히 프로젝트 기반과 주제 지향 평가)은 학생들이 다양한 상황에 동시에 노출될 수 있는 빈번한 기회를 제공하는 데 목적을 둔다(앞서 언급한 '프로젝트 제로'와 동일). 예를 들어, 학생들이 오염이 지역사회에 미치는 영향에 대한 자신의 이해를 보여 주기 위하여 비디오를 제작한다고 하였을 때, 그들은 사진의 몽타주, 음악, 대화, 단어가 포함된 사진, 음악, 대화문, 글을 모으기 위해 독서(언어 지능), 현장 조사(신체-운동 지능), 환경 관련 음악 듣기(음악 지능), 협력 활동(대인관계 지능) 등 여러 활동에 참여할 수 있다. 이 복잡한 프로젝트는 교사에게 학생의 여러 지능을 통해 그들의 생태학적 역량을 형성적으로 그리고 총괄적으로 평가하여 얻은 상황에 맞는 풍부한 자료를 제공한다.

표 10-3 64개의 다중지능 이론 평가 상황

활동/평가	언어적 활동	논리-수학적 활동	공간적 활동	음악적 활동	신체-운동적 활동	대인관계 활동	자기성찰 활동	자연탐구 활동
언어 지능 평가	책을 읽고 응답을 적는다.	통계 차트를 분석하고 응답을 적는다.	영화를 보고 응답을 적는다.	한 곡의 음악을 듣고 응답을 적는다.	견학을 다녀온 후 응답을 적는다.	협동 게임을 실시한 후 응답을 적는다.	개인적 경험을 회상하고 응답을 적는다.	자연을 관찰하고 응답을 적는다.
논리-수학 지능 평가	책을 읽고 가설을 설정한다.	통계 차트를 분석하고 가설을 설정한다.	영화를 보고 가설을 설정한다.	한 곡의 음악을 듣고 가설을 설정한다.	견학을 다녀온 후 가설을 설정한다.	협동 게임을 실시한 후 가설을 설정한다.	개인적 경험을 회상하고 가설을 설정한다.	자연을 관찰하고 가설을 설정한다.
공간 지능 평가	책을 읽고 그림을 그린다.	통계 차트를 분석하고 그림을 그린다.	영화를 보고 그림을 그린다.	한 곡의 음악을 듣고 그림을 그린다.	견학을 다녀온 후 그림을 그린다.	협동 게임을 실시한 후 그림을 그린다.	개인적 경험을 회상하고 그림을 그린다.	자연을 관찰하고 그림을 그린다.
신체-운동 지능 평가	책을 읽고 모형을 구축한다.	통계 차트를 분석하고 모형을 구축한다.	영화를 보고 모형을 구축한다.	한 곡의 음악을 듣고 모형을 구축한다.	견학을 다녀온 후 모형을 구축한다.	협동 게임을 실시한 후 모형을 구축한다.	개인적 경험을 회상하고 모형을 구축한다.	자연을 관찰하고 모형을 구축한다.
음악 지능 평가	책을 읽고 노래를 만든다.	통계 차트를 분석하고 노래를 만든다.	영화를 보고 노래를 만든다.	한 곡의 음악을 듣고 노래를 만든다.	견학을 다녀온 후 노래를 만든다.	협동 게임을 실시한 후 노래를 만든다.	개인적 경험을 회상하고 노래를 만든다.	자연을 관찰하고 노래를 만든다.
대인관계 지능 평가	책을 읽고 자기 친구와 공유한다.	통계 차트를 분석하고 친구와 공유한다.	영화를 보고 친구와 공유한다.	한 곡의 음악을 듣고 친구와 공유한다.	견학을 다녀온 후 친구와 공유한다.	협동 게임을 실시한 후 친구와 공유한다.	개인적 경험을 회상하고 친구와 공유한다.	자연을 관찰하고 친구와 공유한다.
자기성찰 지능 평가	책을 읽고 자기만의 창의적인 응답을 만든다.	통계 차트를 분석하고 자기만의 창의적인 응답을 만든다.	영화를 보고 자기만의 창의적인 응답을 만든다.	한 곡의 음악을 듣고 자기만의 창의적인 응답을 만든다.	견학을 다녀온 후 자기만의 창의적인 응답을 만든다.	협동 게임을 실시한 후 자기만의 창의적인 응답을 만든다.	개인적 경험을 회상하고 자기만의 응답을 만든다.	자연을 관찰하고 자기만의 창의적인 응답을 만든다.
자연탐구 지능 평가	책을 읽고 생태학 프로젝트를 개발한다.	통계 차트를 분석하고 프로젝트를 개발한다.	영화를 보고 프로젝트를 개발한다.	한 곡의 음악을 듣고 프로젝트를 개발한다.	견학을 다녀온 후 프로젝트를 개발한다.	협동 게임을 실시한 후 프로젝트를 개발한다.	개인적 경험을 회상하고 생태 프로젝트를 개발한다.	자연을 관찰하고 생태 프로젝트를 개발한다.

다중지능 포트폴리오

학생들이 점점 다중지능 관련 프로젝트와 활동에 참여하면서 포트폴리오에 자신의 학습 과정을 문서화할 수 있는 기회가 급격히 늘어나고 있다. 과거에는, 개혁 성향을 지닌 교육자들의 포트폴리오 작업은 대개 언어와 논리-수학 지능을 필요로 하는 일에만 제한되어 있었다(예: 쓰기 포트폴리오, 수학 포트폴리오). 하지만 다중지능 이론은 가능한 한 여덟 가지 지능이 해당하는 모든 영역의 자료가 포트폴리오에 포함되어야 한다고 제안한다. 〈자료 10-3〉에는 포트폴리오에 포함될 수 있는 자료의 몇 가지 예가 나열되어 있다.

자료 10-3 다중지능 포트폴리오에 포함할 수 있는 자료

언어 지능을 문서화하기 위한 자료
- 글쓰기 초안
- 글쓰기 프로젝트의 초안
- 가장 잘 쓴 글의 샘플
- 탐구에 대한 서술
- 토론, 논의, 문제해결 과정을 녹음한 오디오 파일
- 기말 과제
- 연극 해석 오디오 파일
- 읽기 능력 체크리스트
- 책 읽기나 스토리텔링을 녹음한 오디오 파일
- 단어 퍼즐 완성본

논리-수학 지능을 문서화하기 위한 자료
- 수학 능력 체크리스트
- 가장 잘 쓴 수학 리포트 샘플
- 순열/문제해결 과정에서 작성한 메모
- 과학 실험 기말 리포트
- 과학 박람회 프로젝트 문서(예: 상, 사진, 비디오)
- 퍼즐 맞추기 혹은 수수께끼 샘플

• 제작된 혹은 학습된 컴퓨터 프로그램

공간 지능을 문서화하기 위한 자료
• 완성된 작품들의 사진
• 실제 크기의 3차원 모형(mockup)
• 생각을 나타낸 다이어그램, 흐름도, 그림, 마인드맵
• 콜라주, 소묘, 다른 미술작품의 샘플이나 사진
• 시각 기반의 프로젝트를 녹화한 비디오
• 완성된 시각-공간 퍼즐의 샘플

신체-운동 지능을 문서화하기 위한 자료
• 손으로 작업한 문서를 녹화한 비디오
• 프로젝트 제작 과정을 담은 사진, 비디오
• 손으로 작업한 자료의 사진
• 연극, 드라마, 운동선수들, 장인, 혹은 다른 신체-운동성 제품 비디오

음악 지능을 문서화하기 위한 자료
• 음악 공연, 작곡 혹은 노래 모음집을 녹음한 오디오 파일
• 악보의 샘플(연주곡 혹은 자작곡)
• 학생이 직접 작사한 랩, 노래, 음률
• 학생이 편집한 디스코그래피
• 멀티미디어 발표에 사용될 사운드트랙의 오디오 파일

대인관계 지능을 문서화하기 위한 자료
• 다른 사람들과 주고 받은 편지(예: 분야의 전문가에게 쓴 편지)
• 조별 보고서
• 또래, 교사, 전문가에게 받은 피드백
• 학생-교사 회의, 면담 기록(요약, 필기)
• 부모-교사-학생 회의 기록
• 또래 평가
• 협동학습 프로젝트의 사진, 비디오, 리포트
• 사회봉사 활동 프로젝트 문서(예: 증명서, 사진, 비디오)

자기성찰 지능을 문서화하기 위한 자료
• 자기평가 질문지(예: 다중지능, 감성지능)
• 목표나 계획과 연관된 인터뷰

- 관심 영역에 대한 질문지
- 다른 취미나 활동을 보여 주는 사진, 비디오
- 학생기록 차트(student-kept charts)
- 자신의 학습에 대한 자기성찰이 포함된 개인적 메모, 일지

자연탐구 지능을 문서화하기 위한 자료
- 자연학습 견학 보고서
- 4H, 또는 유사한 클럽 활동 기록
- 동물이나 식물을 돌보는 사진, 비디오
- 자연탐구 프로젝트 실습을 녹화한 비디오
- 생태 활동 관련 봉사활동 기록, 메모
- 자연에서의 경험에 대한 개인적인 글(예: 시, 이야기, 회고록, 소설)
- 자연 수집 사진(예: 나뭇잎, 바위, 곤충, 화석)

다중지능 포트폴리오에 포함될 수 있는 자료의 유형은 각 프로젝트의 목적과 목표에 따라 자연스럽게 달라질 것이다. 포트폴리오는 적어도 다섯 가지의 기본 용도를 가지며, 그것을 '포트폴리오 제작의 5C(The Five C's of Portfolio Development)'라고 한다.

1. 축제(Celebration): 한 해 동안의 학생들의 성취를 인정하고 격려하기(참 총괄평가)

2. 인식(Cognition): 학생들이 자신의 성과를 인식할 수 있도록 돕기(참 형성평가)

3. 대화(Communication): 부모, 행정가 및 다른 교사들에게 학생의 학습 진전도 정보를 제공하기(참 형성평가와 총괄평가)

4. 협동(Cooperation): 학생들이 공동으로 작업하고 스스로 평가하는 것에 의미를 부여하기(참 형성평가)

5. 능력(Competency): 학생의 작품을 다른 학생들의 작품이나 표준 또는 기준과 비교 가능한 평가 준거를 확립하기(전통적임과 동시에 참이기도 한 총괄평가)

〈자료 10-4〉의 체크리스트는 포트폴리오가 수업에 어떻게 사용될 수 있는지를 보여 주고 있다.

자료 10-4　다중지능 포트폴리오 체크리스트

포트폴리오를 어떻게 사용할 것인가?
- 학생의 자기성찰을 위해서
- 일반학교의 평가 또는 성적표의 일부분으로써
- 학부모 모임에서
- 개별화교육계획(IEP)/학생지원 팀(SST) 회의 때
- 다음 학년도 교사와 소통을 할 때
- 교육과정을 계획할 때
- 학생들의 성과를 인정할 때
- 협동학습 활동들을 만들 때
- 기타: _____

포트폴리오를 어떻게 구성할 것인가?
- 연대기적으로
- 다양한 주제에 대한 완성된 작품
- 가장 덜 만족스러운 작품부터 최고의 작품까지의 문서(교사가 결정)
- 가장 덜 만족스러운 작품부터 최고의 작품까지의 문서(학생이 결정)
- 첫 아이디어부터 최종 결과물까지의 진전도를 담은 문서
- 주간/월간/연간의 대표 작품들
- '최고'의 작품들
- 조별 작품
- 기타: _____

포트폴리오에서 항목을 배치하는데 어떤 방법을 사용할 것인가?
- 학생의 작품을 선정하기 위해 정기적인 시간을 정한다.
- 학생들이 자기 스스로 선택할 수 있도록 가르친다.
- 미리 정해진 기준에 알맞은 항목을 선택한다.
- 무작위의 방법을 사용한다.
- 기타: _____

포트폴리오를 어떻게 보여 줄 것인가?
- 상자, 다른 용기

- 스크랩북
- 일기, 저널
- 두꺼운 종이로 된 서류철
- 합본
- 전자 텍스트(예: CD, 워드 문서, 파워포인트 파일)
- 오디오(CD, 오디오 파일)
- 비디오(DVD, 비디오 파일)
- 웹사이트, 블로그
- SNS에 업로드(예: 페이스북, 인스타그램)
- 기타: _____

누가 포트폴리오를 평가할 것인가?
- 교사
- 다른 교사들과 공동으로 작업하는 교사
- 자기평가의 과정의 일부로서의 학생
- 또래
- 기타: _____

포트폴리오를 평가하는 데 어떤 요소를 포함할 것인가?
- 목록의 개수
- 목록의 범위
- 설명된 자기성찰의 정도
- 이전 작품에서의 발전
- 현재 목표의 성과(학생, 교사, 학교)
- 제작, 인식 반영의 상호작용
- 피드백 또는 중재에의 대응성
- 개정의 깊이
- 교사들 간의 조별 의견 및 합의
- 위험을 감수할 의지
- 주제의 개발
- 비교를 위한 벤치마크, 루브릭의 사용
- 기타: _____

  다중지능 포트폴리오 및 다른 다중지능 수행의 평가 과정은 이론 개발에서 가장 어려운 부분이다. 개정된 평가는 복잡한 수행과 작품을 평가할 수 있는 벤치마크(benchmarks), 루브릭(rubric), 그 밖의 다른 평가 방법의 개발을 강조하였다(Johnson, Milms-Cox, & Doyle-Nichols, 2006 참고). 개인적으로 이러한 기준점들은 포트폴리오 발달의 능력 평가 측면(즉, 총괄평가)에 가장 적합할 것이라고 추측된다. 포트폴리오가 가지고 있는 다른 네 가지의 기본 용도는 비교평가보다는 자기평가와 내준 비교(학생의 현재와 과거 수행에 대한 비교 평가), 참 형성평가(학습과 더 나은 교수에 기여하는 평가)에 더 초점을 맞추어야 한다. 불행하게도, 일부 교사는 학생들의 다양하고 복잡한 수행을 전체적인 점수 또는 석차와 같은 평가 기법으로 단순화하여 평가한다. 즉, 포트폴리오 A는 1, 포트폴리오 B는 3과 같은 식이다. 또는 C학생의 미술 작품이 '풋내기' 수준일 때, D학생의 작품은 '전문가' 수준인 것도 같은 맥락이라고 볼 수 있다. 이렇게 참 형성평가를 전통적인 총괄평가처럼 잘못 적용하는 것은 결국 표준화 검사와 같은 결과를 낳는다. 따라서 나는 교사들이 각 학생의 개별성을 드러내 주는 작품을 다중지능 평가에서 심도 있게 살펴보는 것에 초점을 맞춰야 함을 제안한다(이러한 종류의 형성평가 모델은 Carini, 1977; Edwards, Gandini, & Foreman, 2011 참고).

  궁극적으로 다중지능 이론은 학생들이 인정받고 축복받으며 양육된 그들의 다양하고 복잡한 삶 안에서 평가의 틀을 제공한다. 다중지능 이론의 평가와 지침은 동전의 양면과도 같다. 따라서 평가에 대한 다중지능 이론의 접근을 수업 과정의 일부처럼 보이도록 실행하기 위해 특별히 많은 시간이 필요한 것은 아니다. 하지만 평가와 지도에 대한 경험은 반드시 실질적으로 다른 것(형성평가의 주요 특징)과 구별할 수 있게 나타나야 한다. 더욱이 이 과정에 속한 학생들은 평가 경험을 '평가받는 날'(전통적인 총괄평가에서 그렇듯이)로 생각하지 않고 배움의 다른 기회를 얻는 것이라고 생각할 수 있어야 한다.

더 생각해 볼 문제

1. 학생들이 도달할 수 있는 목표를 선정한다. 그리고 여덟 가지 지능 중 두 가지 이 상을 사용하여 다중지능 중심의 참 총괄평가를 개발해 본다.

2. 학생들이 여러 지능의 요소를 포함한 '축제 포트폴리오(celebration portfolios)'를 개 발할 수 있도록 도와준다(포트폴리오에 무엇을 넣어야 할지 예시는 〈자료 10-3〉 참고). 자료 선택의 과정(〈자료 10-4〉 참고)과 학생들이 그들의 포트폴리오를 검토 하고 다른 사람에게 보여 줄 상황을 마련한다.

3. 학생들이 경쟁력을 묘사할 수 있도록 '배움의 축제(celebration of learning)'를 배치 하고 그들이 여덟 가지 지능과 연관하여 만든 작품을 보여 준다.

4. 표현하거나 개발 및 정제하고 싶은 문서의 한 방법에 초점을 맞춘다(학생들의 작 품을 촬영한 디지털 사진, 비디오, 오디오, 전자 복제를 포함하여). 이러한 중간 과 정을 더 자주 사용하여 학생들의 작업에 대한 문서화를 시작한다.

5. 매일 혹은 일주일간 묘사할 수 있는 학생들의 경쟁력을 관찰하여 지속적으로 일지 를 기록한다. 어떻게 이 관찰이 학생들에게 더욱 개별화된 전략을 제공하는 데에 도움이 될 수 있을지에 대해 생각해 본다.

6. 평가를 위해서 사용한 투입(제시 방법)과 산출(표현 방법)을 실행한다. 다양한 평가 내용을 개발하고자 한다면 〈표 10-3〉의 지침을 활용한다.

7. 내준 비교 평가 접근(예: 학생들의 현재 수행과 과거의 성취를 비교한 것)을 개발 하고 그것의 유용성을 전통적인 총괄평가의 방법(예: 표준화 검사, 표준을 참조한 수행, 총체적으로 수집한 포트폴리오 등)과 비교하여 검토한다.

11 다중지능, 신경다양성과 특수교육

> 신경다양성은 생명체에게 생물다양성이 일반적인 것처럼 인류에게 매우 중요한 것일 수 있다. 무엇이 주어진 순간에 최고의 연결 형태인지에 대한 증명을 누가 말해줄 수 있을까? 예를 들어, 사이버네틱스(cybernetics)와 컴퓨터 문화는 어느 정도 자폐 특성과 비슷할 수도 있다.
>
> -하비 블룸(Harvey Blume)-

다중지능 이론은 특수교육 분야에서 중요한 함의를 지닌다. 다중지능 이론은 다양한 능력의 스펙트럼에 초점을 맞추어 넓은 범위에서 '장애(disability)'를 규정했다. 교육자들은 다중지능 이론을 바탕으로 특수한 요구를 가진 학생을 많은 지능 영역에서의 강점을 가진 온전한 사람으로 인식하기 시작했다. 미국과 세계 곳곳에서의 특수교육 운동의 역사를 통해, 교육자들은 학생들이 무엇을 할 수 없는가에 초점을 맞춘 결핍 패러다임(deficit paradigm)에서 시작하여 영재 교육자들이 기대하는 것이기도 한, 학교와 삶 속에서 학생들이 성공할 수 있게 하기 위한 충격적인 경향(disturbing tendency)을 시도했다. 특수교육에 대해 말하자면, 포우와 더들리-마링(Paugh & Dudley-Marling, 2011)은 "학습자와 학습의 '결핍' 구조가 학생이 어떻게 보일지, 학교 환경이 어떻게 조직될지 그리고 평가와 교수가 어떻게 실시될지를 계속 지배할 것"(p. 819)이라고 지적했다. 하지만 우리는 피그말리온 효과, 호손 효과, 후광 효과, 플라시보 효과, 고착형/성장형 사고를 포함하여 자신에 대한 기대와 타인에 대한 기대가 행동과 성취에 거대한 영향을 미친다는 다양한 심리학 연구 효과들을 알고 있다(예: Dweck, 2007; Roenthal & Jacobson, 2004 참고). 다중지능 이론은 특수적 요구가 있는 아이들의 능력에 대한 학습 모델과 특수 전략 그리고 이러한 학생들의 학교에서의 학습, 행동, 출석, 성취 문제를 해결하는 도구들을 제공한다.

🗣 신경다양성: 특수교육의 미래인가

신경다양성(neurodiversity) 개념은 1990년대 자폐증 옹호 운동으로부터 시작되었고(Blume, 1998; Singer, 1999), 자폐스펙트럼장애, 주의력결핍 과잉행동 장애(ADHD), 학습장애, 지적장애를 포함한 다양한 어려움이 있는 학생들을 이해하고 돕는 방법으로 활용되고 있다. 간단히 말해서, 신경다양성은 다양한 신경학적 발달이 인간의 다른 특성만큼이나 인식되고 존중받을 수 있는 일반적인 개인차를 나타내는 말이다. 이러한 관점은 장애(disability) 관점과 대조되는데, 장애의 관점은 특수교육을 신경생물학적 장애의 맥락 안에서 틀 지어왔다(〈자료 11-1〉 참고). 역설적으로, 교사들은 아이들에게 생물다양성과 문화적 다양성을 존중하라고 가르친다. 하지만 인간 뇌의 차이에 대해서는, 여전히 장애, 손상, 역기능의 개념으로 바라본다. 우리는 컬러 식물이 꽃잎에 장애를 가지고 있다고 이야기하지 않는다. 우리는 그것이 식물군에 기여하는 독특함을 높이 평가한다. 마찬가지로, 우리는 특수적 요구를 가진 아이들이 교실과 넓은 사회에서 기여하는 독특한 차이를 가치 있게 여겨야 한다.

자료 11-1 특수교육에서 장애 패러다임 대 다양성 패러다임

장애 패러다임(disability paradigm)
- 특정한 장애의 용어(예: 학습장애, ADHD, 지적장애)로 개인을 규정한다.

- 표준화된 검사 도구를 사용하여 특정한 장애를 오류, 낮은 점수, 약점에 초점을 맞추어 진단한다.
- 실생활과 관련 없는 전문적인 처치 전략을 사용하여 장애를 개선하려고 시도한다.
- 분리학급, 그룹, 프로그램에서의 전문화된 처치를 통해 정규 수업 활동으로부터 개인을 자주 분리시킨다.
- 시험, 프로그램, 조립 세트, 교재, 연습문제지 등을 일반학급에서 찾아보기 힘든 소수만 사용하는 것으로 제한한다.
- 개인의 삶을 정기적으로 관찰·측정·수정되는 특수한 행동적·인지적·교육적 목표로 분절시킨다.
- 일반 교육 프로그램과 분리된 프로그램을 만든다(예: IEP 회의를 제외하고 거의 만나지 않는 일반교육 교사와 특수교육 교사).

다양성 패러다임(diversity paradigm)
- 장애의 규정은 행정적인 목적에서만 사용한다. 학생들은 일차적으로 교실에서 그들의 강점, 약점, 독특성에 의해 규정된다.
- 실제적 맥락에서 수행평가 접근을 사용하여 개인의 욕구를 분석하며, 강점에 초점을 맞춘다.
- 개인이 실생활의 활동, 기술, 사건들 내에서 충분하고 다양한 상호작용을 통해 학습 및 성장할 수 있도록 조력한다.
- 충분하고 다양한 사회적 네트워크 시스템 촉진을 도움으로써 다른 학생들과의 관계 맺기를 풍부하게 한다.
- 모든 아동들에게 우수한 교재, 전략, 활동을 사용한다.
- 인류 다양성과 문화 다양성에 대한 이해를 개별 학생의 신경다양성에 적용한다.
- 독특한 신경학적 특성을 지닌 학생과 일반적인 신경학적 특성을 지닌 학생이 함께 모인 통합학급을 위해 전문가와 일반교육 교사가 함께 일할 수 있는 협력 모델을 구축한다.

많은 연구들이 특수적 요구를 가진 아이들이 다른 영역에서는 어려움을 가질 수 있지만 특정 지능에서는 강점을 보인다는 관점을 타당화하고 있다. 4개의 다른 다양성 카테고리와 연관된 몇 가지 지능에 대한 예시는 다음과 같다.

자페스펙트럼장애(ASD): 연구는 자폐스펙트럼장애인에 대하여 다음과 같이 제안한다.

- '일반적인 신경학적 특성을 가진' 개인보다 복잡한 디자인에서 디테일을 더 잘 찾는다(즉, 공간 지능; Baron-Cohen, 1998).
- 사람보다 (컴퓨터 혹은 수학적) 시스템과 작업하는 것을 선호한다(논리-수학 지능; Baron-Cohen, 2003).
- 자주 사용되는 웩슬러 아동 지능검사보다 공간 지능과 논리-수학 지능을 강조하는 레이븐 매트릭스 검사에서 30~70퍼센트 더 나은 성취를 보인다(Mottron, 2011).
- 다중지능 중 하나 이상의 영역에서 서번트 능력(savant-like abilities)을 보이기도 한다(예: 수학 계산이 빠른 논리-수학 지능형 인간; Tammet, 2007).
- 여덟 가지 지능 중 하나 이상에 대하여 빈번하게 특별한 관심을 쏟는다(Kluth, 2008).

난독증: 연구는 난독증을 가진 사람에 대하여 다음과 같이 제안한다.

- 유전학, 외과수술, 생물화학 등 광범위한 분야에서의 성공을 필요로 하는 영역에서 3차원 공간 지능적 사고 능력과 기술을 보인다(Diehl et al., 2014; Karolyi, Winner, Gray, & Sherman, 2003).
- 엑스-레이나 우주 사진과 같이 '흐릿한 자료'를 해석하는 데 유용한 세계적 공간 지능 지각능력을 가진다(Schneps, Brockmole, Sonnert, & Pomplun, 2012).
- 자기성찰적 기업가 활동 성향을 보인다(Warren, 2008).

주의력결핍 과잉행동 장애(ADHD): 연구는 주의력결핍 과잉행동 장애를 가진 사람에 대하여 다음과 같이 제안한다.

- 새로운 정보를 얻는 방법으로 '배회하는' 성향이 있다(신체-운동 지능; Hartman, 1997).

- 참신성—창의적 인식이나 표현의 중요한 구성요소—을 추구한다(White & Shaw, 2011).

- 생각과 행동에서 더 장난기 많고 유연한, 유형(幼形) 성숙의 증거가 있다(즉, 후기 발달단계에서도 유년기 특징을 고수함; Montagu, 1988; Shaw et al., 2007).

- 자연환경에서는 증상이 감소한다(자연탐구 지능; Kuo & Taylor, 2004).

지적장애: 지적장애 진단의 기반이 되는 낮은 IQ 점수가 언어 지능과 논리-수학 지능에서의 어려움을 반영함에도 불구하고, 이들은 다른 지능에서 하나 이상의 강점을 자주 보인다.

- 다운증후군 진단을 받은 사람들은 많은 일반적인 신경학적 특성을 가진 아동들보다 개인적 매력(자기성찰 지능)과 친밀감(대인관계 지능)이 더 크다(Dykens, 2006).

- 윌리엄증후군(Williams syndrome)을 가진 사람들은 일반적인 신경학적 특성을 가진 사람들보다 음악적 관심과 음악 지능에서의 적성이 더 높다. 그들은 또한 언어 지능(관심 영역에서의 어휘력)과 대인관계 지능(사교적임)에서 강점을 보인다(Lenhoff, Wang, Greenberg & Bellugi, 1997).

- 프라더-윌리증후군(Willi-Prader syndrome) 진단을 받은 사람들은 그들을 우수한 양육자로 만드는 강한 모성애를 보인다(대인관계 지능; Dykens, 2006).

🗣 긍정적인 틈새 건설과 다중지능 이론

'틈새 건설(niche construction)'이라는 진화생물학의 개념을 빌려 교사가 특수아동이 학급과 삶에서 성공하기 위해 필요한 접근의 유형을 제시하려 한다. 틈새 건설은 유기체의 생존 확률을 증가시키는 방법으로 환경을 직접적

으로 수정함으로써 유기체의 번성을 보장하는 것을 의미한다. 이것은 자연
계에서 동물들(둥지를 짓는 새, 개미굴을 짓는 개미, 거미줄을 치는 거미, 댐을 짓
는 수달)이 항상 지속하는 것이다. 교실에서 교사는 특수적 요구를 가진 학
생들을 위해 긍정적인 틈새를 지어, 그들이 성취하고 성공할 수 있는 생태적
요소를 제공해야 한다. 전형적으로, 교사들은 주변 환경에 특수적 요구를 가
진 학생을 맞추려 노력한다. 반면, 긍정적인 틈새 건설은 환경이 학생이 세
상을 살아가는 독특한 방법에 맞게 바뀌어야 한다고 주장한다. 물론, 두 접
근 모두가 필요하지만, 긍정적 틈새 건설에 대한 초점이 훨씬 적기에, 그것
을 학교에서 촉진하기 위한 작업이 필요하다. 다음은 긍정적인 틈새 건설의
일곱 가지 구성요소다.

1. **강점 인식**: 교사를 위한 첫 번째 가장 중요한 단계는 다중지능을 포함하
   여 학생들의 장점을 가능한 한 많이 찾는 것이다. 3장의 다중지능 체
   크리스트(⟨자료 3-1⟩ 참고)와 다중지능 진단검사 척도(MIDAS; Shearer,
   1994)는 이를 위한 두 가지 유용한 도구다. 가장 발달된 지능에 대한 학
   생 관찰, 사진, 활동 샘플, 비디오를 통한 학생 강점의 문서화를 포함하
   여 다른 많은 비공식적 평가 접근도 사용될 수 있다(더 많은 검사 도구에
   대한 논의는 10장 참고).

2. **긍정적인 롤모델**: 신경학적으로 독특한 학생들은 그들과 같은 장애를 가
   지고서도 성공한 사람의 예를 볼 필요가 있다. 이는 학생들로 하여 긍
   정적인 사고를 형성하도록 한다(예: 그들이 할 수 있었다면, 나도 할 수 있
   다!). ⟨표 11-2⟩는 수많은 특수적 요구 카테고리에서 잘 알려진 롤모델
   의 목록을 제공한다. 롤모델은 학교, 지역사회, 또는 학생의 친척 중에
   서도 찾을 수 있다.

3. **보조공학과 보편적 학습설계(UDL) 방법**: 이 전략과 도구는 학습 목표 달
   성을 위한 학생의 성공을 도울 수 있다. 예를 들어, 음성-문자 변환
   (speech-to-text) 소프트웨어는 수기로 쓰기나 컴퓨터 자판 치기의 두려

움에서 벗어나 학생들이 글을 쓸 수 있도록 한다. 〈표 11-3〉은 보조공학과 UDL 도구 그리고 그것들이 가진 지능의 샘플 목록을 제공한다.

4. **강점기반 학습 전략:** 이 구성요소는 어려움을 겪는 영역의 발달을 돕기 위해 학생의 강점을 최대로 활용하는 광범위한 학습 전략과 관련되어 있다. 예를 들어, 공간 지능이 있지만 언어 지능에서 어려움을 겪는 학생들은 알파벳을 그림으로 배우거나(예: 뱀 모양의 S), 고학년에서는 사진, 그림, 애니메이션, 만화 등의 과제를 줄 수 있다. 〈표 11-4〉는 여덟 가지 지능과 관련된 강점기반 전략의 다른 예시들을 제시하고 있다.

5. **향상된 사회적 자원 네트워크:** 이것은 친척과 지역사회에서뿐 아니라 학교에서, 학생의 다른 사람들과의 관계를 강화시키기 위한 대인관계 지능 접근이다. 이것은 다음의 네 가지 주요한 중재로 구성된다:
   - 부정적인 사회적 관계(예: 괴롭힘, 폭력배)의 영향력을 제거하거나 줄이기
   - 현재의 긍정적인 관계(예: 협동 학습)를 강화하기
   - 새로운 긍정적 관계(예: 친구맺기 프로그램, 학년 간 튜터링)를 창조하기
   - 현재의 부정적인 관계를 수정하기(예: 담임교사와의 부정적인 관계 향상시키기)
   - 필자의 책 『교실 안에서의 신경다양성(Neurodiversity in the Classroom)』(2012)은 독특한 신경학적 특성을 지닌 학생들을 위한 향상된 사회적 자원 네트워크를 어떻게 구축할지에 대한 더 많은 예시들을 담고 있다.

6. **긍정적인 직업 목표:** 거의 모든 경우, 특수교육대상 학생들은 괜찮은 직업을 찾는 것에 대해 매우 좁은 시야를 가지고 있다. 이러한 학생들에게 긍정적인 틈새를 만드는 핵심 요소는 해당 강점 지능을 가진 사람이 필요한 공동체에 직업을 연결해 주는 것이다. 예를 들어, 돌아다니는 것을 선호하고 매우 자극적인 환경에서 가장 수행을 잘하는 ADHD 진

단 학생의 경우 소방관이나 응급실 관련 업무와 잘 맞을 것이다(Archer, 2015 참고). 한편, 컴퓨터와 코딩에 재주를 보이며 논리-수학 지능이 높은 ASD 진단 학생은 IT 분야에서 기회를 찾을 수 있다(Wang, 2014 참고).

7. 긍정적인 환경 수정: 이 요소는 ADHD 진단 학생을 위한 짐볼(신체-운동 지능), 난독증 진단 학생을 위한 색깔 펜(공간 지능), 감각적으로 예민하고 음악 지능이 있는 ASD 진단 학생을 위한 시끄러운 소리 제거 (그리고 긍정적인 소리의 추가) 등 환경에서의 실제적 구조적 변화를 말한다.

표 11-2 개인적 장애를 성공적으로 극복한 사람들

신경학적 어려움/ 가장 발달된 지능	학습장애	의사소통 장애	정서장애	신체장애	청각장애	시각장애
언어 지능	Agatha Christie	Demosthenes	Virginia Woolf	Alexander Pope	Samuel Johnson	James Joyce
논리-수학 지능	Albert Einstein	Michael Faraday	John Nash	Stephen Hwaking	Thomas Edison	Johannes Kepler
공간 지능	Leonardo da Vinci	Marc Chagall	Vincent Van Gogh	Frida Kahlo	Granville Redmond	Otto Litzel
신체-운동 지능	Auguste Rodin	Marilyn Monroe	Vaslv Nijinsky	Sudha Chandran	Marlee Matlin	Tom Sullivan
음악 지능	Sergei Rachmaninoff	Carly Simon	Robert Schumann	Itzhak Perlman	Evelyn Glennie	Stevie Wonder
대인관계 지능	Whoopi Goldberg	Winston Churchill	Princess Diana	Franklin Roosevelt	King Jordan	Harry Truman
자기성찰 지능	General George Patton	Aristotle	Friedrich Nietzsche	Joan of Arc	Helen Keller	Aldous Huxley
자연탐구 지능	Linnaeus	Charles Darwin	Gregor Mendel	Jean Jacques Rousseau	Johannes Kepler	E.O. Wilson

표 11-3 다중지능 학습 방법을 위한 보조공학과 보편적 설계

학습방법을 위한 보조공학과 보편적 설계/ 어려운 분야	언어전략·도구	논리-수학 전략, 도구	공간 전략, 도구	음악 전략, 도구	신체-운동 전략, 도구	대인관계 전략, 도구	자기 성찰 전략, 도구	자연 탐구 전략, 도구
언어 지능	음성-문자 변환 앱, 문자-음성 변환 앱	철자/문법 체크 앱	표의적 읽기 전략(예: Peabody Rebus 읽기 프로그램)	노래방 기계	점자	튜터, 읽기 전문가, 학년간 또래 교수, 읽기를 좋아하는 가족 구성원	개인 일지, 자기 진도에 맞는 읽기 프로그램	자연을 주제로 한 책 또는 읽기 앱
논리-수학 지능	계산기	칸 아카데미 비디오(Khan Academy)	인지적 조직자	MIND 연구소 수학+음악 프로그램	주판, 큐제네어 숫자막대기와 다른 조작물	수학 튜터, 수학 전문가, 수학 스터디 그룹	자기 진도에 맞는 수학 혹은 과학 앱	자연을 관찰하는 과학적 도구(예: 현미경)
공간 지능	확대하여 프린트된 책, 오디오북	GPS 장치	확대경, 확대된 인터넷 화면	음조 센서가 있는 지팡이	모와트(Mowat) 감지기가 있는 지팡이	개인적인 가이드, 시각장애 지원 그룹	상대의 관점을 둘러보고 개인적 신호를 알아차리는 연습	친구
신체-운동 지능	How-to 책(예: 『Juggling for the Complete Klutz』와 Klutz 출판사의 다른 책들)	가상현실과 증강현실 소프트웨어	유튜브 동영상	음조를 이용한 시계 열운 방향 분석	이동성 기기(예: 전동 휠체어), Wii 스포츠와 피트니스 게임	개인 돌보미	개인적 목표를 설정하고 진전도를 기록하는 앱	친구

지능							
음악지능	리드미컬한 시의 녹음	Apple사 작곡을 위한 Garage Band 앱	음악 소리를 여러 색깔 및 빛으로 전환하여 표현하는 기구	음악 CD, 뮤직 비디오 스트리밍	타악기 연주, 춤연습	피아노 또는 다른 악기 교사, 성악 교사	자기 진도에 맞춰 학습할 수 있는 음악(예: 피아노 배손)
대인관계지능	대인관계에 대한 주제에 대한 독서치료	인지 행동적 요법	대인관계를 주제로 한 영화	음악 동아리 참여(예: 성가대)	그룹 피트니스 수업 참여	회복/자조지지 모임	개인적인 정신치료
자기성찰지능	자조서	기분 변화 앱, 자기조직 앱, 목표 설정 앱	미술치료	음악치료	개인 피트니스 트레이너	심리치료사	자기 성찰을 위한 교독의 시간, 안식기
자연탐구지능	휴대용 도감, 『내셔널 지오그래픽(National Geographic)』 잡지	분류학과 분류체계	자연 프로그램[예: 디스커버리 채널(Discavery Channel), 애니멀 플래닛(Animal Planet)]	새소리 또는 다른 자연 및 동물 소리의 녹음	자연 산책	생태적 조직을 위한 자연 가이드 봉사활동 경험	애완동물 돌보기, 정원에 식물 심기, 또는 다른 종류의 자연 만의 자연 프로젝트

지능	
음악지능	생태계의 다양한 종류의 소리 녹음(예: 새소리), 자연에서 영감을 얻은 음악(예: 스메타나의 〈몰다우〉)
대인관계지능	환경운동단체 활동
자기성찰지능	자연 속 영혼 세계와의 교류를 구하는 의식(vision quest)
자연탐구지능	캠핑과 하이킹 경험

표 11-4 특정 주제를 위한 다중지능 개선 전략 예시

교수목표/ 전략	글자 전환: 'b'와 'd'	물질의 3가지 상태와 관련된 문제 이해하기	단순 공식 이해하기
언어 개선 전략	단어들이나 문장들 속 맥락을 통해 확인하기	구두로 묘사해 주고 해 석 문제 주기	이야기하기, 단어 문제 사용
논리-수학 개선 전략	문자 수수께끼 놀이, 글자 패턴 놀이	교실 안에서 물질들을 세 카테고리로 분류하 기	수직선 위의 수학적 비 율 보여 주기
공간 개선 전략	'b'와 'd'의 색상표, 각 문자에 특별한 문체의 특징 사용, 글자의 '그 림'을 창조(예: 'bed' 게 시물의 어간은 어디인 가?)	다른 상태의 그림들 그 리기, 다른 상태 속 구 성의 그림들 보기(예: www.chem.purdue. edu/gchelp/liquids/ character.html)	'파이' 그리면서 다른 분수로 파이를 잘라 보 기(예: 1/2, 1/3, 1/4)
신체-운동 개선 전략	운동감각의 연상기 호 사용(주먹을 함께 놓고, 엄지를 들어 올 리고, 손바닥은 자신 을 향하게 함—이것이 'b-e-d')	춤 속의 세 가지 상태 의 행동 해 보기, 직접 해 보는 실험, 세 가지 상태에 대한 3차원 모 형 만들기	조작된 분수 퍼즐을 모 아 다른 수를 만들기
음악 개선 전략	많은 'b'와 'd'를 구분하 기 위해 (가사 읽으면 서) 노래 부르기	세 가지 상태에 대한 노래 만들기	'분수-분수(Fractions- Fractions)'와 같이 유 튜브에서 분수 관련 교 사가 제작한 노래 듣기
대인관계 개선 전략	'b'와 'd' 글자 카드를 학생에게 무작위로 주 기, 그들의 소리와 함 께 (청각으로) 다른 것 들을 찾게 한 후 카드 와 함께 보이는 답을 확인하기	하나의 교실을 3개의 상태로 창조하기(각각 의 사람을 분자로), 고 체, 액체, 기체	교실을 다른 분수 모둠 으로 나누고(예: 1/3, 1/4, 1/5), 모둠의 개별 학생들이 다른 학생들 과 일어서서 만들어진 분수를 이야기하기

자기성찰 개선 전략	'b'와 'd'로 시작하는 가장 좋아하는 단어 목록	누군가의 몸, 집, 이웃 속의 세 가지 상태 조사	누군가의 삶을 분수로 나누어 조사(예: 내 전체 가족 중에 나는 얼마나 큰 부분을 차지할까? 어제 내가 빌린 학교 책은 얼마나 큰 부분을 차지할까?)
자연탐구 개선 전략	'b'와 'd'로 시작하는 가장 좋아하는 동식물 목록	자연에 존재하는 세 가지 상태 조사(예: 구름, 비, 모래)	사과를 비롯한 여러 식료품을 작은 단위로 나누고 하나 이상의 조각을 대표하는 분수에 이름 붙이기

다중지능 이론과 신경다양성 통합의 잠재적인 긍정적 결과

특수교육에서 신경다양성과 다중지능 이론을 통합하려는 결연한 시도는 다음과 같은 긍정적 결과를 보일 수 있다.

- 긍정적은 평가 도구 사용의 증대: MIDAS에 덧붙여서, Gallup 기구의 강점 탐구(Strengths Explorer, Gallup Youth Development Specialists, 2007), 아동을 위한 VIA 강점 질문지(VIA Strengths Survey for Children; www.viacharacter.org), Search Institute의 40개 발달 자산(40 Developmental Asets; www.search-institute.org), 토렌스 창의적 사고 검사(Torrence Tests of Creative Thinking; www.ststesting.com/ngifted.html) 등을 포함하여 학생의 강점과 능력 발견을 도와주는 특수교사를 위한 평가들이 있다. 영재 프로그램에 더 적합한 평가 유형은 모든 신경학적으로 독특한 학생들이 포함된 특수교육체계에서 사용되어야 한다.
- 더 긍정적인 개별화교육계획(IEP) 회의: 다양성과 다중지능에 더 큰 강조점을 두면서, IEP 회의는 학생들의 강점, 재능, 능력 그리고 이것들이 학

생의 학업적 수행을 어떻게 향상시킬 수 있을지(고학년 학생들에게는 어떻게 하면 성공적으로 직업 전환이 이루어질지에 대한 것도 포함)에 대한 긍정적인 대화의 기회로 이어질 수 있다. 한 가지 유용한 모델인 평가적 질문(Appreciative Inquiry; Cooperrider, 2001)은 IEP 회의에서 성공적으로 실행될 수 있다(Kozik, 2008).

- IEP에서 강점의 적극적인 사용: 「장애인교육법(IDEA)」에서 IEP 과정의 일부로 강점을 요구하기 때문에, 교사들은 다중지능 이론과 다른 강점기반 접근의 통합을 IEP 학습목표에 실제로 적을 수 있다. 관련된 예시는 〈자료 11-2〉를 참고하라.

- 학교에서 더 성공적인 통합교육 실행: 통합학급에서 특수학생과의 성공적인 통합을 방해하는 중요한 요인 중 하나는 신경학적 특수성을 가진 학생들이 교사에게 큰 부담으로 다가온다는 통합학급 교사들의 인식이다. 대신 이 학생들이 여덟 가지 지능 중 하나 이상에서 강점, 관심과 능력을 보인다고 인식되면, 교사와 또래 학생 모두에게 더 환영받고 통합될 가능성이 높다.

궁극적으로, 특수교육의 목표가 특수적 요구를 가진 학생으로 하여금 학교와 삶에서 성공을 경험하도록 돕는 것이라면, 더 많은 교사들이 각 학생을 성공으로 이끄는 조건에 대해 배울수록, 더욱 긍정적인 결과를 나을 것이다. 다중지능 이론은 강점과 특수적 요구의 이해에 대한 이론적 틀과 모든 신경학적 특수성을 가진 학생들의 전략, 자원, 도구와 관련된 실제적인 레퍼토리를 모두 제공한다.

자료 11-2 개별화교육 프로그램에서의 다중지능 계획 예시

- **과제**: 읽기
- **단기 지도 목표**: 2학년 읽기 능력 수준의 글 중 친숙하지 않은 아동용 글을 접했을 때 학생은 효과적으로 80% 이상을 해석하고 그 글을 내용으로 하는 5개의 질문 중 4개에 답할 수 있다.
- **계획 1**:강한 신체-운동 지능과 공간 지능을 지닌 아동

  IEP 전략:
  - 학생은 새로운 말과 새로운 이야기의 내용에 따라 행동할 수 있다.
  - 새로운 단어를 그림으로 만들어 낼 수 있다(예: '거리' 단어 위에 가로등을 그린다).
  - 찰흙을 사용하여 새로운 단어를 조각할 수 있다.
  - 이해한 수준에서 책의 내용을 표현하는 그림을 그릴 수 있다.

  평가: 학생이 책을 읽는 동안 몸을 움직일 수 있도록 한다. 학생은 질문의 내용에 구어로 답하지 않고 그림을 그려 답할 수 있다.

- **계획 2**: 강한 음악 지능과 대인관계 지능을 지닌 아동

  IEP 전략:
  - 학생은 새로운 단어를 사용하여 음악을 만들 수 있다.
  - 새로운 단어학습을 요구하는 보드게임이나 카드게임을 할 수 있다.
  - 간단한 음악책을 읽기의 소재로 사용할 수 있다(가사를 부른다).
  - 더 높은 읽기 수준을 지닌 또래가 책을 읽어 준다.
  - 2학년 시작 지문을 사용하여 더 낮은 읽기 수준의 아이를 가르친다.

  평가: 학생은 책을 읽는 동안 노래하는 것이 허용된다. 학생은 다른 학생에게 책을 읽어 주거나 또래가 제기한 질문에 답하면서 자신의 능력을 증명할 수 있다.

더 생각해 볼 문제

1. 장애로 진단받은 유명한 개인에게 초점을 맞추어 일반학급 혹은 특수학급에서 사용할 수 있는 교육과정을 개발한다. 비디오를 비롯한 여러 교재를 포함한다. 장애가 한 사람으로서의 개인의 삶에서 단지 한 부분으로 어떻게 설명될 수 있는지 학생들과 이야기한다. 우리 인생의 강점과 약점을 이해하기 위하여 다중지능 이론을 활용한다.

2. 학교 내에서 현재 성공하지 못한, 신경학적 특수성을 가진 학생들을 판별한다. 다중지능 이론에 입각하여 학생들의 강점을 파악한다(3장의 평가 도구 참고). 몇몇 지능의 결합을 포함하여 가능한 한 많은 강점을 브레인스토밍한다. 이후에 동료들과 강점의 평가 과정이 그들의 학생에 대한 전반적인 시각과 교실에서의 해결책을 생성하는 데 어떤 영향을 미쳤는지 토의한다.

3. 『교실에서의 신경다양성((Neurodiversity in the Classroom)』(2012)를 읽고 그 책에 있는 전략 및 예시들과 다중지능 이론의 여덟 가지 지능을 통합한다. 예를 들어, ASD 진단학생의 컴퓨터에 대한 관심이 어떻게 논리-수학 지능과 연결되고 이것이 교육과정으로 통합될지, 혹은 지적장애 학생의 개인적 매력과 친근함(자기성찰 지능, 대인관계 지능)이 언어 지능과 논리-수학 지능을 배우는 데에 어떻게 도움을 줄 수 있을지에 대해 생각한다.

4. 학생의 강점에 근거하여 한 가지 이상의 지능에서 개별화교육계획(IEP)의 다중지능 전략을 기술한다. 강점기반 학습목표에 기초를 둔 IEP 회의를 도와줄 쿠퍼라이더(Cooperrider)의 집단 역동 모델과 코지크(Kozik)의 IEP 표준안을 사용하라(코지크의 표준안은 Armstrong, 2012, p. 156에 제시되어 있다).

5. 신경학적 특수성을 가진 개인의 강점과 능력에 대한 이 장에 인용된 연구들을 읽고, 그 정보를 학교의 다른 교사들과 공유한다. 특수아동에 대한 이해를 변화시키기 위해, 적절한 강점기반 학습전략의 제공을 위해 그리고 그들에게 더 낳은 전환 기회를 제공하기 위해 강점기반 연구들의 함의에 대해 논의한다.

6. 한 명 이상의 신경학적 특수성을 가진 아이들과 개인적으로 일하고 다중지능 이론의 관점에서 특별한 강점에 대해 인식하는 것을 돕는다(Armstrong, 2014 참고). 그들의 강점과 능력에 대한 지식이 자신에 대한 그들이 태도에 어떻게 영향을 미칠까? 그들의 학교 수행에는? 그들의 미래에는?

12 다중지능 이론, 개인화, 심층 학습

> 더 많은 사람이 그들 자신의 교육의 과정에 참여할수록 …… 더 많이 자신의 발달에 참여하는 것이다. 더 많은 사람들이 그들 스스로가 될수록, 더 민주주의에 가까워진다.
>
> -파울로 프레이리(Paulo Freire)-

지금까지는 전략적으로 교수 방식이나 학습 체계를 풍부하게 만드는 방법으로서의 다중지능 이론에 대해 서술하였다. 하지만 이 장에서는 개별화를 향한 움직임을 살펴보고, 어떻게 다중지능 이론이 그 실제를 심화시킬 수 있을지를 탐구해 본다.

'개인화(personalization)'의 의미부터 명확하게 짚고 넘어가려 한다. 첫째, '개별화'된 프로그램이나 제품을 선전하는 교육기업에서의 개별화를 말하는 것이 아니다. 본질적으로, 이 프로그램들은 학생들이 컴퓨터화된 교육자료로 공부하는 것을 바탕으로 데이터를 수집하는 알고리즘을 사용하고, 학생의 투입(input)에 기초하여 모듈과 과제를 개별화 제작한다. 여기에는 그 어디에도 '개인(person)'이 존재하지 않는다[교육비평가 다이앤 래비치(Diane Ravitch)는 이것을 '탈개인화' 프로그램이라고 그녀의 블로그 http://dianeravitch.net에서 이야기하고 있다]. 둘째, 교수자가 학생의 관심, 선호, 학습 방식 그리고 (이 책의 앞부분에서 다룬) 요소들을 평가하는 직접교수 프로그램을 이야기하는 것이 아니다. 이 장에서 이야기하는 개인화는 학생중심이고 학생이 이끄는 프로젝트 그리고 학생의 목소리와 선택을 매우 강조하는 활동을 말한다.

진정한 개인화는 학생들의 열의를 존중하고 실제 세계의 도전과제들을 정복하려는 학생들의 바람을 자극한다. 이러한 접근이 학생들의 삶에 매우 중요한 이유는 그들이 살면서 받을 수 있는 최선의 준비이기 때문이다. 탐험학습(Expeditionary Learning: EL)의 최고연구관리자 론 버거(Ron Berger)는 다음과 같이 말했다.

높이 평가받는 공립학교의 학생으로서 교실에 앉아 있는 모든 시간, 나는 한 번도 '진짜 공부'를 했다거나 교실에서의 요구사항 그 이상의 가치가 있는 공부를 해본 적이 없다. 나의 시간은 기말 과제(학습지, 보고서, 수학 문제풀이, 실험 리포트)를 개별적으로 제출하는 학업 쳇바퀴 안에서 흘러갔다. 그리고 그 모든 것은 그 누구에게도 의미를 갖지 못했고, 내가 실제 세상에서 한 일들과 조금도 비슷하지 않았다. 비록 내가 좋은 성적을 받았을지라도, 학창 시절의 내 결과물들은 쓸모가 없었다. 왜냐하면 내가 만든 그 어떤 것도 독창적이거나 중요하거나 아름답지 않았기 때문이다. 하지만 우리가 학교를 졸업하고 직업세계에 들어갔을 때, 우리는 가치 있는 결과물(과학 리포트, 사업 계획서, 웹사이트, 책, 건축 조감도, 그래픽 미술작품, 투자 제안서, 의학 장비, 소프트웨어 애플리케이션)을 만들도록 요청받는다. 이 결과물은 팀 회의, 협동, 비평을 통해 몇 주 또는 몇 달간 작업하여 만들어지며, 이것은 몇 번의 수정작업을 거치게 된다. 연구, 분석과 생산 활동은 읽기, 쓰기, 수학, 과학, 공학, 디자인 등 여러 과목을 포함한다(Berger, 2013).

학생들이 학교에서 배우는 교육과정의 유형은 그들이 직업시장에서 무엇을 할 것인가와 어느 정도 타당한 연관성이 있어야 한다. 개인화 학습의 실시는 이를 최선으로 보장하는 방법이다.

🗣️다중지능의 개인화 학습에 대한 공헌

다중지능 이론이 개인화 과정을 안내하는 데 도움을 주는 몇 가지 방법을 살펴보자.

다중지능 이론은 자기성찰 지능과 대인관계 지능을 가장 중심에 둔다.   학교 학습의 기초에 언어 지능과 논리-수학 지능을 두는 대신, 개인화 프로젝트는 개인 내적 지능과 개인 간 지능을 가장 필요로 한다. 개인화 프로젝트를 시작하는 데 필요한 상상, 계획, 조직 활동을 위해서 학생들은 그들의 강점과 약점을 솔직하게 평가하고, 현실적인 목표를 설정하며, 프로젝트를 진행하면서 목표를 수정할 필요가 있다. 비슷하게, 개인화 팀 프로젝트에서 학생들은 어떻게 협동하고 주고받는 상호작용에 참여하는지를 배우는데, 이는 그들의 계획을 효과적으로 실행하고 그 목표를 달성하는 데 필요한 사회적 관계를 형성하기 위해 필수적이다.

여기 예시가 있다. 미네소타주의 세인트 폴에 있는 아발론 차터 스쿨(Avalon Charter School) 학생은 연극 프로덕션과 관련된 프로젝트에 참여하기로 결정했다. 프로젝트의 과정에서, 그는 연극을 분석했고, 지역 대학에서 연출기법에 대한 수업을 수강했고, 무대 세트를 만들고, 학교 공동체를 위해 연극에서 기획, 제작과 연기를 담당했다. 아발론의 다른 학생은 800시간 이상을 미네소타에서 개별화 학습 프로그램 기회 확대를 위한 법률 통과를 주장하는 비영리적 교육 옹호집단에 사용했다(Traphagen & Zorich, 2013). 이 두 프로젝트 모두 다른 지능들(분석을 위한 논리-수학 지능, 극화를 위한 신체-운동 지능, 시각화를 위한 공간 지능)을 포함하였지만, 주요한 원동력은 학생들의 개인적 지능의 사용으로부터 공급받았다.

다중지능 이론은 학생과 교사가 개인화 프로젝트를 발전시킬 가능성을 확대하도록 돕는다.   그녀의 학습에 대한 이해를 그저 단어나 숫자로 제한하는 교사는 학생들이 직접 그들의 읽기 자료와 글쓰기 장르 및 주제를 선택하는 교실에서 참 개인화 프로젝트를 촉진할 수 있다. 하지만 이것이 학생에게 가능한 모든 것이라면, 그들이 음악적 표현, 예술적 능력, 극적 민감성 혹은 생태적 민감성에 대해 소유하는 잠재적 선물은 미개발 상태로 남을 것이다. 우리가 개인화 프로젝트를 발전시키는 데 이용 가능한 도구(단어, 숫자, 음악, 오디오, 비디오, 드라마, 자연, 사진 등)를 학생에게 제안할 때, 그들은 더 깊이 참여할 가능성이 높아진다. 〈표 12-1〉은 학생들이 프로젝트 혹은 개인화된 학습 계획을 발전시키는 데 선택할 수 있는 과정의 목록을 제공한다.

표 12-1 개인화 학습 프로젝트의 과정

언어 지능	논리-수학 지능	공간 지능	신체-운동 지능	음악 지능	대인관계 지능	자기성찰 지능	자연탐구 지능
• 글쓰기 • 읽기 • 일지 쓰기 • 말하기 • 듣기 • 편집 • 출판 • 블로그 관리 • 번역 • 검토 • 스토리텔링 • 토론 • 언어 녹음 • 연설 • 기억	• 분석 • 데이터 수집 • 그래프 그리기 • 측정 • 수량화 • 코딩 • 비판적 생각 • 계산 • 발명 • 발견적 학습법 사용 • 통계치 생성 • 실험	• 그리기 • 사진 찍기 • 비디오 찍기 • 색칠하기 • 조각 • 시각화 • 만화 • 스케치 • 애니메이션 제작 • 디자인 • 낙서 • 관찰 • 지도 제작 • 마음 속으로 그리기 • 콜라주 • 보여 주기 (예: 갤러리에서)	• 건물 짓기 • 연극화 • 공예 • 만들기(제조업 운동) • 공연 • 마임 • 역할놀이 • 코칭 • 춤 추기 • 만지기 • 자극 • 모방 • 조각 • 실물 크기 모형 만들기	• 작곡 • 공연 • 뮤지컬 제작 • 악기 • 음악 듣기 • 연주 • 음악 분석 • 노래부르기 • 소리 합성 • 녹음 • 방송 • 랩 만들기 • 구호 외치기	• 멘토링 • 인턴 • 도제훈련 • 직업 체험 • 봉사활동 • 인터뷰 • 마케팅 • 설득 • 중재 • 상담 • 컨설팅 • 이끌기 • 그룹 조직 • 토의 • 협동 • 공유	• 반성 • 선택 • 조직 • 목표설정 • 상상 • 자기평가 • 계획 • 명상 • 꿈 꾸기 • 자기 모니터링 • 자기 규제 • 자신의 깊은 감정과 접촉하기	• 자연분류 • 자연 채집 • 자연 관찰 • 자연 보존 • 정원가꾸기 • 농사짓기 • 낙농업 • 동물 기르고 보살피기 • 절약 • 옹호

다중지능 이론은 교사들이 개인화된 학생주도 활동과 전통적인 교육과정 속에서의 프로젝트를 통합시키는 것을 도와준다.　　많은 교사들은 참 학생중심 프로젝트의 깊은 물을 헤치며 걷기를 주저한다. 왜냐하면 그들은 표준, 필요조건 그리고 교사의 책임감의 핵심인 교과내용을 잃어버릴까 봐 두렵기 때문이다. 캘릭과 즈무다(Kallick & Zmuda, 2017)는 개인화 학습을 교사주도 학습과 학생주도 학습이 양 끝단에 있는 것의 연속체로 보았다. 더욱이, 그들은 이 연속체를 목표 설정, 아이디어 형성, 과제, 평가 등을 포함한 개인화 학습과정의 구성요소로 보았다. 학생들은 이런 영역에서 주도적으로 움직일 수 있지만, 교사는 다른 사람들을 위한 책임감을 가진다. 확실히, 많은 교사들은 그들이 완전히 갖추어진 학생주도 프로그램에 관여하기 이전에 그 물을 테스트하고 싶어 할 것이다. 〈표 12-2〉는 전통적인 내용 영역에서의 활동이 여덟 가지 지능 각각에서의 개인화 과정으로 어떻게 고안되는지 나타나 있다.

다중지능 이론은 학생주도 프로젝트에서 발생하는 학습을 맥락화하는 방법을 제공한다.　　개인화된 학습은 학생들이 프로젝트를 발전시키면서 그 방향을 변화시킬 수도 있다는 사실을 담고 있다. 이를 이해한다면, 다중지능 이론은 교사와 학생의 어떤 지능이 활성화되고 있는지, 어떻게 그들의 학습 과정이 더 확장될 수 있는지에 대한 이해를 도울 개념적 지도를 제공한다.

학습을 개인화하기 위해 사용되는 탁월한 모델은 업무 시간의 20%는 조직에 도움이 되는 자신만의 독창적 아이디어를 창조하는 데 사용하라는 구글(Google)의 전 직원 대상 명령, 'Genius Hour'다. 미국 전역의 Genious Hour 교실에서 교사들은 하루 혹은 일주일의 일정 시간을 떼어두고 학생이 자신의 깊은 관심사에 관한 프로젝트에 열정을 쏟도록 하였다. 예를 들어, 스펜서(Spencer, 2017)는 스케이트보드의 역사 공부에 집중하고 궁극적으로 스케이트보드 박물관과 스케이트 공원의 혼합형 모델을 고안한 학생에 대하여 소개하였다. 이 프로젝트는 언어 지능, 신체-운동 지능, 공간 지능, 논리-수학 지능을 자기성찰 지능 주도 프로젝트로 통합한 것이다. 또 다른 학생은 세계 여러 나라의 자신이 좋아하는 음식을 소개하고(언어 지능, 신체-운동 지능, 자기성찰 지능), 그것을 그녀가 이민자들과 인터뷰한 것을 토대로 통합시켰다(대인관계 지능). 어떤 학생 그룹의 경우는 협동하여(대인관계 지능) 현존하는 롤러코스터의 점수를 매기고(논리-수학 지능), 결과적으로 그들만의 롤러코스터를 고안했다(신체-운동 지능, 공간 지능).

표 12-2 개인화된 학습과 다중지능 이론

개인화된 학습/ 다중지능 통합	우리 동네 (1학년 사회)	지질학 (4학년 과학)	표현적 미술 (8학년 미술)	소설 (11학년 영어권 문학)
언어 지능	우리 동네에서 내가 좋아하는 것들에 대한 책 만들기	내가 선택한 지질학에 대한 책과 기사를 읽기, 나의 탐구를 기반으로 '지질학자의 일지' 작성하기	영어나 다른 언어의 단어나 글자로 미술작품 만들기	자신이 선택한 소설 읽기
논리-수학 지능	우리 동네에서 셀 수 있는 것을 선택하기(예: 우리 동네 집 개수, 시내의 가로등 개수)	바위 분석에 사용되는 도구와 전략들에 익숙해지기, 바위의 분자적 구조/구성요소 연구하기	개인적 데이터의 수학적 표현양식으로 미술작품 만들기(예: 잠자러 간 시간과 다음날 시험 성적을 나타낸 산점도 작품)	그동안 읽은 책과 시청한 영화를 추적할 수 있는 데이터베이스 만들기(개인적 감상 및 해석과 함께)
공간 지능	도시의 사진을 찍고 그것을 모아 사진 전시회 열기	(사람들에게 방향을 알려 주는 목적의) 지역의 바위에 대한 사진을 모아놓고 전시하기	일반적인 하루의 느낌을 표현한 '기분 콜라주' 만들기	읽은 소설을 기반으로 한 영화 보기
신체-운동 지능	우리 동네의 서로 다른 지역으로 현장학습을 가고 여행의 '사회적 이야기'를 만들기	분석을 위해 바위를 쪼개는 적절한 기술 배우기	자화상 조각작품 만들기	읽은 소설의 장면을 기반으로 연극, 마임 공연, 즉흥 연주 하기

음악 지능	우리 동네에서 들리는 소리들을 녹음하여 오디오 만들기	좋아하는 바위를 가지고 노래 만들기(락 음악)	특정 찬반 주제에 대한 자신의 생각을 표현하는 기악곡 작곡하기	각 소설의 가장 흥미로운 이야기를 담은 음악 작곡하기
대인관계 지능	학교 방문이 가능한 지역 역사가와 연락하여 우리 동네의 역사에 대해 듣기, 우리 도시의 역사와 관련된 사람을 인터뷰하기	바위 동아리 만들기, 지질학자 만나기, 낮은 학년생들과 바위 수집품 공유하기	친구들과 함께 모둠을 만들고, 참여자들이 관심 있어하는 주제에 대해 연기하는 극 만들기	독서모임 만들기, 작가들과 이메일, 스카이프 주고받기
자기성찰 지능	우리 동네에 대해 자신이 가장 잘 아는 것과 가장 잘 모르는 것 목록 만들기	좋아하는 바위 견본품 찾아 전시하기	특별한 열정을 담은 미술 형식과 주제를 선택하고 작품 만들기	내가 읽고 싶은 책 선택하기, 다른 사람에게 이 책을 어떻게 소개할지 결정하기
자연탐구 지능	우리 동네에서 가장 필요한 사람들에게 음식을 생산해 줄 수 있는 정원 만들기	내가 사는 지역의 지질학 연구하기	자연물만을 사용하여 개인적인 철학을 표현하는 작품 만들기	자연이 주요한 '특성' 중 하나임을 드러내는 소설 목록 작성하기

🗣️ 심층 학습이 얼마나 가능할 것인가

자연스럽게, 교사들의 큰 걱정거리는 학생주도 프로젝트에서 학습이 실제로 얼마나 일어날까 하는 것이다. 몇몇 교사들은 학생의 학습 진전도를 평가하기 위해서 국가/지역 표준 혹은 발달 기준점과 직접적으로 연결하여 개인화 학습을 계획해 왔다. 교사가 이것을 할지 말지에 대해 결정하는 것과 상관없이, 개인화 학습 과정의 주어진 단계에서 학습수준을 측정하는 것은 유용하다. 웨브(Webb, 1997)의 '지식의 깊이 도식(Depth of Knowledge: DOK)'

은 학생 프로젝트가 주어진 학습활동을 통해 인지적 복잡성에 얼마나 깊이 들어가는지에 대한 측정 교본(template)을 제공한다. 이는 다음의 4단계로 구성된다(Hess, 2013).

1. 회상과 재생산: 목록 작성하기, 정의하기, 계산하기, 기억하기, 전하기, 확인하기
2. 기술과 개념: 추론하기, 분류하기, 예측하기, 해석하기, 요약하기
3. 전략적 사고와 논리: 비판하기, 감상하기, 조사하기, 검사하기, 가설 세우기, 평가하기, 수정하기
4. 확장적 사고: 개척하기, 계획하기, 협동하기, 조사하기, 합성하기, 자기모니터링하기, 비판하기, 생산하기, 보여 주기

우리는 지금 학습과 사고에 있어서 '좋고, 더 좋고, 가장 좋은' 방법에 대해 이야기하는 것이 아니다. 각 단계는 각각의 중요성을 지니고 있다. 예를 들어, Genius Hour에서 중국어를 배우는 학생은 웨브의 모델로서는 1단계에 존재한다. 하지만 그것은 제1차 세계대전 중 유명했던 노래의 배경과 중요성에 대해 프로젝트를 진행하는(4단계) 다른 학생보다 더 지적으로 도전적인 과제일 수 있다.

웨브의 모델은 교사가 사고 과정의 단계를 확인하는 것과 학생에게 자기 평가와 학습계획 향상에 대해 도움 제공하는 것을 가능케 한다. 예를 들어, 로봇 공학 프로젝트 진행 중 한 학생이 4단계 방향과 관련된 프로그래밍을 하기 위해서는 먼저 선행조건으로 1단계 코딩 기술을 숙달할 필요가 있다는 것을 깨달았다. 학생들이 작업의 인지적 복잡성에 대해 자기 모니터링하는 법을 배울 수 있다(그리고 그들의 다중지능을 이해한다)는 사실은 매일의 삶에서 사용되는 메타인지적 기술을 보여 준다. 〈표 12-3〉은 다중지능 이론이 웨브의 DOK 모델과 어떻게 관련되는지 그 예시를 담고 있다.

표 12-3 웨브의 DOK 모델과 다중지능 이론의 통합 예시

지능	DOK-1단계 (회상과 재생산) 어떤 지식인가?	DOK-2단계 (기술과 개념) 지식이 어떻게 활용될 수 있는가?	DOK-3단계 (전략적 사고와 논리) 왜 지식이 사용될 수 있는가?	DOK-4단계 (확장적 사고) 다른 방법으로도 지식이 사용될 수 있는가?
언어	영단어의 정확한 철자법 배우기	시, 짧은 이야기, 혹은 소설 쓰기	글쓰기 능력 향상을 위해 작가의 글쓰기 스타일 분석하기	지난주에 실시한 연구를 바탕으로 라디오 쇼 만들어 진행하기
논리-수학	수학 문제 풀 때의 알고리즘 암기하기	수학 문제 풀기에서 자기발견 전략 사용하기	다양한 패스트푸드 음료 안의 설탕의 양 측정하는 과학 실험 고안하기	학교 기상청을 설치하고 몇 주 혹은 몇 달마다 데이터를 모니터링하기
공간	예술작품의 그래픽 이미지 재현하는 법 배우기	웹사이트 만드는데 그래픽 소프트웨어 지식 사용하기	두 개의 건축양식을 통합한 건축 디자인을 만들기 위해 그래픽아트 앱 사용하기	학교나 지역사회 기증품으로 구성된 시각 예술 전시를 안내하기
신체-운동	육상 수업에서 운동근육의 움직임 숙달하기	테니스 경기에서 백핸드 발리로 승점 따내기	안무 연출하기	학교 대표팀에 의해 사용되는 축구 플레이북을 발전시키기
음악	피아노 악보 보는 법 배우기	모차르트의 바이올린 소나타 연주하기	전자 신시사이저를 위한 음악 작곡하기	콘서트를 기획하거나 작곡을 수행하고 그 창작물에 대하여 발표하기
대인관계	교실에서 적절한 사회적 행동을 기억하고 재현하기	협동을 극대화하는 대인관계 전략을 사용하여 소집단 토의 진행하기	학교폭력 관련 주제에 대한 학생의 생각을 묻는 설문을 만들고, 실시하고, 평가하기	학교에서 '학생의 목소리' 캠페인을 계획하고, 진행하기
자기성찰	학교생활에서 실패와 성공에 관한 과거 기억을 회상하고 표현하기	비언어적 매체로 자서전적인 메시지 담기	1학년 학생들에게 다중지능을 가르치는 활동을 만들고 진행하기	조지프 캠벨(Joseph Campbell)의 영웅의 일대기를 기초로 하여 학교에서 독립적인 학습을 계획하고 연계하는 연간 프로젝트 진행하기

지능	DOK-1단계 (회상과 재생산) 어떤 지식인가?	DOK-2단계 (기술과 개념) 지식이 어떻게 활용될 수 있는가?	DOK-3단계 (전략적 사고와 논리) 왜 지식이 사용될 수 있는가?	DOK-4단계 (확장적 사고) 다른 방법으로도 지식이 사용될 수 있는가?
자연탐구 지능	린네 종 분류체계의 생물 분류법 암기하기	린네 종 분류체계의 분류법에 따라 절지동물을 분류하기	지역 식수의 질을 평가하는 실험 고안하기	지역사회의 수질 오염 정도를 검사하고 모니터링하는 학교-지역사회 협동 캠페인을 계획하고 진행하기

궁극적으로, 진정한 개인화 학습에는 학생의 동기, 관심, 열망과 교사의 학습 모험이 진행될 영역에 대한 지식 사이의 미묘한 균형이 요구된다. 학생은 열정, 배경지식, 큰 관심을 가지고 영역을 탐구할 진취적 자세를 제공하고, 이와 동시에 교사는 전략적 기술, 자원, 제안, 피드백을 제공한다. 다중지능 이론에 대한 지식은 학생의 개인화 학습이 성공적이고 유의미한 결론으로 다다를 수 있게끔 도와주는 개념적 지도를 제공한다.

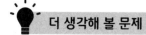

더 생각해 볼 문제

1. 학생들이 관심 있는 토픽, 이슈 등을 탐구할 수 있는 'Genius Hour' 시간을 따로 떼어둔다(www.geniushour.com에서 프로그램에 대한 더 많은 정보 얻기). 학생들이 그들의 프로젝트를 선택할 때, 학생들의 강점 지능과 프로젝트 수행에 필요한 지능 혹은 프로젝트를 위해서 강화될 지능이 일치하는지 혹은 불일치하는지를 알려준다. 약점 지능 향상을 위해, 강점 지능을 계속 발전시키기 위해, 혹은 희미하게 가지고 있는 지능에 더 자극을 가하기 위해 Genius Hour 프로젝트를 실시하는 것에 대해 동료들과 찬반토론을 진행한다.

2. 현재 교실에서의 가르침이 진정한 개인화 교수(컴퓨터기반 혹은 교사주도 교수법이 아님)로 통합되는 수준을 평가한다. 학생주도 개인화가 어떻게 프로그램으로 통합될 수 있는지 그리고 어떻게 다중지능 이론과 프로젝트 혹은 학생이 탐구하기로 선택한 것을 통합할 수 있는지 생각해 본다.

3. 학생주도 개인화 프로그램을 개발하거나 이미 자신이 개발한 교육과정을 선택한다. 웹브의 지식의 깊이 도식과 다중지능 이론을 사용하여 어떤 지능이 사용되었고 어떤 지식의 단계와 관계가 있는지 알아본다. 지능의 폭과 프로그램의 인지적 깊이를 향상시킬 수 있는 추가적 활동의 목록을 작성한다.

13 다중지능 이론과 새로운 학습 기술

> 개인 컴퓨터는 우리가 만든 것 중 가장 강력한 도구임이 틀림없다. 그것은 의사소통의 도구이자 창의성의 도구다. 그리고 그것은 사용자에 의해 만들어져 간다.
>
> -빌 게이츠(Bill Gates)-

지난 50년간의 컴퓨터의 역사를 볼 때, 기술이 발전함에 따라 컴퓨터에 통합되는 지능의 확대를 확인할 수 있다. 초기에는, 컴퓨터 기술의 세계가 BASIC, COBOL, FORTRAN 등의 프로그래밍 언어를 읽고 쓸 수 있는, 논리-수학 지능이 발달된 개인에 국한되었다. 1980년에는, 워드 프로세싱 하드웨어와 소프트웨어의 출현으로 컴퓨터의 세계가 언어 지능이 발달된 개인에게 확대되었다. 1983년 애플사의 아이콘-주도 그래픽 인터페이스가 나타남에 따라 컴퓨터는 공간 지능이 발달된 사람들에게도 접근이 용이해졌다. 그 지점에서부터, 컴퓨터 산업의 빠른 발전은 다른 지능의 영역들도 끌어들여 왔다. 즉, 이메일, 채팅 방, 소셜미디어와 대인관계 지능, 가상 현실 활동과 신체-운동 지능, 음악 파일 공유, 스트리밍, 플레이리스트와 음악 지능, 시뮬레이션 모든 종류의 자기조절 학습 프로그램과 자기성찰 지능 그리고 자연 시뮬레이션, GPS 기술, 생태지향적 소프트웨어와 자연탐구 지능 등이다.

오늘날 전자 연습문제지, 시험지 그리고 그 밖의 논리-수학 지능과 언어 지능 교육자료의 개발을 위한 컴퓨터 앱과 관련된 기술의 역할이 증가함에 따라 비슷한 확장의 과정이 교육 분야에서도 발생하였다. 어디에서나 교사들은 프로그램, 앱, 소프트웨어, 하드웨어 그리고 수업에서 학생들을 여덟 가지 지능의 영역에 연계할 수 있도록 해 주는 다른 도구들이 넘쳐나면서 당황스러움을 겪고 있다. 이 장에서는 교사들이 고차원적 학습을 위해 사용할 수 있는 새로운 학습 기술들 몇 가지를 탐구하도록 할 것이다.

공간 지능 학습자에 대한 교육

지난 40년간 교육 분야에서 내가 그토록 주장한 것은 언어 지능과 논리-수학 지능의 맹습에 압도되어, 그들의 최고로 발달된 지능인 시각적-공간적 방법으로 연습할 기회를 갖지 못하는 공간 지능 학습자에 대한 옹호였다. 그럼에도 불구하고 어떤 교사들은 언어 지능과 논리-수학 지능적 방법에만 의존하여, 공간 지능적 방법으로 새로운 것을 학습할 시간을 갖지 못하게 하였다. 예를 들어, 구글 이미지들은 그림을 보면서 학생들이 어휘를 학습할 수 있는 방법을 제공한다. 빅토리아 시대의 소설을 읽고 '사륜마차(brougham)'라는 단어를 마주한 학생은 구글 이미지(혹은 다른 온라인 이미지)를 검색하여 19세기 사람을 태우고 다니던 귀엽고 작은 마차를 보게 될 것이다. 이와 유사하게, 역사를 가르치는 교사는 공간 지능 학습자의 시선을 끌고 그들이 교과서 자료에 흥미를 느낄 수 있도록 3~5분짜리 다큐멘터리를 활용할 수도 있다.

학생들은 다른 지능들과 공간 지능 노하우를 결합하여 창의적인 프로젝트와 프레젠테이션을 계획할 수 있다. 전통적인 독서감상문의 시대는 끝났다. 대신에 학생들은 책이 살아 숨쉬는 것처럼 이해할 수 있는, 다양한 공간 지능적 방법을 활용할 수 있다. 예를 들어, 학생들은 파워포인트나 프레지(Prezi) 프레젠테이션 소프트웨어를 활용하여 소리, 시각 자료, 애니메이션, 음악과 함께 언어적 설명의 효과를 향상시킬 수 있다. 그들은 아이무비(iMovie)를 활용하여 비디오, 이미지, 텍스트와 소리를 통합한 멀티미디어 프레젠테이션을 실시할 수도 있다. 그들은 스마트폰 비디오 기능을 사용하여 패널 토의 장면을 녹화할 수도 있는데, 이를 통해 그들이 읽은 소설의 내러티브에 대한 생각을 비교하고 대조해 볼 수 있다. 블로그나 웹사이트에 책의 주제와 관련된 더 많은 정보, 이미지, 비디오나 음악을 담고 있는 다른 사이트와 연결함으로써 상호적 독서감상문을 작성할 수도 있다. 그들은 심지어 책의 등장인물 혹은 역사적 배경에 대한 지식을 그린 3차원 이미지(예: '123D Capture' 사용)를 창작할 수도 있다.

🗣 신체-운동 지능 연습하기

교육에서 전형적인 컴퓨터의 이미지는 키보드 앞에 앉아 과제물을 바쁘게 작성하고 있는 학생들의 모습이다. 이러한 장면은 손가락의 움직임 이외의 다른 신체적 움직임을 허용하지 않는다. 하지만 새로운 학습 기술의 세계에 더 깊이 파고들면, 두 가지 신체-운동 지능의 기본요소(신체 전체의 움직임과 손의 사용)를 적용한 방법들을 발견할 수 있을 것이다. 예를 들어, 로봇 공학 영역에서는 학생들에게 작동하는 로봇을 만들거나 수정하고, 레고 마인드스톰(Lego Mindstorms)과 같은 코딩 언어로 조작하는 기회를 제공한다. 이와 비슷하게, 닌텐도 위(Wii) 애플리케이션은 학생의 움직임과 스크린 아바타를 연결하여 그들은 가상으로 골프, 볼링, 테니스 등을 즐기게 한다. 그와 동시에 다른 친구들은 논리-수학 지능을 사용하여 점수를 내고, 사파리 체험을 하고, 야생에서 만나는 동물들의 사진을 찍는다.

신체-운동 지능과 통합된 또 다른 학습 기술은 가상 현실(Virtual Reality; VR)이다. 가상 현실에서 학생들은 헤드기어[예: 구글 카드보드(Google Cardboard), 소니 플레이스테이션 VR(Sony Playstation VR), 오큘러스 리프트

(Oculus Rift)]를 쓰고 이집트의 고대 피라미드, 이스터섬의 불가사의한 조각상, 그레이트 배리어 리프의 해양 생물군을 포함하여 살면서 한 번도 가 보지 못할 장관을 360도로 접근할 수 있다. 가상 현실 기술을 통해, 학생들은 동물을 해부할 수 있고, 화학 구조를 공부할 수 있으며, 인간 심장을 조사할 수 있고,『로미오와 줄리엣』의 한 장면인 이탈리아의 베로나로 가상 여행을 다닐 수 있다. 가상 현실 체험은 데이터 글로브와 워킹패드 등의 주변 장치와 함께 신체-운동 잠재력을 발달시킬 것이다.

증강현실은 3차원 공간 지능 경험과 객관적 세계와 관련된 신체-운동 지능을 제공하는 다른 기술을 말한다. 그것은 스마트폰 혹은 태블릿으로 실제 물체에 컴퓨터 이미지를 덮어씌우는 것을 가리킨다. 예를 들어, 세계 기네스북 앱에는 튀어나오는 상어를 보는 페이지, 육식 공룡을 조종하고 산책시키는 페이지, 세계에서 가장 키가 큰 사람과 작은 사람을 스스로 비교할 수 있는 페이지 등이 있다.

🗣 컴퓨터 기반 기술과 대인관계 잠재력

컴퓨터 기술의 발전에 따라 나타난 또 다른 혁신은 일대일 혹은 다대다 상황에서 먼 거리의 대인 간 의사소통 능력과 관계된 것이다. 이메일부터 인터넷 채팅방 등 소셜미디어 채널을 통한 소통의 기회 등, 대인관계 지능이 발달한 사람들은 다른 사람들과 상호작용하고 협동하기 위한 다양한 경로를 가지고 있다.

스카이프(Skype), 구글 행아웃(Google Hangouts) 등 화상대화 도구들을 통해, 학생들은 그들이 읽고 있는 책의 작가들과 토론할 기회를 얻을 수 있다. 또한, 그들이 공부하고 있는 역사, 과학, 수학, 미술 등의 교과 전문가와 소통할 수 있으며, 다른 나라의 교실과 연결하여 프로젝트와 상호 관심 주제와 관련하여 협동할 수 있다. 구글 독스(Google Docs)나 위키스페이스

(Wikispaces)와 같은 프로그램 또는 웹사이트는 학생들이 문서, 이미지, 다른 자료나 업무를 함께 게시할 수 있는 플랫폼을 제공한다. 학생들은 트위터(Twitter)와 같은 소셜미디어 채널을 사용하여 서로의 작품 혹은 교사의 강의에 코멘트를 제공할 수 있다. 해시태그(#)를 사용하여 온라인에 게재된 특정 주제를 팔로우해 볼 수도 있으며, 트위트덱(TweetDeck)과 같은 앱을 사용하여 다른 트위터의 게시물을 한데 모아 볼 수도 있다. 마지막으로, 학생들은 그들 자신만의 웹사이트, 블로그, 다른 웹 기반 프로젝트를 창작하여 프로젝트, 아이디어, 과제물, 경험들을 다른 사람들과 공유할 수 있다.

🗣 디지털 음악 세계의 탐구

지난 25년간 인터넷의 빠른 확장은 음악 지능이 발달된 학생을 위한 자원을 풍부하게 만들었다. 교사들은 유튜브(YouTube), 아이튠즈(iTunes), 스포티파이(Spotify), 판도라(Pandora) 등을 통해 음악 파일을 찾아 그들의 수업을 계획하고, 음악 재생목록을 특정한 역사적 시대, 문학, 수학, 과학의 주제(예: 음악 연상법의 사용) 등과 엮어 만들어 간다. 학생들은 프레젠테이션 소프트웨어를 사용하거나 혹은 인터넷에서 오디오 파일을 찾아 (유튜브에는 소리 효과 모음집이 있다) 자신의 발표에 음악이나 소리 효과를 더한다. 그들은 GarageBand나 Fruity Loops 등의 소프트웨어를 사용하여 프로젝트 기반 학습활동의 일부로 음악을 작곡할 수 있다. 게임기반 상호작용 플랫폼 Wii Music을 사용하여, 학생들은 백파이프부터 우쿨렐레까지 60여 개의 다양한 가상 악기를 연주해 볼 수 있고, Handbell Harmony와 Pitch Perfect 같은 미니게임을 즐기고, 협주를 시도해 볼 수도 있다. Pocket Pied Piper라 불리는 교사용 앱은 음악을 다운로드하여 교실 관리 신호로 사용할 수 있게 해 준다(예: "줄 서주세요." "자리를 정돈하세요." "자기 자리로 돌아오세요." "생각할 시간입니다." 등).

🗣 기술을 통해 자기성찰 지능 개발하기

컴퓨터화된 교육이 시작된 이래로, 자기성찰 지능의 중요한 구성요소 한 가지는 자기보속 학습(self-paced learning)이었다. 자신만의 속도로 프로그램화된 자료를 학습하고 즉각적인 피드백을 받는, 자기보속 학습은 독립적 성향의 자기성찰적 학생들에게 유용한 대안적 학습법이다. 교사주도의 환경에서 학업은 정해진 시간 안에 완수되어야 하며, 학업 수행에 대한 피드백은 시험결과가 채점되기 전까지(며칠, 몇 주, 몇 달 뒤) 발생하지 않는다. 오늘날의 디지털 '개인화' 학습 체계는 (12장에서 논의하는 개인화 전략과 혼동하지 말 것) 학생들의 관심과 배경지식을 고려하여 조정된 학습자료에 맞춰 정교화된 알고리즘을 적용한다.

다음은 학생들의 자기관리 기술을 돕는 몇 가지 앱이다.

- MyHomework: 학생들의 과제를 조직화하는 것을 도와준다.
- Corkulous: 가상의 코르크판으로, 학생들이 해야 할 일, 브레인스토밍한 것, 노트, 다른 자료들을 '붙여 놓을 수 있게' 해 준다.
- Evernote: 학생들이 나중에 쉽게 꺼내쓸 수 있도록 기사, 사진, 수기 노트, 다른 정보들을 저장해 준다.
- Time Timer: 간단한 시간관리 도구로 과제물 제출 기한까지 한 시간 남았을 때부터 빨간 불이 들어온다.
- SoundNote: 학생들에게 노트 필기 능력을 제공한다. 받아적는 데 어려움이 있다면, 특별하게 제작된 종이에 단어를 써 놓고, 나중에 그 단어들을 클릭하면서 놓친 부분을 듣게 해 준다.
- Flashcard Deluxe: 학생들에게 새로운 플래시카드를 만들 수 있도록 해 주고, 또는 라이브러리에 저장된 400만 장 이상의 카드로부터 미리 만들어진 세트를 다운받을 수 있다.

- StayOn Task: 공부할 동안 무작위로 시청각 신호를 주어 과제에 계속 집중할 수 있도록 상기시켜준다.
- EpicWin: 목표 설정 앱이다. 목표가 성취될 때, 학생들은 애니메이션을 통하여 그들을 '불어 버릴' 수 있다.
- How Would You Feel If...: 56가지 생활 속 다양한 상황에 대한 질문을 제공하고 이 상황에서 어떻게 감정을 조절할지에 대해 토의하도록 한다 (예: "당신이 좋아하는 축구팀이 경기에서 졌을 때 어떤 기분이 들까요?").

🗣️ 최첨단 자연탐구 지능 앱

아이들이 밖에 나가서 자연의 아름다움을 즐겨야 할 시기에 실내의 스크린 앞에 묶어 둔다는 이유로 기술은 비판을 받아 왔다(예: Louv, 2008 참고). 그럼에도 불구하고 자연을 향한 사랑을 발달시키는 다양한 앱이 존재한다.

- North Face Trailhead: 산악애호가들이 EveryTrail.com에서 공유한 등산 경로의 데이터베이스로 구성된다. 등산 난이도 정보와 다른 선구적인 팁들이 포함되어 있다.
- Florafolio: 상호작용적인 자연 가이드로 나무, 관목, 다년생 식물, 양치식물, 덩굴식물, 잔디들을 소개한다(현재 미국 북동부와 남부, 캐나다 동부가 이용 가능하다).
- iBird Plus Guide to Birds: 938종류의 새들과 관련된 자료를 제공한다.
- Leafsnap: 북아메리카 식물에 대한 광범위한 정보를 안내해 준다.
- MyNature Animal Tracks: 동물의 움직임을 구분할 수 있게 해 준다.
- iNaturalist: 자연관찰 내용을 기록하고 inNaturalist.org라는 소셜미디어 네트워크로 공유할 수 있게 해 준다.
- Project Noah: 사진들을 자연의 다양성에 관한 경험 데이터베이스에 공

유하도록 해 준다.

　동식물 연구가들과 생태학자들과 소통하여 현재 진행 중인 연구나 프로그램의 지식에 기여할 수 있는 기회도 많이 있다(Adria & Mao, 2017 참고).

　이 장에서는 다중지능 개발을 위한 디지털 학습 기술에 관한 빙산의 일각만을 다루었다. 다행히도, 단지 전자 학습지나 전자 과제물보다 훨씬 거대한 e-학습의 세계가 존재한다. 대신에, 언어, 논리와 수학, 이미지, 신체적 경험, 음악, 사회적 상호작용, 개인적 탐구, 자연 탐구 등 수천 개의 다양한 학습 기회가 있다는 뜻이다(〈표 13-1〉에서 이용 가능한 자원의 목록 참고).

표 13-1 새로운 학습 기술을 통합한 자원들(예시)

언어 지능	• 워드 프로세서(Microsoft Word) • 팟캐스트 제작(Spotify, Audacity) • 음성-문자 전환 앱(Dragon Naturally Speaking) • 문자-음성 전환 앱(TextAloud) • 번역(구글 번역기) • 웹사이트 제작(Weebly) • 블로그 제작(Blogger) • 노트 필기(SoundNote)
논리-수학 지능	• 스프레드시트(Microsoft Excel) • 코딩(Tynker) • 수학 기술 플랫폼(칸 아카데미) • 논리 게임(Rubik's App) • 비판적 사고 앱(Opposing views) • 데이터베이스 관리(Microsoft Access) • 재정 관리(Quicken Deluxe) • 과학 앱(Coaster Physics) • 수학 앱(Monster Math)

공간 지능	• 비디오 자료(Watch/Know/Learn, Youtube) • 비디오 제작(iMovies) • 샌드박스 비디오 게임(Minecraft) • 이미지 도서관(Google Images) • 3차원 이미지 제작(123D Catch) • 이미지 큐레이션(Pinterest) • 그래픽 조직자(Kidspiration) • 지도 제작 플랫폼(Google Earth, Google Maps) • 스토리보드 앱(Storyboard Composer) • 애니메이션 소프트웨어(Stykz) • 그림 그리기와 색칠하기 앱(Sketchbook) • 클립 아트 자료(www.schoolclipart.com)
신체-운동 지능	• 로봇공학과 코딩(Lego Mindstorms) • 상호적 운동 게임과 스포츠(Wii Fitress, Wii Sport) • 가상 현실 모험(Google Cardboard) • 증강 현실 경험(Aurasma) • 터치스크린 기술(iOS, Android) • 움직임 인식 게임(Aerofly 2)
음악 지능	• 음악적 신호로 교실 관리하기(Pocket Pied Piper) • 분위기를 진정시키는 음악(iZen Garden) • 음악 작곡(GarageBand) • 음악 재생목록 혹은 소리 효과 라이브러리(YouTube Music) • 상호적 음악 게임(Wii Music) • 음악 악보 앱(Noteflight) • 음악 튜터링(Staff Wars)
대인관계 지능	• 협동적 회의(Skype) • 협동적 마인드맵(Coggle) • 협동적 문서공유 플랫폼(Google Docs) • 사회적 글쓰기 플랫폼(wikispaces.com) • 증가적, 대안적 의사소통(Proloquo2Go) • 클라우드 기반 협동(Voice Thread) • 소셜미디어 플랫폼(Twitter) • 가계도 프로그램(Family Tree Maker)

자기성찰 지능	• 프레젠테이션 앱(Prezi) • 멀티미디어 도서 제작(Book Creator) • 자기 조직화 앱(iStudiez) • 시간 관리(Time Timer) • 목표 설정(EpicWin) • 자기 감정 규제(How Would You Feel If...) • 자기 감정 모니터링(Mood Meter)
자연탐구 지능	• 상호적 자연 탐험(Wii Wild Earth, African Safari) • 상호적 자연 가이드(Florafolio) • GSP 앱(Google Maps) • 자연 기반 네트워킹(iNaturalist) • 환경 앱(Kid Weather) • 위상적 지도 제작(Park Maps), 등산 가이드(Every Trail) • 천문학 앱(Star Walk)

 더 생각해 볼 문제

1. 교실 혹은 학교에서 현재 사용하는 학습 기술에 대해 평가를 실시하고, 각각이 어떤 지능과 연결되는지 적는다. 그리고 기술 도구의 모음에서 현재 잘 드러나지 않는 지능에 대한 소프트웨어, 앱, 다른 e-자원을 추가한다.

2. 프로젝트 기반 학습 접근을 사용하여, 몇 가지 지능을 통합하는 멀티미디어 프로젝트를 선택 및 고안하도록 지도한다. 학생들에게 그들이 선택한 도구가 가장 발달된 지능 혹은 발달시키는 데에 가장 관심이 가는 지능과 관련이 있는지 평가하도록 요구한다.

3. 이 장에서 나열한 컴퓨터 프로그램 혹은 앱(또는 그것과 비슷한 것) 중 교실에서 사용해 본 적이 없는 것 한 가지 이상을 선택하고, 그것을 교육과정 단위 혹은 수업 계획과 통합시킬 전략을 고안한다. 그 교육과정 단위 혹은 수업 계획을 발전시키는 것에 대한 성공과 실패를 평가한다. 그리고 그것이 다음 기회에는 어떻게 개선될 수 있을지 결정한다. 이러한 과정을 새로운 앱, 링크, 소프트웨어에 반복한다.

14 다중지능 이론과 실존 지능

실존 지능은 모든 인류의 문화권에서 존중받아 왔다. 이러한 문화들은 실존적 주제를 다루기 위해 신앙, 신비주의, 철학 등의 체계를 창안했다. 현대 혹은 세속적 배경에서 미학적·철학적·과학적 관점으로 이루어진 연구 그리고 이 관점에서 구성된 체계 또한 이러한 인류 욕구의 조화를 설명하고 있다.

-하워드 가드너(Howard Gardner)-

가드너는 아홉 번째 지능인 실존 지능(the existential intelligence; Gardner, 1995, 1999)의 가능성에 관해 저술하였다. 이 장에서는 이와 관련하여 교육과정의 어떠한 잠재적 응용 요소가 해당 후보 지능(candidate intelligence)에 존재하는지 알아보고자 한다. 가드너는 실존 지능을 '인생의 궁극적 문제에 대한 고찰'이라고 정의하였다. 가드너는 이 지능의 핵심 능력이 "전 우주적 관점으로, 즉 무한대이면서 극소한 존재로 자신을 바라볼 수 있는 능력이며, 죽음의 의미, 물리적·심리적 세계의 궁극적 원리, 박해나 몰입 등의 심오한 체험과 같은 인간의 실존적 특징을 포함하여 자신을 그러한 관점으로 바라보는 능력"(Gardner, 1999, p. 60)이라고 묘사하였다. 가드너는 또한 자신이 개개인이나 단체 혹은 기관에서 전해 받은 특정 '진실'을 근거로 영적·종교적·도덕적 지능에 대해 제안하고 있는 것이 단연코 아니라고 서술하였다(왜 가드너가 영적 혹은 도덕적 지능에 관하여 제안하지 않기로 결정하였는지에 대한 상론은 Gardner, 1999, pp. 53-77 참고). 반면, 그는 어떠한 형태든 인간의 지능이 만들어지는 과정은 인생의 궁극적인 의문을 이해하려는 인류의 오랜 노력에 대해 언급해야 한다고 제안하고 있다. 예를 들어, "우리는 누구인가?" "(인생을 사는 이유는) 무엇 때문인가?" "왜 악마가 존재하는가?" "인류의 방향 성은 무엇인가?" "인생에 의미가 있는가?" 등의 궁극적인 의문이라 할 수 있 겠다. 이러한 포괄적인 정의에는 종교적이거나 영적인 역할(신학자, 목사, 랍 비, 샤먼, 선교사, 신부, 요기스,[1] 라마,[2] 이맘[3] 등)이 분명히 존재할 수 있는 여지 가 있을 뿐만 아니라 비종교적 혹은 비영적 역할(철학자, 작가, 예술가, 과학자 그리고 직업적 창조 활동의 일환으로 이러한 깊은 질문을 하는 모든 사람)까지 포 함하게 된다.

가드너는 실존 지능을 다중지능 이론에 포함하는 것을 검토하였는데(가끔 그는 자신이 이미 $8\frac{1}{2}$개의 이론을 가지고 있다고 익살스러운 재담을 하곤 했다), 이는 그가 한 가지 지능을 정의하는 데 필요한 조건들의 거의 대부분에 그 지능이 부합한다고 생각했기 때문이다.

- 문화적 가치: 사실상 모든 문화에는 믿음 체계, 미신, 신조(dogma), 의례 (ritual), 제도 혹은 다른 어떤 형태로든 궁극적인 인생의 문제를 해결하 려는 것이 존재한다.
- 발달적 역사: 철학적 · 종교적 · 영적 · 과학적 · 예술적 영역에서 위인의 자서전을 살펴보면 어릴 때부터 어느 정도의 성장 과정을 통해 그리고 성인이 되어서는 인생 문제(혹은 우주의 문제)에 대해 깨달음을 얻거나 이해가 생기는 현상을 볼 수 있다.
- 상징 체계: 대부분의 사회는 역사적으로 여러 종류의 상징물, 이미지 혹 은 '지도' 등을 고안해 내어 인간의 실존에 대해 소통해 왔다[입증 요소의 예로, 기독교의 '십자가', 이슬람교의 '별'과 '크레센트(crescent)', 유대교의 '다

---

1) 역자 주: 요기스(yogis)는 요가 수행자다.
2) 역자 주: 라마(lamas)는 티베트 불교에서의 영적 지도자다.
3) 역자 주: 이맘(immams)은 예배를 인도하는 무슬림 성직자다.

윗의 별' 등 세계적인 종교들이 주요하게 사용하는 상징물이 있다].

- **탁월한 재능**(학자, 석학): 세계 곳곳에는 대중이 인정하는, 소위 말하는 깊은 지혜나 이해가 있는 사람, 존재론적 질문을 던질 수 있는 독특한 역량이 있는 사람들이 존재하는 반면, IQ가 낮은 사람, 다른 지능이 낮은 사람들 역시 존재한다[영화 포레스트 검프(Forrest Gump)가 동양의 관점에서 서양 대중문화에서 생기는 이러한 현상을 보여 주는 가장 일반적인 예일 것이다; Donkin, 2001 참고].

- **심리측정학 연구**: 몇몇 성격 평가는 '독실함'이나 '영성'의 특징을 측정할 수 있다고 주장한다. 하지만 형언할 수 없는 경험에서 수치화된 측정을 얻는 것은 본질적으로 문제가 된다.

- **진화론적 타당성**: 선사시대 사람들의 사냥과 매장 의식에 존재하는 '주제를 자각하고 있다는 사실'을 입증하는 증거가 있다.

- **뇌 연구**: 측두엽에 뇌전증이 있는 사람들은 가끔 '지나친 신앙심'의 징후를 보이고, 각기 다른 가정으로 입양되어 떨어져 성장한 일란성 쌍둥이도 종교적 태도가 매우 비슷하게 나타난다. 이러한 것들은 유전적 가능성을 내포한다. 하지만 실존적 문제를 생물학적 문제로 간주해 버린다는 문제를 가지고 있다.

비록 실존 지능이 가드너의 기준에 완벽하게 맞아떨어지지는 않지만(그렇기 때문에 가드너는 아직 실존 지능을 다중지능 이론의 전당에 포함하지 않았다), 교육자들이 실존 지능을 새로운 지능의 경쟁자로 진지하게 받아들일 수 있을 법한 다양한 이유가 있다.

몇몇 교육자는 사회에서 논쟁을 일으키거나, 헌법에 명시된 신앙의 자유를 해칠까 봐, 혹은 그들 자신 또는 학생들의 더 깊은 인생의 양심이나 믿음을 어기게 될까 봐 실존 지능에 대한 언급을 꺼릴지도 모른다. 이 지능은 오히려 특정 종교나 영성 또는 믿음을 알리는 것과 아무런 관련이 없음을 강조하는 것이 중요하다. 즉, 실존 지능은 인류가 종교적이거나 비종교적인 실질적 문제에 태초부터 얼마나 다양한 방법으로 접근했는지 검토할 수 있게 한다. 공립학교에서 종교를 객관적이고 중립적으로 가르치는 것과 관련한 분명한 헌법적 보호가 존재하고 있고, 교육과정 내에서 그러한 교육을 정기적으로 하는 중요한 교육적 이유 또한 존재한다(Nord & Haynes, 1998 참고).

실존 지능은 다른 어떤 지능보다도 잠재적으로 교육과정에 활용하기 까다로워 보인다. 즉, 실존 지능을 모든 가능한 교육 목표에 적용한다 해도 그러한 시도가 지니는 특별한 장점은 보이지 않는다(예: 구구단이나 음운 인식을 실존 지능을 통해 가르치는 것은 정말 터무니없는 일이다). 이런 이유로 실존 지능이 혹여나 가드너에 의해 '공식적' 지능으로 인정받는다 해도 언제나 다중지능 이론 중에서도 조금은 특별한 위치 혹은 주변부에 놓일 것으로 보인다.

나는 학생들의 실존 지능을 측정하려는 노력과 일상적 학교 교과를 구성하기 위한 실존주의적 접근은 교육 측면에서 전혀 생산적이거나 유용하지 않을 것이라 믿고 본다. 그것을 기계적으로 적용할 경우 교육자들에게 너무 동떨어지고 편협하며 인위적인 기준을 만들도록 강요하는 것이 될 것이고, 그런 기준은 어떤 교육적 가치도 가지고 있지 않기 때문이다(반대로 논쟁과 혼란만 야기할 수도 있다). 나는 또한 특정한 분야(예: 다양한 문화권의 학생들에게 특정 종교 의식을 다시 해 보게끔 하거나 생물 시간에 죽음의 의미를 알게 하기 위해 눈을 감고 고인을 명상하게 하는 것)를 가르치기 위하여 '실질적 전략'을 시도하는 것은 몇몇 학생의 양심에도 위반되며, 공립학교에서는 불법일 가능성이 높다고 믿는다. 결과적으로, 내가 생각하기에 실존 지능을 학교 수업 과정에 포함시키기 가장 좋은 방법은 학생들에게 그들이 공부하고 있는 것의 실존적 차원의 문제를 (그리고 과학자, 예술가, 정치인, 작가 등의 사람들이 왜 실존적 문제를 자신의 일로 승화시켰는가에 대해) 생각해 보도록 도와주는 것이다. 나는 교육자들이 조금 더 기본에 충실하게, 법적으로 문제없게, 교육적으로 책임감 있게 종교를 가르치기 위해서『Taking Religion Seriously Across the Curriculum』(Nord & Haynes, 1998)이라는 책을 읽어 볼 것을 추천한다. 또한 아이들이 얼마나 태생적으로 철학적인지 보기 위해서는『The

『Philosophy of Childhood』(Matthews, 1996)를 추천한다.

지금부터는 실존 지능을 어떻게 교육과정에 적합하도록 이용하고 수업 안에서 교회와 학교를 분리하지 않도록, 학생 개개인의 믿음 체계에 위배되지 않도록 통합할 수 있는지 살펴볼 것이며, 이와 관련하여 몇 가지를 제안해 보고자 한다.

🗣️ 과학과 미지에의 탐구

과학적 방법의 논리적 기반이 실존적 주제의 활동 가능성을 배제하는 것처럼 보일지라도, 사실 과학의 핵심은 궁극적 삶의 문제들로 살아 움직인다. 근대 과학은 17세기 철학, 종교, 연금술 등의 실존적 문제들로부터 탄생하였다는 것을 떠올려 보라. 뉴턴, 보일, 아인슈타인 등 근대 최고의 과학자들은 종교적 · 정신적 · 우주적 문제로부터 어느 정도 (어쩌면 더 많이) 동기 부여를 받았다(예: 아인슈타인은 양자학의 불확실성을 '신은 주사위 놀이를 하지 않을 것'이라는 유명한 말로 반박하였다). 교육자들은 가드너(1999)가 언급한 것과 같이 과학 수업에서 "전 우주적인, 즉 무한대이면서 극소한"(p. 60) 우주의 기원을 다룬 이론들과 원자보다 작은 물리학 등을 강조하여 실존적으로 접근할 수 있다. 이 극한의 한계를 생동감 있게 묘사한 훌륭한 책으로는 『Power of Ten』(Morrison & Morrison, 1994)이 있다. 이 책은 연속되는 10의 제곱을 단위로 하여 독자를 원자보다 작은 입자에서부터 우주의 가장자리까지 데려다준다[찰스와 레이 임스(Charles & Ray Eames)가 제작한 9분짜리 영상에서 확인할 수 있다; www.youtube.com/watch?v=0fKBhvDjuy0].

생물학에서도 교육자들은 비슷한 방법으로 삶의 기원과 관련하여 학생들이 무생물(돌과 미네랄)과 생물(식물과 동물)의 차이를 느끼게 하면서 실존적으로 접근할 수 있다. 인간 복제에서 핵폭탄 연구에 이르기까지 현재의 많은 과학적 논란은 자연과 인간의 숙명에 대하여 깊은 생각을 할 수 있는 기회를 마련해 준다. 과학이 해결하지 못하는 문제들을 그 범주 안에서 해결하고자 할 때 실존적 문제는 교육과정에 앞서 고려 될 수 있는 충분한 여지가 있다.

🗣 수학의 마법

과학과 비슷하게 수학 역시 몇천 년 동안 실존적 쟁점과 연관되어 왔다. 초창기 서양 철학자 중 한 명인 그리스의 사상가 피타고라스는 숫자의 패턴이 세상의 조화에 대한 신비를 밝혀 준다고 믿은 수학자이자 신비주의자였다. 피타고라스에 따르면, 플라톤은 수학적 추리가 그저 인류가 모아 놓은 자료보다 궁극적인 현실에 더 가깝다고 생각했다. 유대교, 이슬람교 그리고 다른 위대한 종교들의 전통은 숫자와 수학적 추론이 세상의 미스터리로 가는 통로라고 보았다. 수업에서 교사들은 수학에 다문화적 강조점을 더하여 역사적 연관성을 다룸으로써 학습을 도울 수 있다. '0'과 무한의 수, 아주 큰 숫자와 아주 작은 숫자, 음수, 무리수, 허수, 확률, 위상기하학 등의 수학 개념을 이용하여 실존적 주제를 다룰 수도 있다.

🗣 역사에서 종교적 사고의 역할

인류의 역사를 논할 때 존재론적 고찰, 특히 종교에 관한 요소를 고려하지 않고서는 사실상 논의가 불가능하다. 미국의 역사를 살펴보자. 17세기경 많은 정착민이 북아메리카 대륙으로 이주하게 된 동기는 종교적 억압으로부터 자유를 찾기 위해서였다. 따라서 역사를 공부하는 학생들에게는 청교도들이 믿었던 것에 대한 어느 정도의 이해가 있어야 한다. 예를 들어, 그들의 믿음이 영국 국교회와 얼마나 다른지 알아야 한다(또한 비슷한 예로, 16세기에 영국 국교회가 로마 가톨릭교와 분리된 것도 있다).

　인류 역사상 발발한 전쟁들 중 일부는 종교적 차이로 인해 일어났다. 이러한 이유로 역사적 충돌이 발생한 배경 및 원인을 알기 위해 학생들은 이 종교들이 가지고 있는 특성을 어느 정도 이해하고 있어야 한다. 그와 동시에 세계적으로 일어나는 많은 역사적 사건의 여러 측면들을 완전히 이해하기 위해서는 철학의 추세 혹은 다른 실존적 영역에 대한 학생들의 이해가 필요하다(예: 프랑스 혁명에 대한 계몽 운동의 영향). 그리고 마지막으로 홀로코스트[4]와 같이 상식적 관점을 초월하고, 악의 본질, 고난, 죽음 등을 직면하게 함으로써 우리의 믿음을 흔들리게 하며, 인류의 존재에 대한 우리의 관점을 변화시키는 사건들 또한 존재한다.

🗣️ 실존적 주제를 다룬 문학

　서양 문학과 실존 지능의 연관성은 히브리어와 기독교 성서가 작가 혹은 저술가들에게 미친 영향에서 가장 명확하게 나타난다. 셰익스피어의 작품이나 버니언(Bunyan)의 『천로역정(The Pilgrim's Progress)』(1678), 멜빌(Melvile)의 『모비딕(Moby Dick)』(1851), 포크너(Faulkner)의 『압솔롬, 압솔롬!(Absolom, Absolom!)』(1966) 등의 역사적 의미가 깊은 도서는 성서적 혹은 종교적 요소로 해석하지 않고서는 완벽히 이해할 수 없다. 나는 존재하는 모든 위대한 문학은 인생의 궁극적 요소에 대한 문제와 관련이 있다고 생각하며, 이러한 요소들을 제외하고서는 역사적인 문학의 내용[몇천 년의 역사를 가지고 있는 메소포타미아 고전에서 길가메시의 친구 엔키두의 죽음 후에 닥쳐온 존재론적 위기부터 제임스 조이스(James Joyce)의 20세기 걸작인 『율리시스(Ulysses)』(1922)에서 레오폴트 블룸(Leopold Bloom)과 스티븐 데덜러스(Stephen Daedelus)의 철학적 사색에 이르기까지]을 이해할 수 없다고 생각한다. 교사는 교육을 할 때 문학

---

4) 역자 주: 홀로코스트(Holocaust)는 제2차 세계대전 중 나치 독일이 자행한 유대인 대학살을 말한다.

이 실존적 주제를 담고 있는지 여부를 사전에 확인하고, 학생들에게 이 주제에 대해 생각할 기회를 주며, 관련된 생각을 다른 과정과 연관 지어 토론할 수 있도록 학생들을 이끌어야 한다.

지리에서의 종교적 영향력

연합, 도시국가, 왕국, 연방 그리고 국가의 지도 및 지리에 있어서 고대부터 오늘날까지의 끊임없는 변화를 보다 효과적으로 이해하려면 실존적 주제가 포함되어야 한다. 전 유고슬라비아의 변화하는 지도를 이해하려면 단적인 예로 로마 가톨릭, 정통 기독교, 이슬람교의 뚜렷한 차이를 이해하고 있어야 한다. 또한 인도, 파키스탄 그리고 방글라데시의 분단을 이해하려면 이슬람과 힌두 국가의 관점의 차이를 이해하여야 한다. 교사가 학생들에게 형이상학적 문제에 대한 태도의 차이가 지리적 경계를 변화시키는 데 얼마나 큰 영향을 줄 수 있는지 설명하는 것은 지리적 경계의 급격한 변화를 설명하기 위한 좋은 방법이다.

예술과 실존적 자각의 탐구

가드너가 설명한 실존 지능의 정의에서 그는 '예술 작품에서 나타나는 완전 몰입 현상'은 한 개인이 궁극적 인생관과 관련하여 스스로 그것을 경험하고 표출하기 위한 방법 중 하나라고 언급하였다. 음악, 그림, 조각품, 춤, 드라마 등의 역사를 살펴보면 인생의 의미, 죽음, 고난 그리고 다른 실존적 주제에 대한 지속적인 고찰이 드러난다. 미켈란젤로의 〈피에타(Pieta)〉 혹은 셰익스피어의 『베니스의 상인(Merchant of Venice)』(1596)을 보면, 이들 작품은 우리에게 인생의 고난과 자비에 대한 궁극적 의문에 대해 곰곰이 생각하

게 한다. 음악가인 베토벤의 〈교향곡 5번(Symphony No. 5)〉을 듣거나 화가
인 토머스 콜(Thomas Cole)의 시리즈작 〈인생의 항해(The Voyage of Life)〉
(1842)를 보는 것은 우리에게 인간의 운명에 대해 생각해 보게 만든다. 다
시 교육의 관점으로 돌아가서, 학생들에게 이러한 작품들을 제대로 인식하
게 하고 많은 자료와 함께 그들이 자신만의 예술 작품을 창조하여 개인의 실
존적 고민을 나눌 기회를 제공한다면 학생들의 학습에 도움을 줄 수 있을 것
이다.

 더 생각해 볼 문제

1. 여러 모임(부모, 교사, 행정가, 학생, 이사회)에서 실존 지능을 학교 교육과정에 더
   통합시킬 수 있는 방법에 대해 논의한다. 자유로운 분위기로 모든 관점에서 토의
   한다. 이는 종교적 쟁점, 떠오르는 철학적 주제에 대해 가르칠 수 있는 기회를 제
   공할 것이며, 교육과정의 다양한 부분과 관련된 다른 실존적 문제에 대해서도 토
   론할 수 있게 할 것이다.

2. 과학, 수학, 역사, 문학, 사회, 경제, 심리학, 사회학, 인류학 같은 교과의 실존적 차
   원을 연구하고, 어떻게 실존적 문제가 정규 주요 교과 교육과정에 완전하게 통합
   될 수 있을지 생각해 본다.

chapter

15 다중지능 이론의 주요 비판과 응답

> 다중지능 이론은 전통적인 심리측정 접근이 갖는 단점에 대하여 더욱 많은 수정 사항을 제공하고 있다. 심리검사 답지(bubble-sheet[1])에서 나타나는 결과를 탐색하는 대신, 가드너는 여러 문화에 걸쳐 발견되는 다양한 실제의 인간 성취 기저에 존재하는 정신 능력을 밝혀내려 했다.
>
> -민디 콘하버(Mindy Kornhaber)-

　다중지능의 높은 인기와 맞물려, 이 이론에 대한 비판 역시 점차 증가하고 있다. 사실 다중지능 이론에 대한 비판 중 하나는 다중지능 이론 지지자들이 비판적인 연구 문헌에 대한 충분한 탐색을 하지 않았다는 것이다. 예를 들어, 윌링엄(Willingham, 2004)은 다음과 같이 관찰하였다. "교사 연수에서 쓰는 다중지능 이론에 대한 교재는 일반적으로 다중지능 이론 자체만 많이 다루고 있지만, 그에 대한 비판은 없거나 매우 적다."(p. 24) 트라우브(Traub, 1998)는 다음과 같이 기술하였다. "나와 대화했던 교사들과 행정가들 중 소수만이 다중지능의 비판점에 대해 알고 있었다. 그들이 알고 있었던 것은 그 이론이 그들 자신에게 효과가 있었다는 점이다. 그들은 그 이론에 매우 도취된 채 이야기하곤 했다."(p. 22) 이 장에서는 다중지능에 대한 주요 비판점들을 검토해 보고, 이 이론에 대하여 핵심적인 오해라고 믿고 있는 것들을 말

---

1) 역자 주: OMR 카드와 같은 의미로, 종이에 동그라미가 그려져 있다고 하여 bubble sheet로 부른다.

끔하게 없애 버리고 싶다.

🗣️ 비판 1: 다중지능 이론은 경험적 기반이 취약하다

다중지능 이론에 대하여 이러한 불만을 제기하는 사람들의 대부분은 인지심리학이나(Waterhouse, 2006) 심리측정, 검사 관련 학계 종사자다 (Gottfredson, 2004). 워터하우스(Waterhouse)는 "지금까지 다중지능의 타당성에 대한 증거를 제공하는 연구가 발행되지 않았다"고 썼다. 갓프레드슨 (Gottfredson)은 지능검사에 대한 연구가 여덟 가지 각각의 지능에 대하여 사실상 아무런 증거를 제공하지 못하고, 반면에 스피어먼(Spearman, 1927)이 제시한 '스피어먼의 g',[2] 또는 단순히 'g 요인(the g factor)'으로 통칭되는 매우 중요한 단일 지능의 개념에 대해서는 압도적으로 많은 증거를 제시하고 있다고 주장한다(Brody, 2006 참고). 갓프레드슨(2004)은 다음과 같이 썼다.

> g 요인은 한 가지 유형의 지능검사에서 점수를 잘 받는 사람들이 모든 지능 검사에서도 점수를 잘 받는 경향이 있다는 사실을 발견했던 첫 번째 지능검사관에 의해 발견되었다. 그 검사들의 내용(단어, 숫자, 그림, 모양), 어떻게 그것들이 집행되는지(개인적으로 또는 집단적으로, 구두로, 글로, 몸짓으로) 그것들이 무엇을 측정(어휘, 수학적 추론, 공간 능력)하려 하는지에 관계없이, 모든 지능 검사는 대부분 같은 것을 측정한다. 이러한 공통적인 요소인 g는 다양한 인지 검사 세트에서의 점수로부터 추출할 수 있고, 아직 연구되지 않은 모든 국가는 물론 모든 연령, 인종, 성별의 개인들 사이에서도 같은 유형으로 추출할 수 있

---

2) 역자 주: 스피어먼은 인지 능력이나 정신 능력을 측정하는 모든 검사는 공통적인 일반적 정신 능력을 측정하고 있다고 보고, 이러한 일반적 능력을 지능의 일반요인(g 요인)이라고 이름 붙였다. 그리고 이러한 일반요인과 더불어 지적 과제별로 특수하게 작동되는 특수요인(s 요인)이 지능을 구성하는 요인이라고 보았다(황정규 외, 2011, p. 133).

다. 다른 말로 하면, g 요인은 학교 교육, 지필검사 그리고 문화와 독립적으로 존재하는 것이다(p. 35).

비서, 애시턴과 버넌(Visser, Ashton, & Vernon, 2006)은 실제로 표면상 여덟 가지 지능을 다루고 있는 16개의 검사 도구(각 지능당 2개의 검사)를 수집하였고, 그 검사들 대부분에 존재하는 것을 찾아냈다. 이 연구자들은 가드너가 여러 지능이라고 부르는 것들이 사실 g 요인에 있어서 단지 이차적이거나 삼차적인 능력일 뿐이라고 주장한다. 달리 말하면, 그것들은 존재하긴 하지만 g에 있어서는 부차적인 것이다. g를 최상에 놓고 인간의 인지 능력에 대한 위계적 구조를 구성해 냈던 캐럴(J. B. Carroll, 1993)은 비록 신체-운동 지능에 있어서는 비유할 만한 것을 찾지 못했으나, 언어 지능은 '유동성 지능(fluid intelligence)'에, 음악 지능은 '청지각(auditory perception)'에 비유하였다(하지만 음악 지능을 청지각에 비유한 것은 캐럴의 실수인 듯하다. 왜냐하면 다중지능은 감각에 의존하는 것이 아니기 때문이다).

비판 1에 대한 응답

다중지능 이론은 g 요인이 존재한다는 사실에는 동의하고 있다. 그러나 다중지능 이론이 반박하는 것은 g가 다른 유형의 인지 능력보다 우월한 것이라는 점이다. 다중지능 이론에서 g는 다른 나머지 일곱 가지 지능과 동등하게 그것만의 위치(주로 논리-수학 지능에서)를 점하고 있을 뿐이다. 또한 여기서 가장 큰 성패가 달려 있는 것은 의미론(semantics)의 문제인 것처럼 보인다. 심리측정학계에서 대다수의 비판자는 가드너의 모델에 그러한 지능들이 존재하고 그것이 검사에 의해 지지받고 있다는 것에는 동의한다. 그러나 그들이 동의하지 못하는 것은 그것들을 과연 '지능들(intelligences)'로 불러야만 하는지에 대한 것이다. 그들은 다른 일곱 가지의 지능을 재능(talents), 능력(abilities), 수용 능력(capacity) 또는 특정 능력(faculties)으로 간주하고 있지만,

g 요인에 대해서는 '지능'이라는 표현을 보류하고 싶어 한다. 가드너(2003)는 다중 '재능(talents)'보다는 다중 '지능(intelligences)'이라고 칭하면서 흥미를 유발하려 의도했다고 기술하였다. 그는 단일한 사상으로서 '지능'이 갖고 있는 신성불가침적인(sacrosanct) 특성에 도전하고 싶어 했고, 사람들로 하여금 지적(intelligent)이라는 것이 어떤 의미인지 더욱 깊이 생각하도록 만들고 싶어 했다. 비록 그가 자신의 이론을 심리측정학계에 완전히 설득시키지는 못했지만 그가 그들로부터 매우 많은 논란을 촉발했다는 사실은 한편으로 그가 자신의 목표를 달성했다는 것을 보여 준다.

다중지능 이론이 수많은 자료에 의해 경험적으로 지지받고 있다는 것은 사실이다. 『마음의 틀』(1993a)에서 가드너는 자신의 이론에 등장하는 지능을 충족시키기 위하여 필요한 여덟 가지 준거를 설정했다(이에 대한 논의는 1장 참고). 이들 각각의 여덟 가지 준거에서는 뇌손상을 입은 개인과 서번트(savant)에 대한 연구부터 선사시대의 인간 및 다른 종에서 나타난 증거나 인간 발달에 대한 전기적 연구 그리고 인류 문화에 대한 연구에 이르기까지 다양한 경험적 정보를 제공하고 있다. 데이비스 등(Davis, Christodoulou, Seier, & Gardner, 2011)은 다중지능 이론에 대한 많은 비판이 준거에는 주의를 별로 기울이지 않는데, 이는 심리학, 사회학, 신경과학, 생물학, 인류학, 예술과 인문학을 포함하여 많은 분야에서의 수백 개의 경험적 연구에 의해 지지된 것이다. 역설적이게도, 심리측정학계는 숫자의 편협한 범위 안에만 머물러 왔고, 표준화된 검사는 실제로 폭넓은 경험적 지지를 제공하는 다중지능의 기능을 이론적인 g 요인 지능의 개념에만 제한하고 있다[그럼에도 갓프레드슨의 주장에서 g는 '학교친화적(school-like)' 사고를 측정하기 위한 것으로 보인다; Gardner, 2006b]. 한편, 다중지능에 대한 경험적 정보로부터의 다양한 자료는 이론적 구인으로서, 그것의 타당성을 매우 많이 확대해 주고 있다.

🗣 비판 2: 교실에서 다중지능 사용의 효과성 지지 연구의 기반이 약하다

이 비판은 다중지능이 경험적 지지를 가지고 있지 않다(혹은 좀 더 현대적 맥락에 맞춘다면, '다중지능은 연구나 증거기반이 아니다.')는 것을 암시한다는 점에서 첫 번째 것과 유사하다. 그러나 우리가 관심 있는 것은 순수한 이론이 아니라 그것의 학교 환경에서의 실제 적용이다. 예를 들어, 콜린스(Collins, 1998)는 "가드너 이론의 구체적인 사항에 대한 증거가 미흡하고, 그것의 실제 적용이 효과적이었다는 것을 보여 주는 탄탄한 연구도 없다."(p. 95)고 기술하고 있다. 윌링엄(2004)은 다음과 같이 기술하고 있다.

……탄탄한 정보가 거의 없었다. 가장 종합적이었던 연구는 다중지능의 활용을 주장하고 있는 41개 학교에 대한 3년간의 조사 연구였다. 이 연구는 가드너의 오랜 공동연구자였던 민디 콘하버(Mindy Kornhaber)가 수행하였다. 그러나 불행하게도 연구 결과는 해석해 내기가 어려웠다. 그들은 78%의 학교에서 표준화 검사 점수가 상승했다고 보고했지만, 각 학교에서의 그러한 상승이 통계적으로 유의한지 보여 주는 데는 실패하였다. 통계적으로 유의하지 않다면, 우리는 절반의 학교에서 점수가 우연히 상승한 것이라고 예측할 수도 있다. 게다가 여기에는 통제 집단도 없었고, 그래서 그들이 속한 학군의 다른 학교들과 비교하기 위한 기반도 없었다. 이에 더하여, 새로운 학교 규모의 프로그램과 새로운 주 규모의 프로그램 또는 다른 여러 알려지지 않은 요소를 적용하는 데서 오는 흥분을 고무하기는커녕 학교 내에서의 변화 정도가 다중지능의 아이디어를 수행했기 때문인지조차 알 수 있는 방법이 없었다(p. 24).

비판 2에 대한 응답

아마도 다중지능이 연구 또는 증거기반이 아니라는 주장의 가장 큰 문제점은 그것이 믿을 만한 연구를 구성하는 것에 대한 매우 편협한 관념에 기반을 두고 있다는 점이다. 2001년 초 「아동낙오방지법(NCLB)」의 제한적인 분위기에서 '법적으로 타당한 연구'의 아이디어는 표준화된 검사와 상관 계수 그리고 통계적 유의도 수준에 기반을 둔 양적 도구를 활용한 매우 잘 통제된 연구들로 엄격하게 제한되어 왔다. 더 최근에는, 효과 크기(표준편차에 대한 중재집단과 통제집단의 차이의 크기의 측정)에 대한 관심이 증가했다(Slavin, 2013). 이는 특정한 수업 전략의 목록이나 긍정적인 교육적 결과를 보이는 '영향력'에 대한 증가를 의미한다(예: Hattie, 2008 참고).

그러나 표면적으로 '엄격한' 것처럼 보이는 방법론을 활용하여 교실에서의 다중지능의 성과를 타당화하는 데는 많은 문제가 있다. 첫째, 다중지능은 모든 훈련된 교사가 획일적으로 수행하고, 증거기반 교수법에서 높은 순위를 받는 직접 교수법(Marchand-Martella, Slocum, & Martella, 2003)과 같은 구체적인 프로그램을 나타내는 것이 아니다(예: Education Consumers Foundation, 2011 참고). 다중지능은 매우 다양한 기술, 프로그램, 태도(attitude), 도구, 전략 및 방법을 보여 주고 있으며, 그것을 수행하는 데 있어서 각 교사는 자신만의 독특한 접근법을 발달시키도록 권장받는다. 윌링엄이 요구한 것 같은 종류의 통제된 연구를 수행하는 것은 실용적이지 못하다. 왜냐하면 한 교실에서의 다중지능은 다른 교실에서의 다중지능과 매우 다를 수 있고, 심지어 '통제 집단 교실'일지라도 어느 정도는 다중지능 전략을 활용하고 있을 수 있기 때문이다(다른 말로 표현하자면, '순수한' 다중지능 교실과 비교하기 위하여 절대로 다중지능을 활용하지 않는 통제 집단을 어떻게 찾아낼 수 있겠는가?).

둘째, 윌링엄과 같이 연구에서 특정 수준의 통계적 유의도나 효과 크기를 요구하는 것은 교육적 중재가 단지 '컷 통과'를 하지 못했다는 이유로 그것을 거부할 수도 있다는 것을 각오해야 하는 일이다(예: 중재 평균의 효과 크기

.45는 .52의 효과크기보다 덜 효과적이라는 뜻인가?). 매우 객관적인 입장에서 보면, 이 수치는 주관적 인상에 모든 것을 넘기는 것이다. 예를 들어, 설리반과 파인(Sullivan & Feinn, 2012)은 "코헨(Cohen)은 효과 크기를 작은 것($d=0.2$), 중간 크기의 것($d=0.5$), 큰 것($d≥0.8$)으로 분류하였다. 코헨에 따르면, '.5의 중간 효과 크기는 주의 깊은 관찰자의 육안으로 볼 수 있다. .2의 작은 효과 크기는 뚜렷하게 중간보다는 작지만 사소할 만큼 작지는 않다.'"고 썼다. 우리는 효과 크기를 생략하고 '주의 깊은 관찰자의 육안'을 연구의 효과성으로 신뢰할 수 있다.

셋째, 연구의 성공이나 실패를 단지 숫자로만 바꾸어 버리는 것은 학생의 학습 진전도, 학교에 대한 학부모의 개선된 태도에 대한 사례 연구 그리고 프로젝트, 문제해결, 포트폴리오 등을 통한 학습 진전도의 기록 등을 포함한 프로그램의 효과성을 보여 주는 다른 타당한 자원을 모두 거부하는 것이다(다중지능과 평가방법에 대한 논의는 10장 참고).

교육에서 양적 정확성에 대한 요구는 불행하게도 실증주의(positivism: 궁극적인 진리는 오직 숫자 또는 이와 유사한 정확한 과학적 공식으로만 표현될 수 있다는 아이디어; Comte, 1988 참고)에 대하여 고개를 끄덕여 주는 것과 같다. 서양의 지적 전통에서는 질적 연구의 타당성을 주장하는 많은 사상가가 존재하며(예: Dilthey, 1989; Gadamer, 2005; Polyani, 1974 참고), 그것은 이러한 철학자들로부터 비롯된 방법론으로서 교육학적 연구를 안내하는 데 활용하기에 적절하다(예: Denzin & Lincoln, 2005 참고).

전 세계의 교육 프로그램 중 다중지능 이론의 성공적인 수행을 다룬 사례는 많다(16장 참고). 월링엄이 학부모 참여의 수준을 높이고 훈육 문제의 수준을 낮췄으며, 학습에 어려움을 지닌 학생들의 학업 성취를 높였다고 언급한 연구(Kornhaber, Fierros, & Veenema, 2003)에 더하여 여러 해 동안 찬사를 받았던 하버드 프로젝트 제로(Havard Project Zero)가 촉발한 수많은 연구 프로젝트, 즉 프로젝트 스펙트럼(Project Spectrum)(Gardner, Feldman, & Krechevsky, 1998a, 1998b, 1998c), 학교를 위한 실용 지능(Practical Intelligences for School)(Williams et al., 1996), 아츠 프로펠(Arts Propel)(Zessoules & Gardner, 1991) 등이 이에 해당한다. 특히 하버드 프로젝트 제로는『뉴스위크 (Newsweek)』가 선정한 미국 최고의 교육 프로그램 2개 중 하나로 꼽혔다. 다 중지능 이론의 탄생 20주년을 기념하기 위해 2004년 컬럼비아 대학교의 명 망 있는『Teachers College Record』는 다중지능 연구자와 이론가의 업적을 다루었다(Shearer, 2004).

시어러(Shearer, 2009)는 다중지능 이론 탄생 25주년을 기념하여 노암 촘스 키(Noam Chomsky), 린다 달링-하몬드(Linda Darling-Hammond), 데보라 마 이어(Deborah Meier) 등 다중지능 이론을 미국 교육의 중요한 공헌으로 바라 본 사람들을 인터뷰하였다. 그리고 이에 더하여 교육 연구들은 다중지능 이 론을 수행하면서 얻었던 성과들을 다양한 방식으로 공유해 왔던 각 학교와 교사들의 사례로 가득 찼다(예: Campbell & Campbell, 2000; Greenhawk, 1997; Hoerr, 2000; Kunkel, 2007 참고).

마지막으로, 다중지능 이론 실행의 일부로 활용된 많은 특수 전략들은 사 실 증거에 기초해 있다. 예를 들어, 마자노(Marzano, 2004)의 어휘 발달 모형 6단계는 증거기반 모델로 여겨지는데, 몇 가지 다중지능 전략들을 사용한 다. 3단계("학생에게 그 용어에 대한 그림, 사진, 혹은 상징물을 구성하도록 요청한 다.")의 경우는 다중지능 이론에서 공간 지능 전략에 해당한다. 이 책에서 다 루는 많은 다른 전략들도 비슷하게 양적 연구에 의해 타당화되었다. 수천 개 의 잠재적 교수 전략으로 구성된 학습이론 전체가 양적으로 타당화되길 기 대하는 것은 바보 같은 생각이지만, 교육학자들은 여전히 "다중지능은 증거 에 기초하지 않았다."고 주장한다.

🎙️ 비판 3: 다중지능 이론은 모든 학생이 스스로 똑똑하다고 믿게 하기 위해 교육과정을 지나치게 단순화한다

어떤 비판자들은 다중지능 실천가들이 단지 다중지능의 피상적인 적용(심지어 가드너 자신조차 수용하기 힘든 전략)을 활용할 뿐이라고 비난한다. 예를 들어, 윌링엄(2004)은 바로 이 책의 이전 판들을 비판해 왔는데, 그것은 이 책의 사소한 아이디어들 때문이었다(참고: 철자 전략은 개정판에서 삭제되었다). 콜린스(1998)는 학생들이 배를 만들고 바다 생물을 다룬 역할극을 하는 바다에 대한 학습과 관련된 하나의 단원을 언급하면서, 또 다른 다중지능 교육과정 지도서(콜린스 자신이 집필한 것은 아님)에서 나온 전략을 비판했다. 그는 미국의 역사를 학습하기 위하여 신체-운동 지능을 사용하는 한 학생을 기술하였다. "이 학생은 자신의 가장 강한 강점 지능에 의하여 깊이 있게 주어진 주제를 얼마나 이해할 수 있을까? 학생은 자신의 손을 사용하면서 정착민들의 배에 대해 학습할 수 있을지도 모르지만, 그러한 운동적 접근이 과연 그 학생이 유럽 사람이 최초로 미 대륙에 도착한 이유와 같은 중요한 역사적 쟁점을 이해하게 하는 데 얼마나 도움을 줄 수 있을까?"(p. 96) 이와 비슷하게, 비판자들은 다중지능 이론이 모든 아이가 똑똑하다는 소리를 들음으로써 인위적인 '그냥 좋은 게 좋은(feel-good)' 태도를 세상에 널리 퍼뜨려 왔다고 주장했다. 바넷, 세시와 윌리엄스(Barnett, Ceci & Williams, 2006)는 다음과 같이 기술하였다. "단순히 명칭만 바꾸어 부르기(relabeling)로는 실제적인 치료 효과를 갖지 못할 수 있다……. 학생의 능력을 증명해 줄 수 있는 의미 있는 성취보다 다른 명칭으로 부르는 데 더욱 집중하는 것은 학생들이 더욱 큰 자기 환멸에 빠지도록 하는 결과를 초래할 수 있다." 그들은 "명칭은 의미 있는 능력에 맞게 지어야 한다. 잘못된 명칭으로 단순히 그 아이가 똑똑하다고 느끼게 하는 데만 머무르게 해서는 안 된다."(p. 101)고 말하고 있다.

비판 3에 대한 응답

내가 교사들에게 다중지능을 지도했던 지난 30년 동안, 예를 들어 '랩 음악으로 수학 공부하기'가 다중지능 이론을 따른다고 믿으면서 그것을 실시하는 것과 같이 그들이 쉬운 방법만을 채택하려 하는 것을 보아 왔다. 그러나 나는 또한 다중지능 이론과 관련된 수많은 훌륭하고 독창적인 아이디어가 수년에 걸쳐 경험 많은 교사들의 생각으로부터 도출되어 나오는 것도 보아 왔다. 콜린스(1998)는 신체-운동 지능을 유럽 사람들이 미 대륙으로 오게 된 역사적 요인을 가르치는 데 활용하는 것이 과연 가능한지 의문을 제기한다. 하지만 풍부한 상상력으로 학생들을 1620년 11월 11일의 플리머스 바위[3]로 데려다 놓을 수 있고, 왜 그들이 영국을 떠나도록 결심했는지를 즉각적으로 생각하도록 유도할 수 있는 정말 잘 설계된 역할극을 실시함으로써 그것을 가능케 할 수 있다. 역할극은 그러한 매우 극적인 학습자들에게 신체적인 방식을 통하여 학습 목표와 관련한 사고를 하게끔 만드는 기회를 줄 수 있다.

또한 단지 학생들에게 여덟 가지 서로 다른 방식으로 똑똑하다고 이야기해 주고 그러한 재능들을 꽃피우도록 기대하는 것만으로는 충분하지 않다는 것 또한 사실이다. 이러한 것은 역사, 수학, 과학, 독서 그리고 다른 여러 가지 기초 과목에서의 지식에서 실질적인 향상을 이끌어 내는 탄탄한 학업적 노력 이후에 뒤따라 나와야만 한다. 다중지능 이론의 주장은 교과서, 강의 및 표준화 검사들을 통하여 여러 과목에서 이러한 종류의 이해를 생산해 내는 것만으로는 충분하지 않고, 그 이상의 무언가가 더 필요하다는 것이다. 학생들은 그들 자신의 자아(그리고 그들의 두뇌)를 활용함으로써 세계사, 화학, 생태학, 문학, 경제학, 대수학, 다른 분과 학문들 속의 모든 아이디어를 조사할 필요가 있으며, 이는 그들이 그들의 언어적이고 이성적인 기능뿐만

---

3) 역자 주: 플리머스 바위(Plymouth Rock)는 필그림 파더스(Pilgrim Fathers)가 1620년에 '메이플라워호'를 타고 플리머스(현재의 매사추세츠주 동해안)에 상륙했을 때 최초로 밟았다고 전해지는 바위로 알려져 있다.

아니라 몸, 상상력, 사회적 감수성, 감정, 자연탐구적 경향 등을 활용할 것을 내포하고 있는 것이다.

다중지능 이론의 비판자 대부분이 학계 출신이거나 저널리스트 출신(즉, 일반적으로 학교 현장과는 관계가 먼 사람들)이라는 사실은 흥미 있는 일이다. 교실에 그 이론을 실제로 적용하여 그것이 학생들의 삶을 얼마나 변화시켰는지 보았던 비판자들은 거의 없다. 이러한 사실은 다중지능의 논리적 결점을 많이 찾아낼 수 있는 '박학다식한 사람(generalist)' 그리고 아이들에게 동기를 불어넣어 줄 방법과 약간의 논리적 불일치함·불충분함을 걱정하기 위하여 삶을 반성해 보는 방법을 찾느라 너무도 바쁜 '실천가(practitioner)' 간의 심각한 괴리를 보여 주는 것이다.

다중지능 이론은 본래 가드너가 교실에 적용하기 위한 교육적 모델로서 설계한 것이 아니다. 그는 의도적으로 이론적 심리측정학자들에게 지능을 이해하기 위한 보다 폭넓은 또 다른 방식이 있음을 설득하려 했다. 이러한 시도는 분명 논란을 불러일으키긴 했지만, 역설적이게도 이러한 노력은 실패한 것처럼 보인다. 그러나 예상치 못하게 그는 교사들이 자신의 모델에 열성적으로 반응하는 것을 발견했다. 그것은 그의 모델이 학습에 대한 표준화된 측정 방식과 융통성 없는 교과서적 접근에만 열성적이었던 교육 기관 때문에 그동안 충족되지 못해 왔던 요구를 채워 주었다. 아이들을 정규분포곡선 속에 존재하는 무채색의 인간으로 다루는 대신, 다중지능 이론은 각각의 아동이 가지고 있는 긍정적인 자질을 드러내 보였고 각 학생이 교실에서 성공을 맛보기 위한 실제적 방법을 제공하였다. 그러므로 다중지능 이론의 비판가들에 대한 가장 진정한 반박은 오히려 아동에게서 발견될 수 있을 것이다. 잘 설계된 다중지능 교실에서 다중지능의 빛줄기가 아동들의 마음속을 비출 때마다 다중지능 이론을 옹호하는 주장들은 더욱 견고해지고 분명해질 것이다.

더 생각해 볼 문제

1. 이 장에 등장하는 다중지능에 비판적인 문헌들을 읽어 본다(예: Barnett et al., 2006; Brody, 2006; Collins, 1998; Gottfredson, 2004; Traub, 1998; Visser et al., 2006; Waterhouse, 2006; Willingham, 2004). 그들의 비판에 대하여 어떤 점에 동의하는가? 또한 어떤 점에서 동의하지 않는가? 이러한 비판적인 문헌들을 읽고 난후 다중지능 이론에 대한 당신의 태도는 변화되었는가? 만약 그렇다면 어떻게 변화되었는가?

2. 가드너는 앞서 이미 언급한 비판자들의 일부도 포함하여 다중지능에 대한 비판에수많은 응답을 해 왔다(예: Davis, Christodoulou, Seider, & Gardner, 2011; Gardner, 2006a, 2006b, 2006c; Gardner & Moran, 2006 참고). 비판 글의 원본과 그에 대한반박 글을 읽어 보고, 다중지능 이론에 대한 가드너의 반박(defense)이 성공했는지여부를 평가해 본다.

3. 다른 글(Armstrong, 2006)에서 나는 오늘날의 교육적 분위기가 '표준화 검사로 측정할 수 있는 학업 성취도에 대한 지나친 강조'와 '모든 아이를 위한 교육에 대한 불충분한 강조'로 특징지어지고 있다고 주장했다. 이러한 제한된(구속적인) 교육적 분위기는 이 장에서 언급한 비판들을 얼마나 야기했는가?

4. 앞서 언급한 자료들을 활용하여 다중지능 이론을 옹호하는 입장과 반대하는 입장으로 나누어 다중지능 이론에 대해 토론해 본다. 그리고 나서 누가 가장 자신의입장을 잘 변론하였는지 논의해 본다.

5. 다중지능 이론에 대한 그들의 태도와 지난 10~15년간 그들이 자신의 의견을 바꾼적이 있었는지에 대해 동료들과 다른 학교 관계자들을 인터뷰해 본다. 만약 그들이 과거와는 다른 태도를 가지고 있다면, 자신의 생각이 바뀐 이유가 무엇인지 서로 나누기 위해 질문해 본다.

16 전 세계의 다중지능 이론

> 나는 다른 수많은 나라를 여행할 수많은 기회를 가졌다. 다중지능 이론이 해석되는
> 여러 방식과 다중지능 이론이 촉진해 왔던 여러 활동을 발견하는 일은 대단히 흥미로운
> 일이었다.
>
> -하워드 가드너(Howard Gardner)-

다중지능 이론에 있어서 가장 흥미로운 발전은 그것의 국제적인 영향력이었다. 다중지능 이론은 세계 대부분의 나라에서 이제는 어느 정도 교육 장면의 한 부분이 되고 있다. 몇몇의 사례에서는 국가 교육 계획으로 다중지능이론이 포함될 정도로 그것의 영향력이 국가와 정부의 수준에까지 이르렀다. 또 다른 사례들에서는 다중지능 이론을 지지하는 각각의 학교와 교사가다중지능 이론을 독특한 그들 자신의 문화적 요구에 맞게 적용함으로써 그것의 영향력이 더욱 특정 지역화(local)되기도 하였다. 이 장에서는 다중지능이론이 세계를 통틀어 다양한 문화에 적용되어 온 여러 가지 방식을 살펴보고자 한다.

정책 입안 수준에서의 다중지능 이론

다중지능 이론이 국가 혹은 국제 단체의 정책 입안 기관이라는 가장 높은 수준에서 포함되었던 수많은 사례가 있다. 가드너(2006a)는 "나는 다중지능에서의 전문용어들이 정부 부처의 백서[1]와 권고서(recommendation) 그리고 심지어 법률 제정(legislation)에까지 포함되어 있다는 것을 알고 다중지능의 관련 범위(jurisdiction)에 대하여 깜짝 놀랐다. 나는 호주, 방글라데시, 캐나다, 중국, 덴마크, 아일랜드, 네덜란드와 같은 서로 다른 여러 나라에서 다중지능적 접근이 정책 계획의 일부가 되어 있다는 사실을 들은 적이 있다." (p. 248)고 썼다. 예를 들어, 방글라데시에서는 유니세프의 도움을 받아서 1990년대에 정부가 'Intensive District Approach for All Learners' 프로젝트를 착수하였다(Chanda, 2001). 이러한 노력의 일환으로, 수많은 교사가 선도적인 연수인 'Multiple Ways of Teaching and Learning'을 통하여 다중지능 이론 연수를 받고 있다(Ellison & Rothenberger, 1999). 인도의 'National Curriculum Framework for School Education'은 교사들에게 다중지능의 개념에 더욱 익숙해지기를 요청하고 있다(Sarangapani, 2000). 스위스 제네바에서는 128개국 60만 명 이상의 학생들에게 프로그램을 제공한 적 있는 저명한 '국제 바칼로레아 위원회(International Baccalaureate Organization)'가 학습에서의 가드너의 역할을 인식하였다. "가드너는 학습 자체와 우리가 학습하는 방법에 대하여 변화하고 있는 관점에 있어서 영향력을 행사해 왔다. 오늘날 IB 내에서의 접근성과 평등성은 과거에 비해 더욱 폭넓어졌다. 모든 학생이 각자의 잠재력을 실현하기 위한 전략적 방법을 통하여 지원받아야만 하는 강점과 약점을 갖고 있다는 것은 잘 알려진 사실이다."(Reed, 2007)

---

1) 역자 주: 백서(white paper)는 정부가 정치, 외교, 경제 따위의 각 분야에서 현상을 분석하고 미래를 전망하여 그 내용을 국민에게 알리기 위해 만든 보고서를 말한다.

🗣 학문으로서의 다중지능 이론

다중지능 이론은 세계의 각 대학에서 날로 증가하고 있는 학문적 연구 주제가 되어 왔다. 나는 개인적으로 이메일을 통해 터키 앙카라의 중동 공과대학교, 요르단 암만의 요르단 대학교, 인도네시아 사마린다의 물라와르만 대학교, 알제리 세티프의 페르하트 압바스 대학교 등에서 다중지능 관련 석사학위나 박사학위 논문을 준비하고 있는 수백 명의 사람들의 소식을 들은 적이 있다. 날로 국제화 경향이 늘고 있는 다중지능 관련 연구들은 동료 심사(peer-reviewed) 학술지에서 출판되고 있다. 우리의 주목을 매우 많이 끌고 있는 한 가지 주제는 사람들의 다중지능 프로파일의 비교 결과를 그 사람의 부모, 자녀 또는 배우자의 다중지능 프로파일의 평가 결과와 비교하는 것이다. 이 주제에 매진하고 있는 학술지 논문들은 나미비아, 짐바브웨, 잠비아와 남아프리카공화국(Furnham & Akanda, 2004), 말레이시아(Swami, Furnham, & Kannan, 2006), 중국(Furnham & Wu, 2008), 일본(Furnham & Fukumoto, 2008) 등에서 사람들을 표집하여 연구 대상으로 삼고 있다. 다른 국제적인 연구들은 싱가포르에서의 다중지능과 정보 문해 교육(Mohktar, Majid, & Fu, 2007), 홍콩에서의 중국 영재 학생들의 음악적 소질과 다중지능(Chan, 2007), 쿠웨이트의 다중지능을 활용한 중학교 읽기 프로그램에서의 학업 성취도 향상(Al-Bahan, 2006) 그리고 탄자니아의 다르에스살람 같이 가난한 지역의 아동들이 자기 스스로의 다중지능을 어떻게 인식하는지에 대해 주목해 왔다.

🗣 개별 학교 수준에서의 다중지능 이론

전 세계적으로 수많은 학교가 다양한 방식으로 그들의 교육과정에 다중지능 이론을 적용해 왔다. 예를 들어, 아르헨티나의 어느 교사는 어떻게 자신이 영어를 제2외국어로서 1학년 학생 집단에게 가르치고 있는지에 대한 글을 나에게 보내 주었다. '도움을 주는 사람들(우편집배원, 소방관, 의사, 간호사)'에 대한 단원을 다루면서 학생들은 마을의 서비스 지향적인(service-oriented) 사람들을 만났고, 일기를 썼고, 편지를 썼으며, 지역사회 공동체의 모형도 만들어 보았고, 벽화도 그려 보았고, 악기도 만들어 보았고, 거울을 보며 자신이 배운 것에 대하여 소리 내어 이야기해 보기도 하였다(Ribot, 2004). 칠레 산티아고의 라 플로리다 아만카 초등학교에서는 다중지능 주제에 대한 학습 주간을 실시했다. '예술 주간' 동안, 아이들은 하루는 진짜 작가들과 이야기를 나누기도 하고, 하루는 화가들과 함께 그림을 그리기도 했다. 그들은 또한 자신의 발명품을 공유하는 '과학 주간'을 갖기도 했고, '바다의 달'에는 자연탐구 지능에 초점을 맞추었다(Gundian & Anriquez, 1999). 필리핀 퀘존시티의 다중지능 국제고등학교에서는 다중지능 이론을 학생들이 기업가 정신을 향상하기 위한 요인으로 작용하도록 하였다. 학생들은 다중지능 수업에서 도출되는 아이디어를 기반으로 실제 사회에서의 사업 계획을 발전시켜야 하는 과제를 받았다. 예를 들어, 언어 지능 집단에서는 환경적 · 개인적 · 감성적 성장에 대한 쟁점을 다루는 10대를 위한 책을 만드는 'Flash Range'라는 미디어 센터를 발전시켰다. 음악 지능 집단에서는 음악 작곡과 녹음 제작 서비스를 제공하는 'Boom Box Music'이라는 사업체를 만들었으며, 공간 지능 집단에서는 이탈리아와 일본의 퓨전 음식을 만드는 'Pastuchi'라는 패밀리 레스토랑을 고안해 냈다. 이 학교는 이러한 다양한 사업에서 만들어지는 상품들을 파는 바자회를 매년 열고, 수익금을 가난한 사람들을 돕는 자선단체에 기부하고 있다(Manila Times, 2008).

🗣 지역사회 수준에서의 다중지능 이론

학교에서의 형식적인 적용을 넘어서서, 다중지능 이론은 또한 세계 많은 나라의 대중문화에 영향력을 행사하고 있다. 예를 들어, 중국에서는 다중지능 교육학회(Multiple Intelligences Education Society)가 세미나, 잡지 기사, 라디오 프로그램, TV 인터뷰 등을 통하여 다중지능 이론을 발전시켰고, 이 모든 것은 학부모교육, 직업교육 그리고 형식적인 검사 절차 등을 개혁하기 위한 노력의 일환으로서 협력해 왔다(Cheung, 2009). 덴마크에서는 제조업 회사인 댄포스가 댄포스 유니버스(Danfoss Universe)라는 테마 파크를 만들었는데, 거기에는 다중지능에서 비롯된 많은 전략과 아이디어가 포함되어 있다. 그들은 기본적으로 상호작용이 가능한 다중지능 박물관을 만들어 왔고, 거기에서 아이들과 어른들은 그들 자신의 다중지능을 검사하고 또한 똑똑해지기 위한 다양한 방법과 관련된 인식을 높여 주도록 설계된 50개 이상의 활동에 참여한다. 이 활동들은 신체 운동에서 전자 예술로 변화시키기, 장애물 코스를 성공적으로 통과하기, 로봇을 움직이기 위해 다른 사람들과 협동하기, 테레민(물리적인 접촉 없이 연주할 수 있는 전자 악기) 연주하기, 멜로디 순서 맞추기, 음악 프로듀서 되기, 함께 탱그램(칠교놀이) 하기, 단어와 모양 퍼즐 풀기, 건물 세우기, 자연 현상 예측하기, 외국어 말하기, 생각만으로 이미지 전달하기, 호수를 가로질러 섬으로 가는 다리 건설하기 등을 포함하고 있다. 댄포스 유니버스는 또한 화산이 지닌 본래의 위력, 즉 간헐 온천(geyser), 강력하고 뜨거운 바람, 그 외의 다른 자연적 현상을 경험하기 위한 전시품을 포함하고 있다(Sahl-Madsen & Kyed, 2009).

마카오의 중국 특별 행정구역에서는 다중지능 이론이 식품점(grocery store)이라는 예상 밖의 장소에서 보인 바 있다. 가드너(2006a)는 다음과 같이 적었다. "마카오에서 U 씨가 나에게 섬을 관광시켜 주었다. 다음 날 아침, 그는 교육부에서 발표하는 나를 위하여 차를 태워 주었다. 그가 "나의 아내가 식품점에서 집어든 이 물건 좀 보세요."라고 말했다. 그는 나에게 서로 다른 이파리에 각각의 지능이 그려진 다양한 색깔의 전단지를 보여 주었다. 삽화, 차트, 그림으로 가득한 그 전단지는 프리소그로우(Frisogrow) 사에서 만든 가공 처리 우유 광고였다. 그 광고는 소비자에게 다음과 같이 알리고 있었다.

"우리 우유를 마시면 당신은 각각의 다양한 지능을 발달시킬 수 있을 것입니다." 다중지능이 MIlk를 상징할 수 있다는 사실은 이전에는 전혀 보지 못한 것이었다!(p. 245)

🗣 다중지능 이론의 다른 문화에의 적용

다중지능 이론과 세계의 다양한 문화의 상호작용을 연구하는 것은 매우 흥미로운 일이다. 다중지능 이론 자체가 현대 미국 사회에서 비롯된 문화적 산물이라는 점을 반드시 명심하라. 그래서 그것은 다원주의, 실용주의, 평등주의와 같은 미국 사회에서 중요하게 여기는 다양한 가치와 이상을 구현하고 있다. 이러한 미국의 가치들이 다른 문화의 가치를 접했을 때 발생하는 일은 꽤나 유익한 것일 수 있다. 종종 다중지능 이론은 다른 문화와의 연계로부터 상당히 많은 것을 얻는다.

다음은 이와 관련된 예시이다. 노르웨이에서는 교육과 야외 활동이 미국에 비해 훨씬 더 강조되고 있다. 노르웨이의 교육은 'utskole' 혹은 '야외학교'라고 불리는 중요한 제도를 그것의 교육과정으로 통합해 놓았다. 그것은 노르웨이 문화에서 'friluftsliv'라고 불리는 더 큰 체계의 일부로서, 대략 '야외의 자연 속의 삶' 정도로 번역될 수 있으며, 하이킹, 스키, 생태적 인식 그리고 해양 활동과 같은 자연과 관련된 넓은 범위의 신체 활동과 태도를 포함하고 있다. 학교의 외적인 한 부분으로서, 노르웨이에 있는 대부분의 초등학교에서는 '가파훅(gapahuk)'이라고 불리는 건물을 가지고 있는데, 이것은 일반적인 학교 건물과는 떨어져서 자연 속에 존재하는 단순한 오두막 혹은 차양이 달린 건물 같은 것이다. 학생들은 이 가파훅에서 다양한 교육과정 관련 활동에 참여한다.

2005년에 나는 노르웨이에서 강연을 하는 동안 가파훅을 방문할 기회를 가졌고, 나뭇가지나 줄기와 같은 자연의 재료들을 가지고 고대의 요리법을 실행함으로써 노르웨이의 역사를 배우는 학생들을 본 적이 있다. 노르웨이의 모든 초등학교 학생은 일주일 중 하루를 가파훅에서의 야외 활동으로 보낼 기회를 갖는다. 또한 노르웨이에는 아이들이 매일 하루 종일 야외 활동을 하는 유치원도 있다. 이러한 사실은 야외 활동이 수행된다 해도 일반적으로 짧거나 빈번하게 이루어지지 않는 미국의 상황과 대조적이다. 이러한 노르웨이의 경험들은 다중지능 이론에 자연탐구 지능(물론 신체-운동 지능에 대해서도)과 관련한 완전히 새로운 관점을 제공하고 있으며, 그러한 지능을 확실히 발달시키기 위해 학교 주간(school week)의 대부분을 야외 활동에 할당함으로써 도외시되어 온 지능들이 진지하게 존중받을 수 있다는 것을 보여 준다.

다중지능 이론은 한 문화에서 오랜 시간 받아들여 온 확고한 가치에 대한 도전으로 보이기도 한다. 예를 들어, 한국에서는 전통적인 언어 · 논리-수학 지능을 너무도 중시한 나머지 부모들의 지능의 다중성에 대한 포용적 태도를 변화시키기가 어려웠다. 하버드 프로젝트 제로의 아동을 위한 프로젝트 스펙트럼(Project Spectrum)을 그대로 따라 하고자 노력했던 2명의 한국 교수는 다음과 같이 기술하였다. "한국에서 부모들은 높은 학업적 성취가 곧 언어와 수학에서의 뛰어난 성취를 의미하는 것이라고 믿고 있다."(Jung & Kim, 2005, p. 585) 정태희와 김명희에 따르면, 이러한 신념은 깊은 문화적 뿌리를 가지고 있다. 즉, "한국은 오늘날에도 지속적으로 교육에 영향을 미치고 있는 평가 위주 문화에 기반을 둔 경쟁 지향적 사회다. 국가고시(the state examination)는 가장 어려운 것으로 간주되고 있으며, 아이들은 태어날 때부터 그것을 준비해야만 한다. 전통적으로 아기에게 가장 큰 축하 행사인 돌잔치에서 아기가 돌잡이를 할 때는 연필과 면실(cotton thread)이 등장한다. 가족은 아기가 연필을 잡도록 유도하는데, 그것은 아기가 공부를 열심히 해서 국가고시에 합격할 것이라는 의미를 지닌다."(pp. 591-592)

프로젝트 스펙트럼 평가 도구(10장 참고)는 이러한 한국의 상황에서 성공적으로 수행되었고, 학습과 인간 발달에 깊숙이 뿌리박혀 있는 몇몇의 아이디어를 풀어내도록 돕는 한 가지 방법으로 간주되었다. 정태희와 김명희는 다음과 같이 기술하였다. "다중지능 이론에 기반을 둔 프로젝트 스펙트럼 접근은 다중지능들 간의 형평성과 독립성을 평가함으로써 아동 지향적인 교육을 촉진한다. 그러한 평가 시스템에서 아동/학생은 '부정적인 자기 이미지'를 피할 수 있게 될 것이고, 성공적이고 적극적인 학습자로 발전해 갈 것이다."(Jung & Kim, 2005, p. 591)

기나긴 공식적 평가의 역사를 갖고 있는 문화일지라도 다중지능 이론의 여러 측면을 선택적으로 받아들여 왔다. 예를 들어, 대학 입학시험을 치르기 전에 학생들이 '입시준비학원(cram schools)'에 다니고 있는 일본에서는 다중지능 이론과 조화를 이룰 수 있는 고대 일본 문화의 측면이 다양하게 존재한다. 테라코야(terakoya)라고 불리는 고대 일본의 서당(temple school)은 전통적인 문해와 산수 기능을 사회 각계각층의 일본 시민에게 가르쳤다 (Howland, Fujimoto, Ishiwata, & Kamijo, 2009). 그러나 일본의 문화는 또한 서예, 하이쿠,[2] 가부키(Kabuki)와 노(Noh) 스타일의 연극, 전통 다도 의식 그리고 스모나 유도, 유술 등과 같은 다양한 전투적 예술 전통을 통하여 다중지능으로 들어가기 위한 또 다른 많은 진입 지점(entry point)을 제공하였다.

국제적으로 보았을 때 다중지능과 관련하여 주목할 만한 점은 다중지능 이론의 다원주의적이고 평등주의적인 기반과 격렬하게 충돌을 일으키는 가치를 지니고 있는 사회에서조차도 다중지능 이론이 다양한 문화를 바탕으로 제자리를 찾아가고 있는 것처럼 보인다는 점이다. 다중지능 이론은 이란과 사우디아라비아의 학교 및 대학 시스템에 통합되는 길을 찾아냈다.『다중지능과 교육(Multiple Intelligences in the Classroom)』(2000)은 이란어, 아라비아어 그리고 17개의 또 다른 언어로 번역되었으며, 다중지능 이론은 파키스탄의 마드라사(Madrassas, 또는 신성한 이슬람 학교)에서 가르쳐 왔다(Schmidle, 2007). 그리고 가드너의 책인『마음의 틀』(1993a)은 북한의 도서관에서 발견

---

2) 역자 주: 하이쿠(haiku)는 일본 정형시의 일종이다. 각 행마다 5음, 7음, 5음의 총 17음으로 이루어진다.

된 단 2권의 책 중 하나였다[다른 하나는 마이클 무어(Michael Moore)의 『어리석은 백인(Stupid White Men])』(Gardner, 2006a)이었다].

나는 다중지능 이론이 국제적으로 광범위한 성공을 거둔 커다란 이유가 그것이 갖고 있는 문화적 다양성에 대한 친화성(friendliness) 때문이 아니었나 생각한다. 그 모형의 핵심에는 반드시 '문화적으로 가치 있어야 한다.'는 전제 조건이 존재한다. 이러한 전제 조건에서 분명한 사실은 다중지능의 각 요소(음악, 언어, 논리, 그림, 사회적 상호작용, 신체적 표현, 자기성찰, 자연탐구)가 '모든 문화에서 발견될 수 있다.'는 점이다. 그러므로 전 세계 모든 나라는 결국 다중지능을 통하여 그들 자신의 토착 전통이 영광스럽고 축복받은 것이라고 생각할 수 있는 기회를 갖게 된다.

더 생각해 볼 문제

1. 세계의 여러 나라(미국 포함) 중 특정한 나라의 토착 문화를 선택하고 여덟 가지 지능 각각이 어떻게 축복과 영광을 받고 있는지 자세하게 설명해 본다.

2. 다른 나라에서 다중지능을 활용하고 있는 학교에 연락해 본다(앞서 나열한 학교들이나 인터넷에서 찾을 수 있는 학교도 포함). 다중지능의 구체적인 적용을 고려하면서 생각의 문화적 교류를 시작해 본다.

3. 또 다른 문화에서 활용되는 다중지능 지향적인 실천을 자신의 학교나 교실에 적용해 본다[예: 자연탐구 지능의 신장을 위한 노르웨이의 utskole 또는 '야외 학교', 신체-운동 지능의 신장을 위한 일본의 유도, 혹은 음악 지능의 신장을 위한 인도네시아의 가믈란(gamelan) 음악 전통]. 그리고 그것의 효과를 조사해 본다.

4. 다중지능 이론은 미국 문화에서 21세기의 가치를 얼마나 반영하고 있는가? 그러한 가치가 다른 문화에서의 가치와 연결되거나 충돌하는 상황을 조사해 본다.

부록

부록 A 표준(Standard)기반 다중지능 수업 지도안

❑ 수준: 1학년
❑ 과목: 읽기(문학)
❑ 표준: 공통 핵심 성취 표준(Common Core State Standards: CCSS)
❑ 표준 학습 목표: 문학 1.2: 중요한 세부사항을 포함하여 이야기를 다시 말하고, 중심 내용 혹은 교훈을 이해했는지 확인한다.

- 언어 지능: 학생에게 이야기를 읽어 주고, 중심 메시지 혹은 교훈이 무엇이라 생각하는지 의견을 공유한다.
- 논리-수학 지능: 학생에게 수학 문장제 문제를 읽어 주고, 풀도록 지시한다. 이후, 그 답이 이야기의 메시지 혹은 교훈과 관련되는지 논의한다.
- 공간 지능: 스토리보드에 그림을 그림으로써 학생이 이야기를 말할 수 있도록 한다. 이후, 별개의 연습장에 중심 메시지 혹은 교훈에 대한 그림을 그리고 학급 친구들에게 이를 설명하도록 한다.
- 신체-운동 지능: 이야기에 기반을 둔 연극을 보여 준다. 연극이 끝난 후, 개별 학생들에게 중심 메시지 혹은 교훈을 연기하도록 한다.

- 음악 지능: 이야기에 대해 말해 주는 노래를 부른다. 이후, 학급 전체가 함께 그 노래의 음악을 사용하면서, 중심 메시지 혹은 교훈을 말하는 가사를 붙인다.
- 대인관계 지능: 동그랗게 둘러앉아 이야기를 읽도록 한다. 이후, 학생이 돌아가면서 한 명씩 원의 가운데에 서고 중심 메시지 혹은 교훈을 말하도록 한다.
- 자기성찰 지능: 개인적 경험에 기초하여 자신만의 이야기를 만들도록 하고, 그 중심 메시지 혹은 교훈을 공유하도록 한다.
- 자연친화 지능: 동물 우화를 읽고, 그 중심 메시지 혹은 교훈을 공유하도록 한다.

❏ 수준: 3학년
❏ 과목: 쓰기
❏ 표준: 공통 핵심 성취 표준(CCSS)
❏ 표준 학습 목표: 쓰기 3.1A-D. 근거를 포함하여 특정한 주제에 대한 주장하는 글쓰기. (a) 글쓰는 주제에 대해 소개하고, 주장을 명시하며, 그 근거에 대한 구조 만들기, (b) 주장을 뒷받침할 근거 쓰기, (c) 주장과 근거를 연결하는 접속사 사용하기(예: 왜냐하면, 그러므로, 때문에, 예를 들어), (d) 결론 쓰기

- 언어 지능: 작가들의 논설문을 읽으면서 주장에 대한 근거에 밑줄 치고, 모든 접속사에 동그라미 치며, 결론에 형광펜 칠한다.
- 논리-수학 지능: 학생들에게 인지적 조직자를 제공한다. 이 조직자는 학생들이 의견을 진술하고(상단에), 근거를 쓰며(근거마다 칸을 만들어 줌), 연결사를 쓰고('근거' 칸에 딸린 작은 칸), 하단에 결론을 쓸 수 있도록 설계되어 있다.
- 공간 지능: 학생들에게 주장하는 글을 쓰도록 하고, 주장은 빨간색으로,

근거는 파란색으로, 접속사는 노란색으로, 결론은 초록색으로 표시하도록 한다.

- 신체-운동 지능: 학생들에게 주장은 4×6 크기의 카드에, 근거는 3×5 크기의 카드에, 접속사는 1×3 크기의 카드에, 결론은 2×6 크기의 카드에 적도록 한다. 그 카드들을 바닥에 놓고 전체 글이 어떻게 조직되어야 하는지 맞춰 보도록 한다. 처음에는 주장, 첫 번째 연결사, 첫 번째 근거, 다음 접속사, 다음 근거를 연결하는 식으로 한다. 모든 요소를 다 연결하면 마지막에 결론을 포함한다.

- 음악 지능: 강한 주장을 담은 노래를 들려준다[예: 밥 딜런(Bob Dylan)의 〈The Times They Are a-Changin〉]. 가사에서 드러나는 그의 핵심 주장을 논의하고 그의 주장을 뒷받침하는 근거를 제시한다(선택사항: 근거는 그냥 이야기하는 것보다 노래로 부르는 것이 더 좋다. 또한, 접속사는 속삭이듯 부르는 것도 좋다). 결론은 크게 부르도록 한다.

- 대인관계 지능: "너의 주장은 뭐니?"라는 집단 패널 토의 혹은 게임쇼에서 학생들은 주장과 함께 뒷받침할 근거, 접속사/구 그리고 결론을 제시한다. 청중은 가장 좋은 근거에 투표하고, 다른 사람들에게 그들이 활용하지 않은 접속사/구와 결론을 제공한다.

- 자기성찰 지능: 학생들에게 그들이 강한 유대감을 느끼는 주제에 대해 생각해 보도록 한다. 그 유대감을 느끼는 근거를 접속사 및 결론과 함께 설명한다.

- 자연친화 지능: 열대우림의 파괴, 산호초의 파괴, 멸종위기 동물들에 대한 위협의 증가 등 생태학적 주제와 관련된 의견을 학생들에게 묻는다. 그들이 접속사/구와 결론을 포함하여 의견을 뒷받침하는 근거를 제시하도록 한다.

❑ 수준: 5학년

❑ 과목: 수학

❑ 표준: 공통 핵심 성취 표준(CCSS)

❑ 표준 학습 목표: 기하 5MD.4: 단위 큐브, 센티미터 단위, 인치 단위, 피트 단위, 즉흥적으로 만들어진 단위를 사용하여 부피 재기

- 언어 지능: 학생들에게 건축물을 만들고 있으나 어떤 단위를 사용하여야 할지 망설이는 남자와 여자의 이야기를 써 보게 한다. 어떻게 그들이 딜레마를 해결하는지를 포함하여 작성한다.

- 논리-수학 지능: 더 작은 혹은 더 큰 단위로 바꾸는 수식을 가르친다. 그리고 학생들에게 즉흥적으로 개발한 단위로 바꿀 수 있는 수식을 창조하도록 요청한다.

- 공간 지능: 와이어, 나무, 줄을 사용하여 학생들이 단위 큐브, 인치 단위, 피트 단위 그리고 즉흥적으로 만들어진 단위를 사용하여 시각적으로 표현하도록 요청한다.

- 신체-운동 지능: 단위 큐브(수학 교구 아웃렛에서 산 것 혹은 목공이나 찰흙으로 학생들이 직접 만든 것)를 가지고 센티미터 단위로부터 미터 단위를, 인치 단위로부터 피트 단위를, 즉흥적으로 만든 단위로부터 부피를 재도록 한다.

- 음악 지능: 넘버락(Numberrock)의 〈아이들을 위한 부피송(Volume Song For Kids)〉(유튜브 www.youtube.com/watch?v=LZxXu b9iAZcd에서 확인 가능)과 같이 부피 측정과 관련된 음악 기억술을 가르친다. 이후, 학생들이 부피를 재고 바꾼 내용을 바탕으로 노래 부르게 한다.

- 대인관계 지능: 각설탕(혹은 다른 저렴하고 쉽게 구할 수 있는 대체물)로 가능한 가장 큰 구조물을 학급이 협동해서 만든다.

- 자기성찰 지능: 마인크래프트로 여러 가지 단위(센티미터, 인치, 피트, 즉흥적으로 만든 단위)의 가상 큐브를 활용하여 가상 도시를 만든다.

- 자연친화 지능: 하루 동안 성인이 평균적으로 마시는 공기를 인치/피트/

센티미터/미터 단위로 재고, 이를 다른 동물들의 호흡과 비교한다.

❏ 수준: 중학교
❏ 과목: 과학
❏ 표준: 차세대 과학 표준(Next Generation Science Standards: NGSS)
❏ 표준 학습 목표: ESS3.D: 화석연료를 태우면서 발생하는 온실가스와 같이 인간 활동이 현재 평균적인 지표면 온도를 상승시키는 주요 원인이 된다 (지구온난화). 기후 변화의 정도를 줄이는 것과 기후 변화를 발생하게 하는 인간의 취약성을 줄이는 것은 기후 과학, 공학 능력 그리고 기타(인간 행동) 지식에 대한 이해와 그 지식을 결정과 활동에 현명하게 적용하는 것에 달려있다.

• 언어 지능: 지구온난화의 주요 원인에 대하여 믿을 만한 인터넷 자료를 다양하게 읽고, 기후 변화에 대한 냉소주의자들의 의견과 비교한다.

• 논리-수학 지능: 원소 및 분자의 결합에 대한 화학 지식, 지구온난화를 만드는 날씨 패턴에 대한 물리 지식을 학습함으로써, 화석연료를 태우면서 발생하는 온실가스가 대기에 미치는 영향을 공부한다.

• 공간 지능: 화석연료를 태우면서 발생하는 온실가스의 영향을 완화할 수 있는 장치나 발명품의 청사진을 그려 본다.

• 신체-운동 지능: 인간 활동이 기후 변화로 이어지는 방법 혹은 인간들이 그들의 행동을 더 건강한 기후를 만들기 위해 변화시키는 방법을 극화하여 연극을 한다.

• 음악 지능: 세계적으로 더 건강한 기후를 만들기 위해 개인적 책임감을 가질 필요성을 이야기하는 노래를 만든다.

• 대인관계 지능: 지구온난화에 맞서기 위해 필요한 법안을 공부하고 국회 의원, 대통령 그리고 세계 여러 나라의 지도자들에게 이 법안을 통과시키기를 촉구하는 학급 편지를 그 이유와 함께 작성한다.

- 자기성찰 지능: 기후 변화가 자신의 삶에 미치는 영향을 조사한다. 자신의 지역사회의 온실가스 수준, 온실가스가 개인적 건강에 미치는 영향, 자신의 지역에서 보고된 호흡기 질환 발병률을 조사한다.
- 자연친화 지능: 기후 변화가 세계 곳곳의 동물, 식물, 해양 생물들에게 어떤 영향을 미치는지 탐구한다.

❏ 수준: 8학년(중학교 2학년)
❏ 과목: 수학
❏ 표준: 공통 핵심 성취 표준(CCSS)
❏ 표준 학습 목표: 8.SP.1: 두 양적 지표의 관계를 나타내는 산포도를 구성하고 해석한다. 클러스터, 이상치, 양적/부적 관계, 선형/비선형 관계와 같은 패턴을 기술한다.

- 언어 지능: 두 가지 문학 관련 변인(예: https://readable.io/text/와 같은 웹사이트에서 측정된 소설의 쪽 수와 가독성의 관계)을 사용하여 산포도를 그리고, 클러스터, 이상치, 양적/부적 관계, 선형/비선형 관계와 같은 패턴을 기술한다.
- 논리-수학 지능: 연관된 두 양적 데이터를 사용하여 산포도를 그리고 그 패턴을 결정한다(예: 클러스터, 이상치, 양적/부적 관계, 선형/비선형 관계).
- 공간 지능: 한 개 이상의 산포도를 디자인 모티브로 삼아 시각예술을 창작한다. 동시에 클러스터, 이상치, 양적/부적 관계, 선형/비선형 관계 등의 패턴을 보여 준다.
- 신체-운동 지능: 신체와 관련된 변인(예: 신장과 체중) 혹은 운동 기술과 관련된 변인(예: 멀리 던지기와 달리기 속도) 두 개와 관련된 학급 친구들의 통계 자료를 모은다. 그 데이터를 활용하여 클러스터, 이상치, 양적/부적 관계, 선형/비선형 관계 등의 패턴을 나타내는 산포도를 그린다.
- 음악 지능: 지난 10년간 빌보드 탑 100을 기록한 음악 데이터를 모아 두

변인(예: 음악의 기리와 차트에서의 최고 순위)을 비교한다. 그 데이터를 산포도로 표현하고, 클러스터, 이상치, 양적/부적 관계, 선형/비선형 관계 등의 패턴을 찾아본다.

- 대인관계 지능: 학급 친구들이 최근 정치 캠페인(예: 대통령 선거)에서 누구를 지지하는지 그리고 그들이 특정한 사회적 이슈(예: 낙태)에 대하여 어떤 입장에 있는지에 대하여 학급(혹은 학교 전체) 공개 조사를 실시한다. 그리고 그 데이터로 산포도를 만들고, 앞서 언급한 패턴을 찾아본다.

- 자기성찰 지능: 개인적 삶과 관련된 두 가지 변인(예: 아침에 일어나는 시간과 1교시 수업에서 피곤함의 정도 1~10점 척도) 데이터를 수집한다. 그리고 그 데이터를 산포도로 그려 보고, 앞서 언급한 패턴을 찾아본다.

- 자연친화 지능: 자연 현상에 대한 데이터(예: 온천의 분출 기간과 분출 사이의 간격)를 수집하고 산포도를 그린 뒤, 앞서 언급한 패턴을 찾아본다.

❑ 수준: 고등학교
❑ 과목: 시각예술(미술)
❑ 표준: 국가예술표준(National Art Standards)
❑ 표준 학습 목표: 시각예술: Re.7.2.IIa: 이미지가 특정한 청중의 아이디어, 느낌, 행동에 미치는 영향을 평가한다.

- 언어 지능: 위대한 예술작품[예: 앤디 워홀(Andy Warhol)의 〈캠벨 수프 캔(Campbell Soup cans)〉 그림]을 선택하고, 문학 혹은 비문학에서는 그것을 어떻게 쓰고 있는지, 그것이 특정한 청중의 아이디어, 느낌, 행동에 미치는 효과에 대한 평가를 포함하여 조사한다.

- 논리-수학 지능: 수학적 의미를 담은 이미지(예: 프랙탈, 무한대 표시)를 고르고, 그 이미지가 수학과 다른 영역(예: 역사, 과학, 문학) 모두에서 사용된 방식을 조사한다.

- 공간 지능: 일반적인 시각적 이미지(예: 원, 삼각형, 정육면체, 선, 십자무늬, 만자무늬)를 고르고 그 이미지가 역사 속에서 여러 사람들에게 어떤 영향을 미쳤는지 토론한다.
- 신체-운동 지능: 특정한 조각작품[예: 로댕(Auguste Rodin)의 〈생각하는 사람(Le Penseur)〉]을 공부하고 그 이미지가 '생각'과 '이상'에 대한 대중의 인식에 어떤 영향을 미쳤는지 조사한다.
- 음악 지능: 시각예술 작품이 음악 작곡에 영향을 미친 사례[예: 냇킹 콜(Nat King Cole)의 노래 〈모나리자(Mana Lisa)〉]를 조사하고 노래가 예술 작품의 특성을 표현하는 데에 미치는 영향을 평가한다.
- 대인관계 지능: 파블로 피카소(Pablo Picasso)의 〈게르니카(Guernica)〉와 같은 사회적 중요성을 지닌 그림을 공부하고, 그것이 여러 사람들의 정치적 · 사회적 · 예술적 민감성에 미친 영향을 조사한다.
- 자기성찰 지능: 시각예술 작품을 창작하고 그것을 가족과 친구들에게 보여 준다. 그리고 그들의 개인적 반응, 생각, 아이디어를 기록한다.
- 자연친화 지능: 허드슨 리버 스쿨의 화가 토마스 콜(Thomas Cole)의 자연주의적 작품을 공부하고, 그것이 미국의 확장적 경계와 줄어드는 자연환경에 대한 미국인들의 태도에 어떤 영향을 미쳤는지 조사한다.

부록

부록 B 다중지능 이론과 교육적 적용에 대한 관련 도서

Armstrong, T. (1999). *7 kinds of smart: Discovering and identifying your multiple intelligences—Revised and updated with information on two new kinds of smart.* New York: Plume.

Armstrong, T. (2000). *In their own way: Discovering and encouraging your child's multiple intelligences.* New York: Tarcher/Putnam.

Armstrong, T. (2003). *The multiple intelligences of reading and writing: Making the words come alive.* Alexandria, VA: ASCD.

Armstrong, T. (2014). *You're smarter than you think: A kid's guide to multiple intelligences.* Minneapolis, MN: Free Spirit Publishing.

Arnold, E. (2007). *The MI strategy bank: 800+ multiple intelligence ideas for the elementary classroom.* Chicago: Chicago Review Press.

Barkman, R. (1999). *Science through multiple intelligences: Patterns that inspire inquiry.* Chicago: Chicago Review Press.

Baum, S., Viens, J., & Slatin, B. (2005). *Multiple intelligences in the elementary classroom: A teacher's toolkit.* New York: Teachers College Press.

Bellanca, J. (2008). *200+ active learning strategies and projects for engaging students' multiple intelligences* (2nd ed.). Thousand Oaks, CA: Corwin.

Berman, M. (2001). *A multiple intelligences road to an ELT classroom.* Carmarthen, UK: Crown House Publishing.

Campbell, B. (2007). *Handbook of differentiated instruction using the multiple intelligences: Lesson plans and more.* New York: Pearson.

Campbell, B., & Campbell, L. (1999). *Multiple intelligences and student achievement: Success stories from six schools.* Alexandria, VA: ASCD.

Campbell, L., Campbell, B., & Dickinson, D. (2003). *Teaching and learning through multiple intelligences* (3rd ed.). Upper Saddle River, NJ: Allyn & Bacon.

Chen, J. Q., Moran, S., & Gardner, H. (Eds.). (2009). *Multiple intelligences around the world.* San Francisco: Jossey-Bass.

Christison, M. A. (2005). *Multiple intelligences and language learning: A guidebook of theory, activities, inventories, and resources.* Palm Springs, CA: Alta Book Center Publishers.

DeAmicis, B. (2003). *Multiple intelligences made easy: Strategies for your curriculum.* Chicago: Chicago Review Press.

Faculty of New City School. (1994). *Celebrating multiple intelligences.* St. Louis, MO: Author.

Faculty of New City School. (1996). *Succeeding with multiple intelligences: Teaching through the personal intelligences.* St. Louis, MO: Author.

Gardner, H. (2000). *Intelligence reframed: Multiple intelligences for the 21st century.* New York: Basic Books.

Gardner, H. (2006). *Multiple intelligences: New horizons in theory and practice.* New York: Basic Books.

Gardner, H. (2011). *Creating minds: An anatomy of creativity seen through the lives of Freud, Einstein, Picasso, Stravinsky, Eliot, Graham, and Gandhi.* New York: Basic Books.

Gardner, H. (2011). *Frames of mind: The theory of multiple intelligences.* New York: Basic Books.

Gardner, H., Feldman, D. H., & Krechevsky, M. (Eds.). (1998). *Project Zero frameworks for early childhood education, Vol. 1: Building on children's strengths: The experience of Project Spectrum*. New York: Teachers College Press.

Gardner, H., Feldman, D. H., & Krechevsky, M. (Eds.). (1998). *Project Zero frameworks for early childhood education, Vol. 2: Project Spectrum: Early learning activities*. New York: Teachers College Press.

Gardner, H., Feldman, D. H., & Krechevsky, M. (Eds.). (1998). *Project Zero frameworks for early childhood education, Vol. 3: Project Spectrum: Preschool assessment handbook*. New York: Teachers College Press.

Hirsh, R. A. (2004). *Early childhood curriculum: Incorporating multiple intelligences, developmentally appropriate practices, and play*. New York: Pearson.

Hoerr, T. R. (2000). *Becoming a multiple intelligences school*. Alexandria, VA: ASCD.

Hoerr, T. R., Boggeman, S., & Wallach, C. (2010). *Celebrating every learner: Activities and strategies for creating a multiple intelligences classroom* (2nd ed). San Francisco: Jossey-Bass.

Kagan, S. (1998). *Multiple intelligences: The complete MI book*. San Clemente, CA: Kagan Cooperative Learning.

Koch, K. (2016). *8 great smarts: Discover and nurture your child's intelligences*. Chicago: Moody Publishers.

Kornhaber, M., Fierros, E., & Veenema, S. (2003). *Multiple intelligences: Best ideas from research and practice*. Upper Saddle River, NJ: Pearson/ Allyn & Bacon.

Lazear, D. (1998). *The rubrics way: Using multiple intelligences to assess understanding*. Chicago: Chicago Review Press.

Lazear, D. (1999). *Eight ways of knowing: Teaching for multiple intelligences* (3rd ed.). Thousand Oaks, CA: Corwin.

Lazear, D. (1999). *Multiple intelligence approaches to assessment: Solving the assessment conundrum* (Rev. ed.). Chicago: Chicago Review Press.

Lazear, D. (2003). *Eight ways of teaching: The artistry of teaching with multiple intelligences.* Thousand Oaks, CA: Corwin.

Lilienstein, J. (2012). *101 learning activities to stretch & strengthen your child's multiple intelligences.* Summerland, CA: Frontsiders.

Massie, M. R. (2016). *Ellie Rae discovers eight ways to be SMART: A book about Howard Gardner's theory of multiple intelligences.* CreateSpace Independent Publishing Platform.

McKenzie, W. (2005). *Multiple intelligences and instructional technology* (2nd ed.). Washington, DC: International Society for Technology in Education.

Nicholson-Nelson, K. (1999). *Developing students' multiple intelligences (Grades K-8).* New York: Scholastic.

Puchta, H., & Rinvolocri, M. (2007). *Multiple intelligences in EFL: Exercises for secondary and adult students.* Cambridge, UK: Cambridge University Press.

Schaler, J.A. (2006). *Howard Gardner under fire: The rebel psychologist faces his critics.* Chicago: Open Court.

Schiller, P., & Phipps, P. (2006). *Starting with stories: Engaging multiple intelligences through children's books.* Lewisville, NC: Gryphon House.

Schiller, P., & Phipps, P. (2011). *The complete daily curriculum for early childhood: Over 1200 easy activities to support multiple intelligences and learning styles.* Silver Spring, MD: Gryphon House.

Shearer, B. (1996). *The MIDAS: A professional manual.* Kent, OH: MI Research and Consulting.

Shearer, B. (2009). (Ed.). *MI at 25: Assessing the impact and future of multiple intelligences for teaching and learning.* New York: Teachers College Press.

Shearer, B. (2013). *Multiple intelligences inspired! A Common Core toolkit* (2nd ed.). Kent, OH: MI Research and Consulting.

Shearer, B., & Fleetham, M. (2008). *Creating extra-ordinary teachers: Multiple intelligences in the classroom and beyond.* New York:

Network Continuum.

Silver, H. F., Strong, R. W., & Perini, M. J. (2000). *So each may learn: Integrating learning styles and multiple intelligences*. Alexandria, VA: ASCD.

Stefanakis, E. H. (2002). *Multiple intelligences and portfolios: A window into the learner's mind*. Portsmouth, NH: Heinemann.

Sudarsana, M. (2013). *Multiple intelligences for designing environments: Designing preschool environments*. Amazon Digital Services.

Teele, S. (2004). *Overcoming barricades to reading: A multiple intelligences approach*. Thousand Oaks, CA: Corwin.

Teele, S. (2015). *Rainbows of intelligence: Exploring how students learn*. New York: Skyhorse Publishing.

Viens, J., & Kallenbach, S. (2004). *Multiple intelligences and adult literacy: A sourcebook for practitioners*. New York: Teachers College Press.

Zwiers, J. (2004). *Developing academic thinking skills in grades 6-12: A handbook of multiple intelligences activities*. Newark, DE: International Reading Association.

참고문헌

Adria, M., & Mao, Y. (2017). *Handbook of research on citizen engagement and public participation in the era of new media.* Hershey, PA: IGI Global.

Al-Bahan, E. M. (2006, Spring). Multiple intelligences styles in relation to improved academic performance in Kuwaiti middle school reading. *Digest of Middle East Studies*, 18-34.

Archer, D. (2015). *The ADHD advantage: What you thought was a diagnosis may be your greatest strength.* New York: Avery.

Armstrong, T. (1987a). Describing strengths in children identified as "learning disabled" using Howard Gardner's theory of multiple intelligences as an organizing framework. *Dissertation Abstracts International*, 48, 8A. (University Microfilms No. 8725-844)

Armstrong, T. (1987b). *In their own way: Discovering and encouraging your child's personal learning style.* New York: Tarcher/Putnam.

Armstrong, T. (1999). *7 kinds of smart: Discovering and identifying your multiple intelligences—Revised and updated with information on two new kinds of smart.* New York: Plume.

Armstrong, T. (2000). *In their own way: Discovering and encouraging your child's multiple intelligences* (Revised and updated). New York: Tarcher/

Putnam.

Armstrong, T. (2006). *The best schools: How human development research should inform educational practice.* Alexandria, VA: ASCD.

Armstrong, T. (2012). *Neurodiversity in the classroom: Strength-based strategies to help students with special needs succeed in school and life.* Alexandria VA: ASCD.

Armstrong, T. (2014). *You're smarter than you think: A kid's guide to multiple intelligences.* Minneapolis, MN: Free Spirit Publishing.

Armstrong, T. (2016). *The power of the adolescent brain: Strategies for teaching middle and high school students.* Alexandria, VA: ASCD.

Barnett, S. M., Ceci, S. J., & Williams, W. M. (2006). Is the ability to make a bacon sandwich a mark of intelligence? and other issues: Some reflections on Gardner's theory of multiple intelligences. In J. A. Schaler (Ed.), *Howard Gardner Under Fire: The Rebel Psychologist Faces His Critics* (pp. 95–114). Chicago: Open Court.

Baron-Cohen, S. (1998). Superiority on the embedded figures task in autism and in normal males: Evidence of an "innate talent"? *Behavioral and Brain Sciences, 21*(1), 408–409.

Baron-Cohen, S. (2003). *The essential difference: The truth about the male and female brain.* New York: Basic Books.

Berger, R. (2013). Deeper learning: Highlighting student work. *Edutopia.* Retrieved from https://www.edutopia.org/blog/deeper-learning-student-work-ron-berger

Blume, H. (1998, September 30). Neurodiversity. *Atlantic.* Retrieved from http://www.theatlantic.c./doc/199809u/Neurodiversity

Bonny, H., & Savary, L. (1990). *Music and your mind.* Barrytown, NY: Station Hill Press.

Brody, N. (2006). Geocentric theory: A valid alternative to Gardner's theory of intelligence. In J. A. Schaler (Ed.), *Howard Gardner Under Fire: The Rebel Psychologist Faces His Critics* (pp. 73–94). Chicago: Open Court.

Campbell, L., & Campbell, B. (2000). *Multiple intelligences and student achievement: Success stories from six schools.* Alexandria, VA: ASCD.

Carini, P. (1977). *The art of seeing and the visibility of the person.* Grand Forks,

ND: Center for Teaching and Learning, University of North Dakota.

Carroll, J. B. (1993). *Human cognitive abilities: A survey of factor-analytic studies*. Cambridge, UK: Cambridge University Press.

Chan, D. (2007). Music Smart aptitude and multiple intelligences among Chinese gifted students in Hong Kong: Do self-perceptions predict abilities? *Personality and Individual Differences, 43*(6), 1604-1615.

Chanda, S. (2001, March). Multiple ways of teaching and learning in Bangladesh. *Teachers Forum*. Available: http://www.unicef.org/teachers/forum/0301.htm

Chen, J. Q., Moran, S., & Gardner, H. (Eds.) (2009). *Multiple intelligences theory around the world*. San Francisco: Jossey-Bass.

Cheung, H. H. P. (2009). Multiple intelligences in China. In J. Q. Chen, S. Moran, & H. Gardner, (Eds.), *Multiple intelligences theory around the world* (pp. 43-54). San Francisco: Jossey-Bass.

Chideya, A. (1991, December 2). Surely for the spirit, but also for the mind. *Newsweek*, 61.

Collins, J. (1998, October 19). Seven kinds of smart. *Time*, 94-96.

Comte, A. (1988). *Introduction to positive philosophy*. Indianapolis, IN: Hackett.

Connor, J. O., & Pope, D. C. (2013, September). Not just robo-students: Why full engagement matters and how schools can promote it. *Journal of Youth and Adolescence, 42*(9), 1426-1442.

Cooperrider, D. L. (2001) Why appreciative inquiry? In C. Royal & S. A. Hammond (Eds.), *Lessons from the field: Applying appreciative inquiry*, p. 12. Bend, OR: Thin Book Publishing.

Davis, K., Christodoulou, J., Seider, S., & Gardner, H. (2011). The theory of multiple intelligences. In R. J. Sternberg & S. B. Kaufman (Eds.), *The Cambridge handbook of intelligence* (pp. 485-503). Cambridge, UK; New York: Cambridge University Press.

Denzin, N., & Lincoln, Y. (Eds.). (2005). *The Sage book of qualitative research* (3rd ed.). Thousand Oaks, CA: Sage.

Dewey, J. (1997). *Experience and education*. New York: Free Press.

Diehl, J. J. et al. (2014, November 1). Neural correlates of language and non-language visuospatial processing in adolescents with reading disability.

Neuroimage, 101, 653-666.

Dilthey, W. (1989). *Introduction to the human sciences: An attempt to lay a foundation for the study of society and history.* Detroit, MI: Wayne State University Press.

Dixon, P., Humble, S., & Chan, D. W. (2016). How children living in poor areas of Dar Es Salaam, Tanzania perceive their own multiple intelligences. *Oxford Review of Education, 42*(2), 230-248.

Donkin, W. (2001). *The wayfarers: Meher Baba with the God-intoxicated.* Myrtle Beach, SC: The Sheriar Foundation.

Dreikurs, R. (1993). *Logical consequences: The new approach to discipline.* New York: Plume.

Dweck, C. (2007). *Mindset: The new psychology of success.* New York: Ballantine.

Dykens, E. M. (2006). Toward a positive psychology of mental retardation. *American Journal of Orthopsychiatry, 76*(2), 185-193.

Education Consumers Foundation (2011, November 28). *Direct instruction: What the research says.* Arlington, VA. Retrieved from http://education-consumers.org/pdf/DI_Research.pdf

Edwards, B. (2012). *Drawing on the right side of the brain* (4th ed). Los Angeles: Tarcher/Perigee.

Edwards, C., Gandini, L., & Foreman, G. (2011). *The hundred languages of children: The Reggio Emilia experience in transformation* (3rd ed.). Santa Barbara, CA: Praeger.

Ellison, L., & Rothenberger, B. (1999). In Bangladesh: The multiple ways of teaching and learning. *Educational Leadership, 57*(1), 54-57.

Faculty of New City School. (1994). *Celebrating multiple intelligences: Teaching for success.* St. Louis, MO: New City School.

Faculty of New City School. (1996). *Succeeding with multiple intelligences: Teaching through the personal intelligences.* St. Louis, MO: New City School.

Feldman, D. H. (1980). *Beyond universals in cognitive development.* Norwood, NJ: Ablex.

Feynman, R. (2005). *The pleasure of finding things out: The best short works of*

Richard P. Feynman. New York: Basic Books.

Fisher, D., & Frey, N. (2014). *Checking for understanding: Formative assessment techniques for your classroom* (2nd ed.). Alexandria, VA: ASCD.

Foote, A. (1991). *Arts PROPEL: A handbook for visual arts*. Cambridge, MA: Harvard Project Zero.

Froebel, F. (2005). *The education of man*. Mineola, NY: Dover Publications.

Furnham, A., & Akanda, A. (2004). African parents' estimation of their own and their children's multiple intelligences. *Current Psychology, 22*(4), 281–294.

Furnham, A., & Fukumoto, S. (2008). Japanese parents' estimates of their own and their children's multiple intelligences: Cultural modesty and moderate differentiation. *Japanese Psychological Research, 50*(2), 63–76.

Furnham, A., & Wu, J. (2008). Gender differences in estimates of one's own and parental intelligence in China. *Individual Differences Research, 6*(1), 1–12.

Gadamer, H. G. (2005). *Truth and method*. New York: Continuum.

Gallup Youth Development Specialists. (2007). *Strengths Explorer for ages 10 to 14*. Washington, DC: Gallup Press.

Gardner, H. (1979). The child is father to the metaphor. *Psychology Today, 12*(10), 81–91.

Gardner, H. (1983). *Frames of mind: The theory of multiple intelligences*. New York: Basic Books.

Gardner, H. (1993a). *Frames of mind: The theory of multiple intelligences* (10th anniversary ed.). New York: Basic Books.

Gardner, H. (1993b). *Multiple intelligences: The theory in practice*. New York: Basic Books.

Gardner, H. (1995). Reflections on multiple intelligences: Myths and messages. *Phi Delta Kappan, 77*(3), 200–208.

Gardner, H. (1999). *Intelligence reframed: Multiple intelligences for the 21st century*. New York: Basic Books.

Gardner H. (2003, April 21). Multiple intelligences after twenty years. Paper presented at the annual meeting of the American Educational Research Association, Chicago.

Gardner, H. (2004). Audiences for the theory of multiple intelligences. *Teachers College Record, 106*(1), 212.

Gardner, H. (2006a). *Multiple intelligences: New horizons in theory and practice.* New York: Basic Books.

Gardner, H. (2006b). On failing to grasp the core of MI theory: A response to Visser et al. *Intelligence, 34*(5), 503-505.

Gardner, H. (2006c). Replies to my critics. In J. A. Schaler (Ed.), *Howard Gardner under fire: The rebel psychologist faces his critics* (pp. 277-307). Chicago: Open Court.

Gardner, H. (2011). *Frames of mind: The theory of multiple intelligences.* New York: Basics Books.

Gardner, H., Feldman, D. H., & Krechevsky, M. (Eds.). (1998a). *Project Zero frameworks for early childhood education, Vol. 1: Building on children's strengths: The experience of Project Spectrum.* New York: Teachers College Press.

Gardner, H., Feldman, D. H., & Krechevsky, M. (Eds.). (1998b). *Project Zero frameworks for early childhood education, Vol. 2: Project Spectrum: Early learning activities.* New York: Teachers College Press.

Gardner, H., Feldman, D. H., & Krechevsky, M. (Eds.). (1998c). *Project Zero frameworks for early childhood education, Vol. 3: Project Spectrum: Preschool assessment handbook.* New York: Teachers College Press.

Gardner, H., & Moran, S. (2006). The science of multiple intelligences theory: A response to Lynn Waterhouse. *Educational Psychologist, 4*(4), 227-232.

Gentile, J. R. (1988). *Instructional improvement: Summary and analysis of Madeline Huter's essential elements of instruction and supervision.* Oxford, OH: National Staff Development Council.

Goleman, D. (2006). *Emotional intelligence: Why it can matter more than IQ.* New York: Bantam.

Goodlad, J. I. (2004). *A place called school* (20th anniversary edition). New York: McGraw-Hill.

Goodman, J., & Weinstein, M. (1980). *Playfair: Everybody's guide to noncompetitive play.* San Luis Obispo, CA: Impact.

Gottfredson, L. S. (2004). Schools and the "g" factor. *Wilson Quarterly, 28*(3),

35-45.

Grandin, T., & Johnson, C. (2006). *Animals in translation: Using the mysteries of autism to decode animal behavior*. New York: Simon & Schuster.

Greenhawk, J. (1997). Multiple intelligences meet standards. *Educational Leadership*, *5*(1), 62-64.

Gundian, X., & Anriquez, C. (1999, September). An innovative project for Chilean education: Colegio Amancay de La Florida. *New Horizons for Learning*. Available: http://www.newhorizon.org/trans/international/gundian.htm

Haft, S., Witt, P. J., Thomas, T. (Producers), & Weir, P. (Director). (1989). *Dead Poets Society*. Burbank, CA: Touchstone Pictures.

Hart, L. (1981). Don't teach them; help them learn. *Learning*, *9*(8), 39-40.

Hartmann, T. (1997). *ADD: A different perception*. Nevada City, CA: Underwood Books.

Hattie, J. (2008). *Visible learning: A synthesis of over 800 meta-analyses related to achievement*. New York: Routledge.

Hawkins, T. (2012, December 28). Will less art and music in the classroom really help students soar academically? *The Washington Post*. Retrieved from: http://wapo.st/2rt3AV6

Hess, K. K. (2013). *A guide for using Webb's depth of knowledge with Common Core State Standards*. Common Core Institute.

Hoerr, T. R. (2000). *Becoming a multiple intelligences school*. Alexandria, VA: ASCD.

Howland, D., Fujimoto, T., Ishiwata, K., & Kamijo, M. (2009). Multiple intelligences perspectives from Japan. In J. Q. Chen, S. Moran, & H. Gardner, (Eds), *Multiple intelligences theory around the world* (pp. 76-94). San Francisco: Jossey-Bass.

Johnson, R. S., Mims-Cox, S., & Doyle-Nichols, A. R. (2006). *Developing portfolios in education: A guide to reflection, inquiry, and assessment*. Thousand Oaks, CA: Sage.

Jung, T., & Kim, M-H. (2005). The application of multiple intelligences theory in South Korea: The Project Spectrum approach for young children. *School Psychology International*, *26*(5), 581-594.

Kallick, B., & Zmuda, A. (2017, March). Orchestrating the move to student-driven learning. *Educational Leadership, 74*(6), 53–57.

Karolyi, C. von, Winner, E., Gray, W., & Sherman, G. F. (2003, June). Dyslexia linked to talent: Global visual–spatial ability. *Brain and Language, 85*(3), 427–31.

Kluth, P. (2008). *Just give him the whale! 20 ways to use fascinations, areas of expertise, and strengths to support students with autism.* Baltimore: Brookes Publishing Co.

Kornhaber, M., Fierros, E., & Veenema, S. (2003). *Multiple intelligences: Best ideas from research and practice.* Upper Saddle River, NJ: Allyn & Bacon.

Kovalik, S. (1993). ITI: The model—Integrated Thematic Instruction (2nd ed.). Black Diamond, WA: Books for Educators.

Kovalik, S. (2001). *Exceeding expectations: A user's guide to implementing brain research in the classroom.* Black Diamond, WA: Books for Educators.

Kozik, P. L. (2008, June). Examining the effects of appreciative inquiry on IEP meetings and transition planning. Doctoral dissertation, Syracuse University. Retrieved from http://appreciativeinquiry.case.edu/uploads/PL%20 Kozik%20Dissertation%208-08.pdf

Kunkel, C. (2007). The power of Key: Celebrating 20 years of innovation at the Key Learning Community. *Phi Delta Kappan, 89*(3), 204–209.

Kuo, F. E., & Taylor, A. F. (2004, September). A potential natural treatment for attention deficit/hyperactivity disorder. *American Journal of Public Health, 94*(9), 1580–1586.

Lenhoff, H. M., Wang, P. P., Greenberg, F., & Bellugi, U. (1997, December). Williams syndrome and the brain. *Scientific American, 277*(6), 68–73.

Louv, R. (2008). *Last child in the woods: Saving our children from nature-deficit disorder.* Chapel Hill, NC: Algonquin Books.

Manila Times. (2008, June 15). *Multiple Intelligence High School: A school for future responsible entrepreneurs.* Available: http://www.manilatimes.net/ national/2008/june/15/yehey/weekend/20080615week3.html

Marchand–Martella, N. E., Slocum, T. A., & Martella, R. E. (2003). *An introduction to direct instruction.* Upper Saddle River, NJ: Allyn & Bacon.

Marzano, R. (2004). *Building background knowledge for academic achievement: Research on what works in schools.* Alexandria, VA: ASCD.

Marzano, R. (2017). *The new art and science of teaching.* Bloomington, IN: Solution Tree; and Alexandria, VA: ASCD.

Marzano, R. J., Brandt, R. S., Hughes, C. S., Jones, B. F., Presseisen, B. Z., & Rankin, S. C. (1988). *Dimensions of thinking: A framework for curriculum and instruction.* Alexandria, VA: ASCD.

Matthews, G. B. (1996). *The philosophy of childhood.* Cambridge, MA: Harvard University Press.

McCloskey, D. N., & Ziliak, S. (2008). *The cult of statistical significance: How standard error costs us jobs, justice, and lives.* Ann Arbor, MI: University of Michigan Press. MI in the Classrooms, St. Louis, MO: New City School, [website] 2013-2017. Retrieved from: http://www.newcityschool.org/academics/multiple-intelligences/mi-in-the-classrooms.

Miller, A. (1996). *The drama of the gifted child* (Rev. ed.). New York: Basic Books.

Mohktar, I. A., Majid, S., & Fu, S. (2007). Information literacy education through mediated learning and multiple intelligences. *Reference Services Review, 35*(3), 463-486.

Montagu, A. (1988). *Growing young* (2nd ed.). Westport, CT: Bergin and Garvey.

Montessori, M. (1972). *The secret of childhood.* New York: Ballantine.

Morehead, J. (2012, June 19). Stanford University's Carol Dweck on the growth mindset and education. *OneDublin.org.* Available: https://onedublin.org/2012/06/19/stanford-universitys-carol-dweck-on-the-growth-mindset-and-education/

Morrison, P., & Morrison, P. (1994). *Powers of ten.* New York: W. H. Freeman.

Moss, C. M., & Brookhart, S. M. (2009). *Advancing formative assessment in every classroom: A guide for instructional leaders.* Alexandria, VA: ASCD.

Mottron, L. (2011). Changing perceptions: The power of autism. *Nature, 479*(7371), 33-35.

Musca, T. (Producer), & Menendez, R. (Director). (1987). *Stand and deliver.* Burbank, CA: Warner Bros.

Nelsen, J. (1999). *Positive time-out and over 50 ways to avoid power struggles in the home and the classroom.* New York: Prima.

Nord, W. A., & Haynes, C. C. (1998). *Taking religion seriously across the curriculum*. Alexandria, VA: ASCD.

Paugh, P., & Dudley-Marling, C. (2011, September). Speaking deficit into (or out of) existence: How language constrains classroom teachers' knowledge about instructing diverse learners. *International Journal of Inclusive Education, 15*(8), 819-833.

Paul, R. (1992). *Critical thinking: What every person needs to survive in a rapidly changing world*. Santa Rosa, CA: Foundation for Critical Thinking.

Pestalozzi, J. H. (2013). *How Gertrude teaches her own children: An attempt to help mothers teach their own children*. Amazon Digital Services.

Plato. (1952). *The dialogues of Plato* (B. Jowett, Trans.). In R. M. Hutchins (Ed.), Great Books of the Western World (Vol. 7). Chicago: Encyclopedia Britannica.

Polya, G. (2014). *How to solve it: A new aspect of mathematical method*. Princeton, NJ: Princeton University Press.

Polyani, K. (1974). *Personal knowledge: Toward a post-critical philosophy*. Chicago: University of Chicago Press.

Popham, J. (2008). *Transformative assessment*. Alexandria, VA: ASCD.

Postman, N., & Weingartner, C. (1971). *Teaching as a subversive activity*. New York: Delta.

Price-Mitchell, M. (2015, April 7). Metacognition: Nurturing self-awareness in the classroom. *Edutopia*. Retrieved from https://www.edutopia.org/blog/8-pathways-metacognition-in-classroom-marilyn-price-mitchell

Ravitch, D. (2016). *The death and life of the great American school system: How testing and choice are undermining education* (3rd ed.). New York: Basic Books.

Recer, P. (2002, April 30). Study: Science literacy poor in U.S. Associated Press.

Reed, J. (2007, September). Learning with IB. *IB World*. Available: http://www.ibo.org/ibworld/sept07/

Ribot, N. (2004, March). My experience using the multiple intelligences. *New Horizons of Learning*. Available: http://www.newhorizons.org/trans/international/ribot.htm

Rose, C. (1987). *Accelerated learning*. New York: Dell.

Rosenthal, R., & Jacobson, L. (2004). *Pygmalion in the classroom: Teacher expectation and pupils' intellectual development*. New York: Crown House Publishing.

Rousseau, J. J. (1979). *Emile: Or on education* (A. Bloom, Trans.). New York: Basic Books.

Rundle, L. B. (2016, May 1). Jane Goodall in conversation. *Reader's Digest Asia/Pacific*. Retrieved from https://www.pressreader.com/australia/readers-digest-asia-pacific/20160501/282600262033981

Sacks, O. (1985). *The man who mistook his wife for a hat*. New York: HarperCollins.

Sacks, O. (1995). *An anthropologist on Mars*. New York: Vintage.

Sacks, O. (2007). *Musicophilia: Tales of music and the brain* (Rev. and expanded ed.). New York: Vintage.

Sahl-Madsen, C., & Kyed, P. (2009). The explorama: Multiple intelligences in the science park, Danfoss Universe. In J. Q. Chen, S. Moran, & H. Gardner, (Eds.), *Multiple intelligences theory around the world* (pp. 169-183). San Francisco: Jossey-Bass.

Sarangapani, P. M. (2000). The great Indian tradition. Available: http://www.indiaseminar.com/2000/493/493%20padma%20m%20sarangapani.htm

Schmidle, N. (2007, January 22). Reforming Pakistan's "dens of terror." *TruthDig*. Available: http://www.truthdig.com/report/item/20070122_nicholas_schmidle_reforming_pakistans_dens_of_terror/

Schneps, M. H., Brockmole, J. R., Sonnert, G., & Pomplun, M. (2012, April 27). History of reading struggles linked to enhanced learning in low spatial frequency scenes. *PLOS*. Available: http://journals.plos.org/plosone/article?id=10.1371/journal.pone.0035724

Scripp, L. (1990). *Transforming teaching through Arts PROPEL portfolios: A case study of assessing individual student work in the high school ensemble*. Cambridge, MA: Harvard Graduate School of Education.

Shaw, P., et al. (2007, December 4). Attention deficit/hyperactivity disorder is characterized by a delay in cortical maturation. *Proceedings of the National Academy of Sciences, 104*(49), 19649-19654.

Shearer, B. (1994). *Multiple Intelligence Developmental Assessment Scales*

(MIDAS). Kent, OH: Multiple Intelligences Research and Consulting.

Shearer, B. (2004). Multiple intelligences after 20 years. *Teachers College Record*, *106*(1), 2–16.

Shearer, B. (2009). *MI at 25: Assessing the impact and future of multiple intelligences for teaching and learning*. New York: Teachers College Press.

Shearer, B. (2013). *The MIDAS Handbook: Common miracles in your school*. Kent, OH: Multiple Intelligences Research and Consulting.

Silver, H., Strong, R., & Perini, M. (1997). Integrating learning styles and multiple intelligences. *Educational Leadership*, *55*(1), 22–29.

Singer, J. (1999). Why can't you be normal for once in your life? In M. Corker & S. French (Eds.), *Disability discourse* (pp. 59–67). Buckingham, UK: Open University Press.

Slavin, R. (2013, January 9). Effect size matters in educational research. *Education Week*. Retrieved from http://blogs.edweek.org/edweek/sputnik/2013/01/effect_size_matters_in_educational_research.html

Spearman, C. (1927). *The abilities of man: Their nature and measurement*. London: Macmillan.

Spencer, J. (2017, March). The genius of design. *Educational Leadership*, *74*(6), 16–21.

Spolin, V. (1986). *Theater games for the classroom*. Evanston, IL: Northwestern University Press.

Strauss, V. (2014, January 18). Everything you need to know about the Common Core: Ravitch. *The Washington Post*. Retrieved from https://www.washingtonpost.com/news/answer-sheet/wp/2014/01/18/everything-you-need-to-know-about-commoncore-ravitch/?utm_term=.7502bd0b147a

Sullivan, G. M., & Feinn, R. (2012, September). Using effect size—or why the P value is not enough. *Journal of Graduate Medical Education*, *4*(3): 279–282. Retrieved from https://www.ncbi.nlm.nih.gov/pmc/articles/PMC3444174/

Swami, V., Furnham, A., & Kannan, K. (2006). Estimating self, parental, and partner intelligences: A replication in Malaysia. *Journal of Social Psychology*, *146*(6), 645–655.

Tammet, D. (2007). *Born on a blue day: Inside the extraordinary mind of an autistic savant*. New York: Free Press.

Tomlinson, C. A. (2014). *The differentiated classroom: Responding to the needs of all learners* (2nd ed.). Alexandria, VA: ASCD.

Traphagen, K., & Zorich, T. (2013, Spring). *Time for deeper learning: Lessons from five high schools*. Boston: National Center on Time & Learning.

Traub, J. (1998, October 26). Multiple intelligence disorder. *The New Republic*, *219*(17), 20-23.

Visser, B., Ashton, M., & Vernon, P. (2006). Beyond G: Putting multiple intelligences to the test. *Intelligence*, *34*(5), 487-502.

Wallis, C. (2008, June 8). No Child Left Behind: Doomed to fail? *Time*. Available: http://www.time.com/time/nation/article/0,8599,1812758,00.html

Walters, J., & Gardner, H. (1986, March 30). The crystallizing experience: Discovery of an intellectual gift. (ERIC Document Reproduction Service No. ED 254 544)

Wang, S. S. (2014, March 27). How autism can help you land a job. *Wall Street Journal*. Available: https://www.wsj.com/articles/SB10001424052702304418404579465561364868556

Warren, C. (2008, July 1). Coudl this be teh sercet to sussecc? *American Way*. Available: http://dyslexia.yale.edu/DYS_secretsuccess.html

Waterhouse, L. (2006). Multiple intelligences, the Mozart effect, and emotional intelligence: A critical review. *Educational Psychologist*, *4*(4), 207-225. Retrieved from http://ocw.metu.edu.tr/pluginfile.php/9276/mod_resource/content/1/s15326985ep4104_1.pdf

Webb, N. (1997). *Criteria for alignment of expectations and assessments on mathematics and science education*. Washington, DC: CCSSO.

Weinreich-Haste, H. (1985). The varieties of intelligence: An interview with Howard Gardner. *New Ideas in Psychology*, *3*(4), 47-65.

White, H. A., & Shaw, P. (2011, April). Creative style and achievement in adults with attention deficit/hyperactivity disorder. *Journal of Personality and Individual Differences*, *5*(5), 673-677.

Wiggins, G., & McTighe, J. (2005). *Understanding by design*. Alexandria, VA: ASCD.

Williams, W., Blythe, T., White, N., Li, J., Sternberg, R., & Gardner, H. (1996). *Practical intelligence for school*. New York: HarperCollins College Publishers.

Willingham, D. (2004). Reframing the mind. *Education Next, 4*(3), 19-24.

Yeager, D. S., & Dweck, C. S. (2012). Mindsets that promote resilience: When students believe that personal characteristics can be developed. *Educational Psychologist, 47*(4), 302-314.

Zessoules, R., & Gardner, H. (1991). Authentic assessment: Beyond the buzzword and into the classroom. In V. Perrone (Ed.), *Assessment in Schools* (pp. 47-71). Washington, DC: ASCD.

저자 소개

토머스 암스트롱(Thomas Armstrong)은 미국 학습과 인간 발달 연구소(American Institute for Learning and Human Development)의 상임이사이며, ASCD에서 출판한 6권의 책 [『The Power of the Adolescent Brain: Strategies for Teaching Middle and High School Students』(2016), 『Neurodiversity in the Classroom: Strength-Based Strategies to Help Students with Special Needs Succeed in School and Life』(2014), 『The Best Schools: How Human Development Research Should Inform Educational Practice』(2006), 『The Multiple Intelligences of Reading and Writing』(2003), 『Awakening Genius in the Classroom』(1998), 『ADD/ADHD Alternatives in the Classroom』(1999)]의 저자다. 또한 『The Myth of the ADHD Child: 101 Ways to Improve Your Child's Behavior and Attention Span Without Drugs, Labels, or Coercion』(Tarcher/Perigee, 2017), 『The Power of Neurodiversity: Unleashing the Advantages of Your Differently Wired Brain』(DaCapo, 2011), 『The Human Odyssey: Navigating the Twelve Stages of Life』(Sterling, 2007), 『In Their Own Way: Discovering and Encouraging Your Child's Multiple Intelligences』(Tarcher, 2000), 『7 Kinds of Smart: Identifying and Developing Your Multiple Intelligences』(Plume, 1999) 등 여러 저서를 저술하기도 하였다. 그의 저서는 27개의 언어로 번역되어 출판되었다. 암스트롱은 지난 30년간 44개 주와 29개국에서 1,000회 이상 강연을 진행하였다. 그의 연구에 대한 추가적인 정보나 기조 강연과 워크숍 강연 섭외를 위해서 이메일(thomas@institute4learning.com), 웹사이트(www.institute4learning.com), 트위터(@Dr_Armstrong), 우편(P.O. Box 548, Cloverdale, CA 95425), 전화(707-894-4646), 팩스(707-894-4474)로 연락할 수 있다.

역자 소개

김동일(Kim, Dongil) 교수

서울대학교 사범대학 교육학과 교육상담전공 교수 및 서울대학교 대학원 특수교육전공 주임교수, 서울대학교 대학생활문화원(상담센터) 원장, 장애학생지원센터 상담교수, 서울대학교 특수교육연구소 소장으로 재직하고 있다. 서울대학교 교육학과를 졸업하고 교육부 국비유학생으로 도미하여 미네소타 대학교 교육심리학과에서 석사, 박사 학위를 취득하였다.

Developmental Studies Center, Research Associate, 한국청소년상담원 상담교수, 경인교육대학교 교육학과 교수, 한국학습장애학회 회장, 서울대학교 사범대학 기획부학장(실장), 여성가족부 청소년보호위원회 위원, (사)한국교육심리학회 회장 등을 역임하였다. 국가수준의 인터넷중독 척도와 개입연구를 진행하여 정보화 역기능예방사업에 대한 공로를 인정받아 행정안전부 장관 표창을 받았고, 교육부 학술연구지원사업(50선)의 연구 성과 선정으로 교육부장관 학술상(2020년 제20-1075호), 연구논문과 저서의 우수성을 인정받아 한국상담학회 학술상(2014-2/2016)과 학지사 저술상(2012) 등을 수상하였다.

현재 BK21FOUR 혁신과 공존의 교육연구사업단 단장, SSK중형단계 교육사각지대학습자 연구사업단 단장, 한국아동 · 청소년상담학회 회장, 한국특수교육학회 부회장, 여성가족부 학교밖청소년지원위원회(2기) 위원, 국무총리실 사행산업통합감독위원회(중독분과) 민간위원 등으로 봉직하고 있다.

『청소년 상담학 개론: 한국 · 아동청소년상담학회 연구총서 1』(2판, 공저, 2020, 학지사), 『DSM-5에 기반한 학습장애아동의 이해와 교육』(3판, 공저, 2016, 학지사), 『하워드 가드너 심리학 총서1: 인간 잠재성 프로젝트-지능편, 지능이란 무엇인가』(역, 2019, 사회평론)를 비롯하여 50여 권의 저 · 역서가 있으며, 300여 편의 전문 학술논문(SSCI/KCI)을 기고하였고, 기초학습기능 수행평가체제(BASA)를 비롯한 50여 개의 표준화 심리검사를 발표하였다.

한국아동 · 청소년상담학회 연구총서 11

다중지능과 교육(원서 4판)

현장 교사를 위한 다중지능 활용법

Multiple Intelligences in the Classroom (4th ed.)

2022년 9월 1일 1판 1쇄 인쇄
2022년 9월 5일 1판 1쇄 발행

지은이 • Thomas Armstrong
옮긴이 • 김동일
펴낸이 • 김진환
펴낸곳 • (주) **학지사**

04031 서울특별시 마포구 양화로 15길 20 마인드월드빌딩
대표전화 • 02)330-5114   팩스 • 02)324-2345
등록번호 • 제313-2006-000265호

홈페이지 • http://www.hakjisa.co.kr
페이스북 • https://www.facebook.com/hakjisabook

ISBN 978-89-997-2715-3 93370

정가 18,000원

출판미디어기업 **학지사**

간호보건의학출판 **학지사메디컬** www.hakjisamd.co.kr
심리검사연구소 **인싸이트** www.inpsyt.co.kr
학술논문서비스 **뉴논문** www.newnonmun.com
교육연수원 **카운피아** www.counpia.com